差距是如何产生的
（代序）

有人曾对中国家庭和美国家庭的收入构成情况进行对比，结果显示：美国家庭收入的一半来自于理财所得，而中国家庭理财收入只占家庭总收入的2%。具体对比情况，如下图所示。

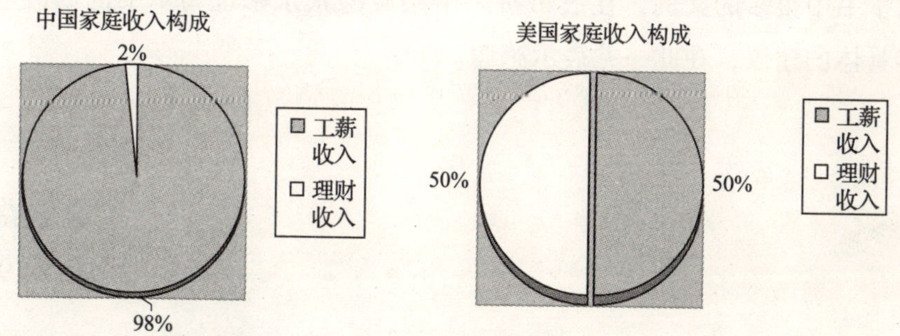

上面的对比，说明了这样一个道理：中国家庭与美国家庭相比，最大的收入差距来自于理财。中国家庭总收入中，理财所得少的可以忽略不计，而美国家庭的理财所得却已经占到了家庭总收入的50%。由此可见，**一个家庭拥有财富的多少，并不取决于用双手挣多少钱，而是取决于你的钱为你创造了多少钱！**

为什么中国家庭没有美国家庭富有？难道是因为我们消费的多，积累的少吗？当然不是。中国人是世界上最懂得节约的民族，但一味的节衣缩食并没有让中国的家庭富足起来，相反，面对日益升高的物价，自己辛辛苦苦攒下的血汗钱，却时时都有贬值的风险。历史的经验告诉我们，一味地节流不会使自己富有起来，只有不断的开源，才能让自己迅速地积累起财富。也就是说，中国家庭没有美国家庭富有的根本原因，不是因为我们缺少节俭，而是因为**缺少投资、缺少理财**。

如何才能让中国家庭更富有？学会投资、学会理财，无疑是最直接、也是最有效的途径。中国家庭要想摆脱财务窘境，只有像美国家庭一样，增加理财收入，提升理财收益占整个家庭收入的比重。

理财，并不是简简单单的做储蓄，更不是简简单单地买股票，而是一种对自己拥有的所有财产的一种经营活动。由于每个家庭的收入不同，预期的支出也不相同，因此，理财的方法与策略也不尽相同。这就要求每个家庭对自己的理财活动进行细致、周到的规划，而不应随意地做出理财决策。

术业有专攻。希望每个人都能掌握所有的理财工具与方法是不现实的，因此，我们这本书有针对性地为读者提供了股票、债券、基金、保险、期货、黄金、外汇、储蓄、信用卡、房产多种理财工具的实操技巧，同时，还为不同类型、不同收入的家庭提供了具体的、可供操作的理财方案。

读者只要根据自己的家庭实际，结合书中提供的参考方案，就能设计出有针对性的家庭理财方案，从而，让自己的钱不断地生出新钱。

本书能够得以出版多赖众人之力。孙宗坤、彭召霞、张孝艳、孙立宏制作了本书大部分的图表，钟华、郭强为图表的修正也付出了很多努力。而王光伟、全琳琛、王波提供了书中很多的案例，在股市拼杀十余载的张永彬也为本书的修改与增删提供了很多具体的建议，在此一并表示感谢。

富家益

2010 年 9 月

富家益
Fortuneasy
富家益家庭理财系列

富家有道

我家理财计划ABC

■齐晓明 著

中国劳动社会保障出版社

内容提要

人生因理财而多彩，家庭因理财而富足。理财不是富人的专利，而是所有人都可以学习和运用的一种技能。

本书是一本专为中国家庭量身定制的理财方案规划书。无论是哪一种类型的家庭都能从本书中找到对应的参考范本，进而快速制定出有针对性的理财方案。同时，本书还对股票、债券、基金、保险、期货、黄金、外汇、储蓄、信用卡、房产等多种理财工具的实操进行了详细解读，以加深读者对各种理财工具的了解。

图书在版编目(CIP)数据

富家有道——我家理财计划 ABC/齐晓明著. —北京：中国劳动社会保障出版社，2010

富家益家庭理财系列

ISBN 978-7-5045-8651-3

Ⅰ.①富…　Ⅱ.①齐…　Ⅲ.①家庭管理:财务管理　Ⅳ.①TS976.15

中国版本图书馆 CIP 数据核字(2010)第 170967 号

中国劳动社会保障出版社出版发行

(北京市惠新东街 1 号　邮政编码：100029)

出 版 人：张梦欣

*

北京北苑印刷有限责任公司印刷装订　新华书店经销

787 毫米×1092 毫米　16 开本　19 印张　310 千字

2010 年 10 月第 1 版　　2010 年 10 月第 1 次印刷

定价：38.00 元

读者服务部电话：010-64929211/64921644/84643933

发行部电话：010-64961894

出版社网址：http: //www.class.com.cn

目　录

第一章

规划你的家庭理财方案

一生能够积累多少财富，并不取决于你能够赚多少钱，而取决于你如何投资理财。钱找钱胜过人找钱，要懂得让钱为你工作，而不是你为钱工作。

——沃伦·巴菲特

第一节　幸福家庭会理财

一、念好每个家庭的理财经

“你不理财，财不理你”，一个家庭财务状况的好坏，在很大程度上取决于理财水平的高低，而不是收入。

理财既不是单纯的省钱，也不是凭空生钱，而是通过有效的方法合理利用每一分钱。家庭理财实质上就是家庭把长期的财务收支管理好，从挣钱开始，到花钱、储蓄、投资，甚至包括合理避税和遗产分配问题。如果一个家庭能把这些问题管理好，就完成了理财的全部过程。

1. 建立家庭理财规划

在家庭理财时首先要制定一份家庭理财规划，接下来就是严格地执行这个计划。一份合理的家庭理财规划应该能保证家庭的 4 大财务需求，如图 1—1 所示。

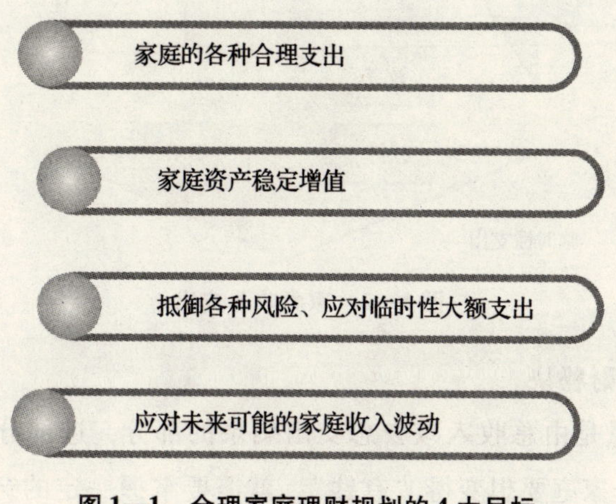

图 1—1　合理家庭理财规划的 4 大目标

为了达到理财规划的 4 大目标，每个家庭都需要制定合理的家庭理财规划，规划好收入和支出。

2．合理规划家庭收入支出

对于大多数家庭来说，家庭年总收入主要包括确定收入和不确定收入。确定收入包括：工资、奖金、出租房屋的租金等。而不确定收入则包括：可能获得的各种证券投资收入、遗产所得和出售资产所得等。对多数家庭来说，家庭的收入水平是比较稳定的。

与稳定的收入相比，家庭支出弹性较大，为提高家庭生活的质量而需要的支出基本是没有上限的。每个家庭的支出大体可分为两类：日常性支出和临时性支出。日常性支出包括：食品、衣着、住房、交通等日常生活必需支出。临时性支出包括：教育、医疗、旅行、娱乐、人情往来、突发事件等。

用家庭每年的收入和支出相减，就是家庭每年能够积累的财富总量，如图 1—2 所示。

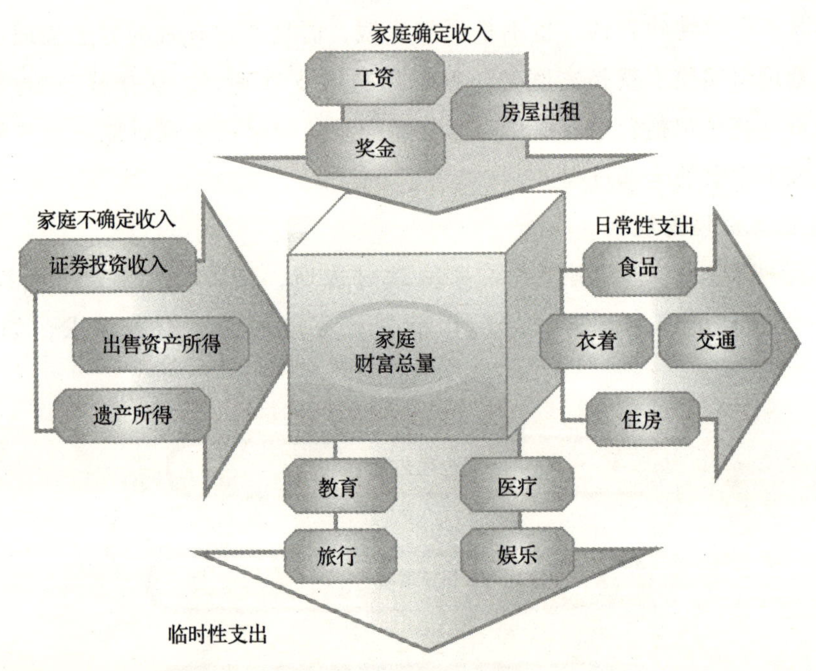

图 1—2　家庭收入支出

3．李嘉诚的理财秘诀

家庭财富的总量是由总收入减去总支出剩余的部分，这部分也就是常说的家庭是否“有钱”。一个家庭要想变得“有钱”，就需要掌握一定的窍门。李嘉诚是全亚洲最“有钱”的人之一。李嘉诚曾经这样说过，他之所以能成就亿万元财富，除了卓越的商业头脑外，还有三大理财秘诀。

❍ 秘诀 1：30 岁开始重视理财

李嘉诚认为，20 岁以前，所有的钱都是靠双手勤劳换来，20～30 岁是努力赚钱和存钱的时候，30 岁以后，投资理财的重要性逐渐提高。人到中年后，努力赚钱已经不重要，应该把更多精力放在怎样管钱上。

❍ 秘诀 2：理财要有足够的耐心

许多听过李嘉诚演讲的人，经常提出疑问："要 40 年才成为亿万元富翁，时间太长了。您是否能传授一些快速理财致富的秘诀？"李嘉诚也曾想研究一条理财致富的捷径。但非常遗憾，根据他的研究，理财必须花费长久的时间，短时间是看不出效果的。一个人想要利用理财在短时间内快速致富，是不现实的。

❍ 秘诀 3：赚钱会先难后易

"每年存 1.4 万元，平均投资回报率 20%，只要 20 年，资产就能累积到 261 万元。如再继续奋斗 20 年，就可能登上亿万元富翁的台阶。"很多人都认为这只是一个美好的梦想，因为要保证每年都有 20% 的投资回报是几乎不可能的事情。李嘉诚认为，年轻人应该对未来充满希望，赚钱会先难后易。有的年轻人现在年收益率可能只有 5%，但是随着资金积累，收益率会逐渐上升，赚第二个 100 万元要比第一个 100 万元容易得多。

二、家庭理财中的具体方案

家庭理财的最终目标只有一个，就是要家庭生活更加美满、幸福。为了达到最终目标，需要对家庭的各项收入、支出、储蓄和投资进行合理分配。

1. 不同发展阶段的理财目标

在家庭发展的不同阶段，家庭收入、支出和风险承受能力会发生变化，具体的理财目标和投资策略会有所不同，如图 1—3 所示。

2. 家庭 8 大具体理财方案

不同发展阶段的家庭，理财策略和投资组合会有所不同。即使是处在同一阶段的家庭，因为发展目标不同，所需要的理财方案也不相同。例如，同为"新婚燕尔阶段"的家庭，有的家庭需要住房，就应该尽力筹集住房资金。而有的家庭已经有住房了，就可以把更多的资金投入到子女教育方面。根据家庭具体理财目标的不同，可以将家庭理财规划划分为 8 个具体的方案，如图 1—4 所示。

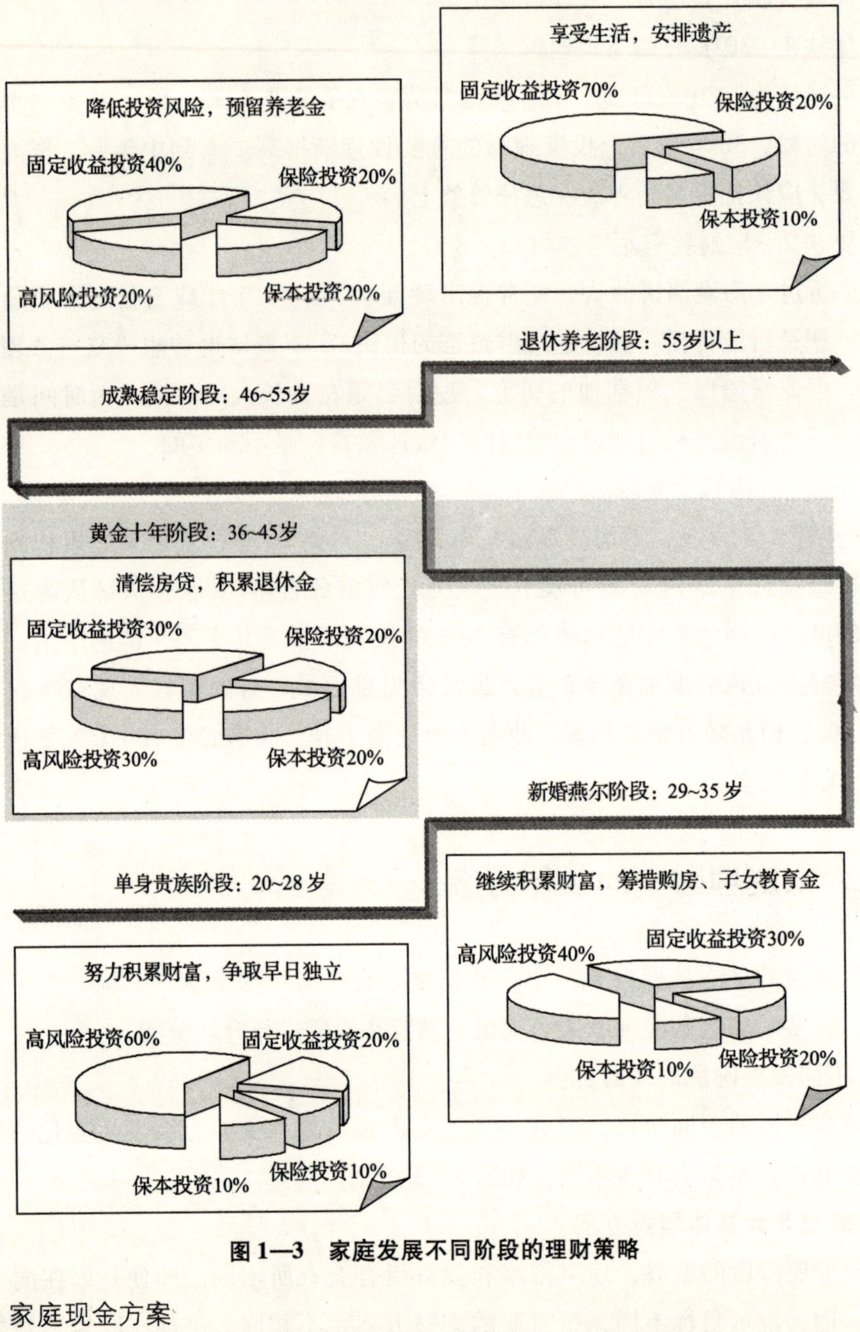

图 1—3　家庭发展不同阶段的理财策略

❍ 家庭现金方案

家庭持有现金可以满足日常开支需要，同时还能预防突发性大额支出。每个家庭都需要保证有足够的现金来支付各种计划中和计划外的费用。但是大量持有现金在无形中会损失银行存款的利息收入，即使与现金类似的活期存款，其利率也很低。因此，在制定家庭理财方案时，应该根据家庭特点制定一份合理的现金规划方案，既

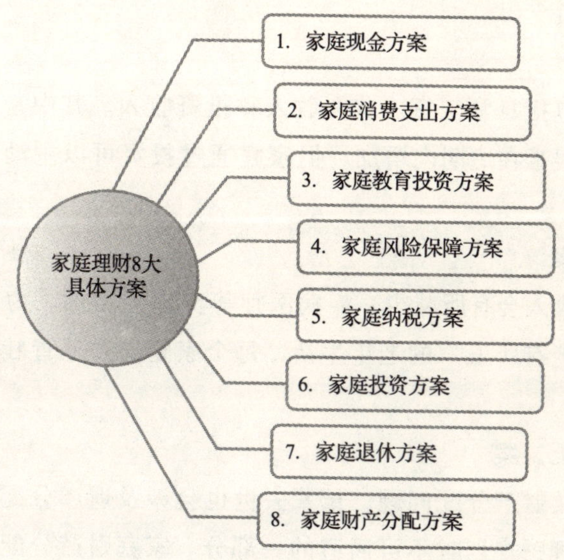

图1—4 家庭理财8大具体方案

保证有足够现金支付各项费用，也要考虑持有现金的无形损失。

❍ 家庭消费支出方案

如果一个家庭要想办法增加结余资金，与其竭尽全力寻求额外的收入，不如尽量减少不必要的支出。后者的效果可能会更加明显。每个家庭在制定理财规划时，应该仔细分析家庭各项支出的合理性，尽量省去不必要的支出。通过制定家庭消费支出规划方案，可以使家庭的消费支出更加合理，收支结构大体平衡。

❍ 家庭教育投资方案

俗话说："活到老、学到老"。时代变迁，一方面人们对受教育程度要求越来越高，另一方面教育费用持续上升。每个家庭都应该尽早对家庭教育费用进行规划，确保有能力支付家庭子女的教育费用和成年人的再教育费用，充分达到家庭的教育期望。

❍ 家庭风险保障方案

人的一生中，风险无处不在，各种意外事件随时可能发生。要想将意外事件带来的损失降到最低限度，每个家庭都应该制定完善的风险保障方案。通过风险管理与保险规划做到适当的财务安排，使家庭最大限度地回避风险、保障生活。

❍ 家庭纳税方案

纳税是每个公民应尽的义务。但在现实生活中，每个家庭都应该利用一些合理的手段减少家庭税负。为达到这一目标，一个家庭在制定理财规划时，可以对家庭的各项经营、投资、理财活动统一安排，充分利用《税法》提供的优惠和差别待遇，合理减少或延缓税负支出。

❍ 家庭投资方案

家庭收入主要包括日常工资、奖金收入和投资收入。其中，日常的工资、奖金收入都比较稳定，很难在短期内增加。但家庭通过投资可以主动争取更高收益，使家庭财富快速积累。

❍ 家庭退休方案

退休以后人的收入会有所减少，疾病医疗等支出会增加。为了享有一个“老有所养，老有所终，老有所乐”的老年生活，每个家庭必须从青壮年时期就为退休养老早做打算。

❍ 家庭财产分配方案

夫妻离异会涉及财产分配问题，长辈去世也会涉及遗产分配问题。家庭财产分配是多数家庭制定理财规划时不可回避的一部分。家庭财产分配是在自己家庭成员之间进行的，所谓“肥水不流外人田”，在分配过程中应该尽量减少各种公证、仲裁费用。

三、理财是一种幸福的生活

1. 正确认识家庭理财

理财的最根本目标是要提高家庭生活质量，使每个家庭成员都能过上幸福的生活。但是，由于专业知识上的欠缺和国内金融服务的不完善，许多家庭在理财过程中会舍本求末，陷入理财误区，将家庭理财变成一件非常痛苦的事情。

例如，有的家庭在制定理财规划时就开始幻想即将到来的“风光”生活。但是当计划真正开始后，柴米油盐、生活琐事，还是和原来一样。他们并没有看到梦想中的景象，于是开始盲目追求高收益，忽视风险，想要“一口吃成个大胖子”。

还有的家庭生活态度消极，从没有想过要制定详细的理财计划。他们认为生活本身就已经让自己心力交瘁，根本没有精力去理财。因此就陷入消极、得过且过、“当一天和尚撞一天钟”的状态。

在家庭理财中，“一口吃成个大胖子”和“当一天和尚撞一天钟”的态度都是不可取的。无论是家庭财务积累、个人理财能力提升还是事业成功等都不能速成，没什么捷径可走。但也不能就因此而放弃家庭理财，消极应对。

为了避免陷入误区，每个家庭在理财之前，都必须要先对理财有正确的认识。要想正确的认识家庭理财必须注意两点，如图 1—5 所示。

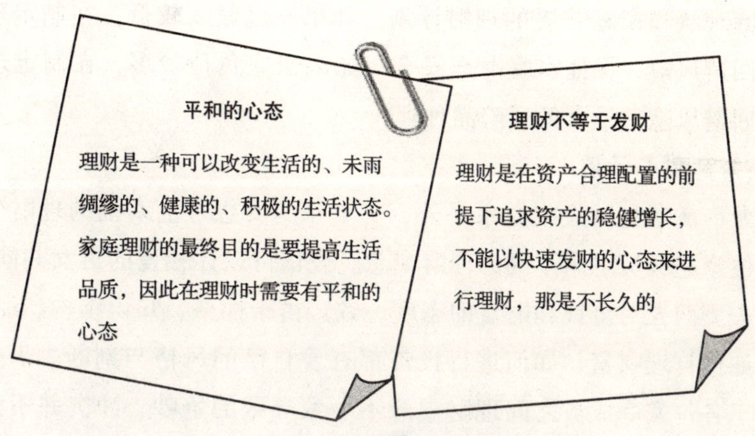

图 1—5 对理财的正确认识

2. 家家有本“理财经”

每个家庭都有自己的特点，也都有不同的理财目标。要想弄清楚自己家庭的特点，可以从图 1—6 中列出的 5 个方面进行考察。

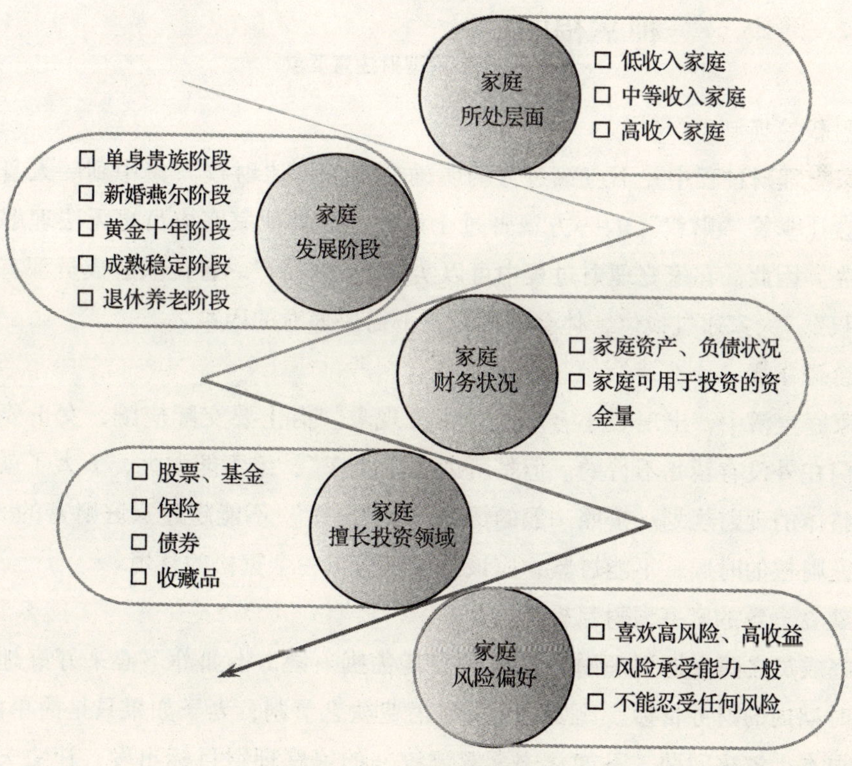

图 1—6 家庭理财特点

通过上边5个方面的考察，多数家庭应该都能全面的了解自家财务状况，从而制定符合家庭现状和家庭需要的理财计划。如果家庭收入较低，在制定理财规划时就应该尽量回避风险，保证家庭财产安全。如果家庭负债较多，在制定理财规划时也应该尽量回避风险，投资低风险品种。

3. 解决家庭财务矛盾

除了努力平衡家庭风险收益水平外，一个家庭要想过上幸福的理财生活，还应该考虑到各位家庭成员之间不同的理财观念。爱情可以让相爱的男女共同组建家庭；却不能保证夫妻两人对金钱和财富的态度一致。由于性格、知识结构、经历的不同，每个人对于如何打理财富、如何进行投资都有着自己的风格与判断。于是，在很多家庭中，由于各位家庭成员之间理财观念不一致导致的争吵、冲突并不少见。为了避免这些不必要的冲突，在家庭理财中应该注意4点，如图1—7所示。

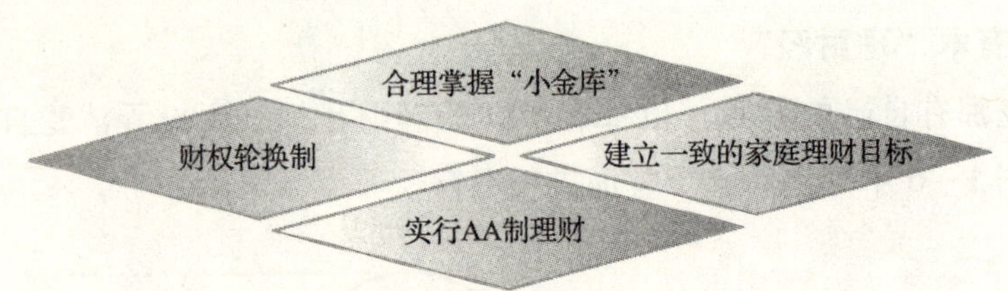

图1—7　家庭理财注意要点

❍ 财权轮换制

在家庭理财过程中并不应该过分的明确分工，将“财权”集中到一人身上。这样往往会让掌管“财权”的一方视野过于局限，而其他家庭成员也无法理解家庭理财的难度。因此，在家庭理财过程中可以实行“轮换制”。各位家庭成员都有机会掌握“财权”。大家通过换位，体会不同职责下需要面对的困难。

❍ 合理掌握“小金库”

在家庭生活中，出现“小金库”是正常现象。男士要交际应酬，女士要购物消费，出门在外没有钱是不行的。但是所谓“小金库”，绝不能太大，太大了就会影响到家庭整体的理财规划。按照一般的情况，“小金库”不能超过家庭财富的5%。在掌握家庭财权的时候，不能过紧，应该给家庭成员一个宽松的环境。

❍ 建立一致的家庭理财目标

家庭成员之间在遇到理财分歧时，与其各执一词，不如静下心来好好地讨论一下不同时期内的财务目标。比如，丈夫对消费缺乏节制，妻子如果只是简单的指责，难以从根本上解决问题。不如从夫妻双方统一的家庭理财目标出发，让丈夫能认识到消费增加会造成积蓄减少，将直接影响到未来某一个目标的实现。如果丈夫能认识到盲目消费会导致买不起房、孩子上不起好学校、自己无法养老等问题时，他就能很自觉地减少不必要的消费支出。

❍ 实行 AA 制理财

当不同家庭成员的理财观念无法统一时，可以尝试分开的 AA 制理财。AA 制理财最早出现在一些“80 后”的年轻家庭中，现在这种观念已经逐渐被广泛的接受。家庭 AA 制理财是指夫妻双方财权相对独立，在拥有一个家庭公共账户的基础上，再建立夫妻各自的独立账户。其中家庭公共账户用于进行家庭的共同开支并且投资一些风险适中、广泛分散的投资产品；自己的独立账户可以用于支付自己的衣物服饰、美容美发、娱乐等费用，或者投资个人喜好的投资品种。

第二节　为家庭支出“减肥”

一个家庭的财富多少并不仅取决于家庭收入高低。真正的家庭财富应该是家庭收入减去支出的部分。如果一个家庭的收入难以在短期内改变，削减支出是增加家庭财富的关键。要想增加家庭财富，最简单的办法就是合理规划支出，为家庭支出“减肥”。

一、家庭支出决定家庭财富

高收入家庭虽然可以享受高水平的物质生活，但如果不合理的规划支出，赚多少花多少，一旦家庭失去收入或急需用钱，就会陷入十分被动的境地。

重量级拳王泰森在他的拳击生涯中赚进至少 4 亿美元，但是他生活奢侈，挥金如土。他在全美各州的豪宅无数，据说他曾经买过有 108 个卧室的豪宅、其中包含 38 个卫生间、1 座影院和 1 个夜总会等；他曾经买过 110 辆名贵的汽车，其中 1/3 都送给了朋友；他养的宠物也与众不同，是两只孟加拉白虎，每只的购价是 7 万美元，而配备的驯兽师每年要领取 12.5 万美元的工资。

由于挥霍无度，当光环褪去、失去收入来源后，泰森再也无法维持奢侈的生活。2003 年 8 月，泰森申请了破产保护，此时他虽然还有十几万美元的财产，但是与他所欠的债务相比只是凤毛麟角。美国媒体给泰森破产事件起的标题是：“没脑子的笨蛋跌入无底洞”。在过去 20 年中，他的人生轨迹如同一条抛物线般精确——在达到顶峰之后迅速跌落。

泰森破产最重要的原因是他不会控制自己的支出，钱来得快，走得更快。通过他的故事可以看出，支出是家庭财富的决定因素。每个家庭要想积累财富，都必须养成量入为出的习惯。否则赚再多钱都可能被挥霍殆尽，最后只能落得两手空空，甚至成为负债一族。

二、削减家庭支出 9 大绝技

很多家庭都可能会有大手大脚花钱的习惯。特别是一些刚刚步入社会的单身白领或者新婚夫妻，经常会有“薪水一发就见底，月月无剩余”的现象。这种看似“潇洒”的消费习惯十分不利于家庭的长期幸福。为了合理规范家庭支出，每个家庭都需要具备削减家庭支出的 9 大绝技。

❍ 绝技 1. 计划经济

每个月的月初，需要制定明确的消费、支出计划，明确在哪些地方需要支出，哪些地方需要节省。家庭可以制作一份“家庭财务明细表”，记录每月的大额支出。如果支出属于计划外，应该注意分析是否合理，如果是合理支出，应该在下月的支出计划中考虑这部分；如果是不合理支出，应该分析支出理由，避免这类支出再次发生，如图 1—8 所示。

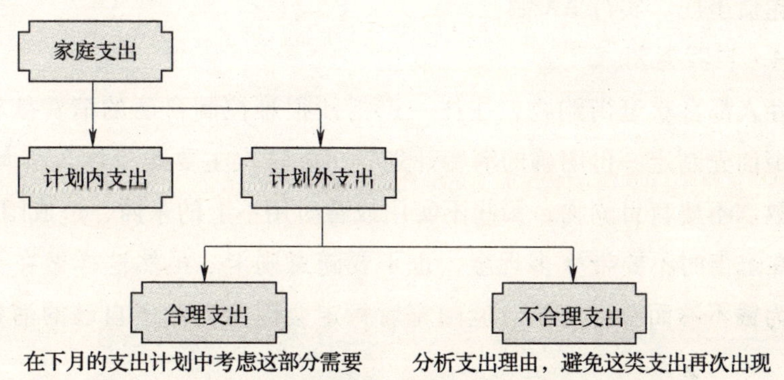

图 1—8 处理家庭计划外的支出

❍ 绝技 2. 坚持储蓄

每个家庭都要有一份明确的储蓄计划。比如 3 年攒 10 万元。之后每个月获得收入时，都必须把其中的一部分纳入家庭储蓄计划。在储蓄过程中，可以采用零存整取存款或者基金定投方式。对于一般家庭来说，每个月的储蓄比例最好不要低于家庭总收入的 20%。

在家庭理财的计算中，绝不是收入 - 支出 = 储蓄，而应该是收入 - 储蓄 = 支出，如图 1—9 所示。每个家庭在获得收入时，应该首先考虑满足家庭储蓄需要，剩下的钱才是可以用来消费的部分。

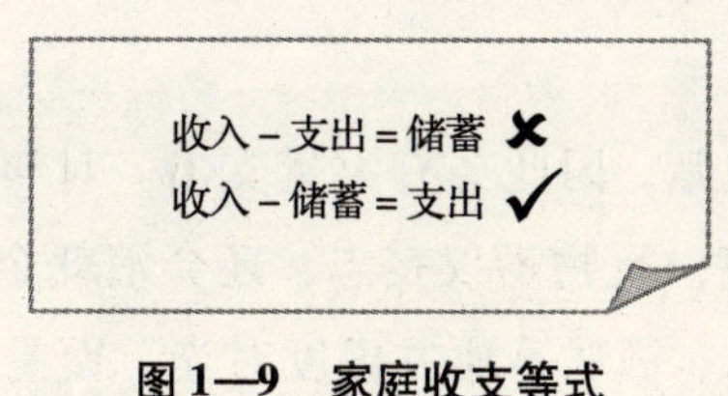

图 1—9 家庭收支等式

虽然家庭每月能够储蓄的资金量可能不多，但只要能够长期坚持，日积月累，从长远来看可以积攒下一笔不小的资金，也可以应对一些家庭大额支出计划。

❍ 绝技 3．择友而交

家庭成员的交际圈在很大程度上影响着家庭的消费水平。因此，平时应该多交往一些有良好消费习惯的朋友，尽量少与那些以胡乱消费为时尚，以追逐名牌为面子的朋友往来。不顾家庭能力而与朋友盲目攀比，只会导致“财政赤字”，如果能与一些有良好消费习惯的朋友往来，则能帮助自己也建立良好的消费习惯。

还有，在同朋友交往时，最好不要为“面子”而在朋友中树立“大方”的形象，如在请客吃饭、娱乐活动中争着买单，这样往往会使自己陷入窘迫之中。最好的方式还是大家轮流坐庄、实行 AA 制。

❍ 绝技 4．自我克制

很多年轻人都喜欢逛街购物，往往一逛街便很难控制自己的消费欲望。这时可以在每次逛街前先制定一份明确的消费计划，想好这次主要购买什么和大概的花费，做到心中有数。不要盲目购物，买些不实用或暂时用不上的东西，造成闲置。

另外，在逛街时不要带太多现金，也不要随意刷卡。虽然这样做在买东西的时候，可能因为钱不够而觉得可惜，但回家后肯定会因为克制了自己的消费冲动而感到庆幸。

❍ 绝技 5．讲究购物艺术

“讨价还价、货比三家”是购物的艺术，可以让人以最低的价格买到所需物品。这种习惯并不是“小气”，而是一种成熟的消费经验。趁商家换季打折时购物对一个家庭来说是不错的消费习惯。例如在夏天买羽绒服，在冬天买电风扇。在买衣服时也应该注意，尽量选购些大方、易搭配的服装，避免造成衣物虚置。

❍ 绝技 6．理性看待打折促销

商场的打折、促销等活动很容易刺激人的消费心理，使人产生“捡便宜货”的感觉，从而难以控制自己的花钱欲望。但“羊毛出在羊身上”，消费者在参与这类活动时应该了解所谓的打折、促销等是否真的实惠，如果不清楚规则，最好保持理性，少参与这类活动。

❍ 绝技 7．适度玩乐

年轻人大都爱玩，爱交际，因此会有大量支出。对年轻人来说，适当地玩和交际是必要的，但一定要有度。玩物不仅丧志，还会消耗金钱。作为年轻人，工作之余不应该在麻将桌、电影院、酒吧等地方虚度时光，而是应该培养和发掘自己多方面的特长、情趣，努力创业，在玩乐时更多地要考虑积累赚钱的能力与资本。

❍ 绝技 8. 认清热情的推销员

无论在任何时候、任何情况下，都不能被销售人员的热情所蒙蔽。要知道销售员的最终目的并不是为顾客服务，而是要卖产品或服务。那么，面对一位热情的销售人员时，需要的是保持冷静，不要觉得谢绝推销就是没有面子的事情。

❍ 绝技 9. 排除恶性负债，控制良性负债

每个家庭在日常生活中都难免出现各种负债。对部分家庭来说，因负债导致的利息支出是家庭支出的重要部分。例如，家庭如果贷款 100 万元，分 30 年付清，假设贷款利率 5%，选择等额本息还款法。这样算下来，30 年中除了要偿还 100 万元贷款本金，还需要偿还超过 94 万元的贷款利息。

为了削减这部分支出，每个家庭都应该努力做到排除恶性负债，控制良性负债。如图 1—10 所示。

恶性负债

恶性负债是指一些人力不可控制的负债。例如生病、意外事故等事件引发的负债。家庭避免这种负债最有效的办法是购买适当的保险，将意外带来的损失转嫁给保险公司，让家庭没有后顾之忧

良性负债

良性负债是指家庭成员自己可以控制的负债，如支付餐饮费、娱乐费用等信用卡消费贷款和房贷、车贷等。一个家庭为了减少这部分贷款，家庭成员必须在贷款消费时根据家庭偿债能力计划好家庭承受的贷款总额

图 1—10 恶性负债和良性负债

三、家庭消费陷阱全面揭露

每个家庭在生活中都会面对各种各样的消费陷阱。如果缺乏防备，很容易造成财产损失。因此，每个家庭都应该清楚现实生活中可能出现的各种陷阱。

1. 餐饮消费陷阱

随着生活水平提高，现在家庭外出就餐的机会大大增加了。在外出就餐的时候，家庭可能会面对商家的很多陷阱。

陷阱1. 多算几块钱

很多人在外出就餐时都不会仔细核对账单上的消费金额，商家要多少就付多少。正是利用消费者的这种心理，不少商家都会有意无意地在顾客的账单里多算几块钱。

消费者在外出就餐时，无论消费金额多少，都应仔细核对账单，做到心中有数。

陷阱2. 悄然收小费

目前大小餐馆在茶饮、纸巾、餐具、服务费等项目上的收费不尽相同。这些收费都被商家当做理所当然，如果消费者不过问，就会被直接计算在餐费里。

因此，消费者若要做到明白消费，只能事先主动询问。如果一些收费项目过于“不可理喻”，无论金额大小，都可以向消协投诉，维护自身的合法权益，监督商家规范收费。

陷阱3. 发票用完了

很多商家都会借口“发票刚用完”而拒绝向顾客提供发票。这种事情在周末和节假日十分常见，商家往往以税务局不上班无法买到发票、索要发票的顾客多等借口应付顾客索要足额发票的要求。

发票是消费者的消费凭证，不管消费金额大小，消费者都可理直气壮地坚持索要足额发票。如果商家拒绝，消费者可以要求在总账中减免与税额相当的费用。

2. 商场购物打折陷阱

前些年，商场只有逢年过节的时候才会打折出售商品。现在，打折对商家来说已经是家常便饭。有的商家甚至会天天打折，打折的花样也是不断翻新。在获得打折优惠的同时，每个家庭都应该了解商场在打折促销中常用的陷阱。

陷阱1. 先涨后降

有的商家会利用消费者喜欢购买折扣商品的心理，在打折之前先把商品价格涨上去，然后再打折出售。其实商品打折后的价钱跟打折前并没有什么区别，有时甚至要多付钱。

陷阱2. 打折商品概不退换

很多打折期间出售的商品并不能享受退换承诺，商家在这中间节省了售后服务的费用。还有些不负责任的商家会趁打折期间出售滞销品、残次品，并且不予退换。

陷阱3. 购物返券

很多商场会推出各种各样的购物返券。例如买100元返30元。多数情况下这30元都是以购物券形式返还消费者。很多消费者为了充分利用手中的购物券，变成了商家的“券奴”。在花光返券的同时又多花费了不少金钱，甚至为了将购物券花掉而购买自己不需要的产品。

陷阱4. 换购促销

换购是指只要消费者购买的商品达到了一定数额，那么凭购物小票，再增加一定数额的钱，就可以买到商家指定的让利换购产品。在众多超市和服装市场中，换购的促销方式十分常见，可以换购的商品种类也很多。例如，顾客在超市购物满30元，凭购物小票加1元就可以换购巧克力一块。还有的服装商场，顾客只要购买一件衣服，再加10元就可以在指定的衣服中再买一件。

换购，看似商家为消费者提供了实惠，但有部分商家却以换购为名处理积压商品，而且换购价格也不见得就便宜。例如，用1元换购的巧克力可能原来售价就在1元左右，而且快要到保质期了。另外花10元购买的衣服可能原来售价就不高，而且号码不全或款式过时。

陷阱5.“最终解释权”

消费者在购物消费时随地都可以看到“×××活动的最终解释权归本公司（本商场）所有”的字样。由于“最终解释权”是一种含糊不清的信息，消费者一般不会在意。但万一产生争议，商家就拿出这个挡箭牌，将自己的责任推得一干二净。

其实，“最终解释权归本公司（本商场）所有”的条款并不具备法律效力。在自身合法权益受到损害时，即使商家给出了“最终解释”，消费者也可以向工商部门投诉，积极维护自己的合法权益。

3. 购车修车陷阱

买车对每个家庭都不是小事。如果在买车时陷入一些商家的陷阱，不仅会有不少的经济损失，还可能影响到正常家庭生活，甚至会威胁生命财产安全。为此，在家庭买车、修车时，应该特别保持谨慎。

陷阱1. 优惠价格不包括配件

汽车经销商经常会有一些特别的优惠促销策略。但有的经销商在促销时虽然车辆售价下调了，但不赠送各种原本有的车辆配件或附件，车上有些必须用到的配件必须要自己出钱购买。全部算下来以后，促销价格可能还要高于原来的价格。

为了回避这种陷阱，消费者买车时在价格方面一定要清楚，买车的价格中是否包括各种必须要用的配件，还有这些配件的规格是怎样的。

陷阱2. 骗人的车辆里程

一些汽车经销商会将车辆里程表的传感器拔掉，在试乘试驾一段时间后，再把试驾车当新车卖给消费者，其实厂家对于试乘试驾车销售给车主有一定的优惠政策。消费者在购买时如果只看行驶路程来判断新旧，就很容易被骗。可能行驶路程仍然显示0公里，其实已行驶了较远的路程。

其实，新车的里程表上基本不可能显示为0。因为新车下生产线之后，要经过测试，在运输途中还要开上运输车，下车的时候要开到停车场。所以，一般行驶里程在50公里以内的都可以认为是新车。车辆里程表上有个防拆的封条，如果封条有动过的痕迹，这辆车就有问题了。

陷阱3. 口头承诺

有些经销商的个别销售人员在卖车时会信口雌黄，利用消费者不懂专业知识、经验不足来欺骗消费者。只要消费者交付押金，之前的口头承诺就很难兑现了。

为了回避这类陷阱，消费者在选购车辆时最好邀请懂行的朋友陪自己一同前往。另外，在经销商做出口头承诺时，最好要求把承诺落实在书面上并加盖公司公章。万一出现法律纠纷，只有书面内容才能作为消费者维护自己权利的依据。

陷阱4. 免费保修有条件

几乎所有新车都能享受在4S店×年×公里内免费保修的服务。但是，免费保修的服务条款中一般都会注明，要求车主定期在4S店做整套保养。如果车主没有按规定保养车辆或者保养规定的项目，将被视为主动放弃保修权利。

消费者如果要想自己的爱车充分享受保修服务，需要仔细阅读保修条款，并严格按条款中的规定执行。

陷阱5. 以换代修

当汽车出现问题需要维修的时候，一定要记住“换零不换整”的原则。当车辆某一部分出现问题时，4S店往往会建议车主更换一整套系统，这样花费的资金要数千元甚至上万元。但如果车主有经验，可以要求其修理，或者可能只换一个几块钱的小零件就足够了。

4. 网上购物陷阱

随着互联网的迅速发展，网上购物开始逐渐走进每个家庭。在网上购物的消费者不仅不用拎着大包小包去大商场“凑热闹”，还可能在价格上得到一些实惠。不过，由于行业发展不规范，网络购物的陷阱十分常见。一些诈骗公司、骗子大行其道。很多消费者受骗后都投诉无门。消费者如果要想避免在网上交易受骗，必须了解几个常见的网上交易陷阱。

陷阱1．伪装知名网站

有部分骗子通过大量发送打折商品链接、中奖消息等，引诱消费者登录一个页面和淘宝网、当当网等知名购物网站几乎一模一样的假网站。这些假网站无一例外地要求消费者提供诸如银行账号、身份证号码等敏感信息来进行所谓的“商品交易”或是“奖金领取”。

为了回避这种陷阱，消费者一定不要相信网上的各种中奖、促销广告，更不要轻易在网上留下自己的敏感信息。

陷阱2．商品与网上描述不符

在网络购物所产生的纠纷中，“商品与网上描述不符”是最常见的一种。即买家认为卖家对其所销售商品的描述与商品的实际情况有偏差，商品颜色、品牌、质量有问题。还有部分卖家明明卖的是质量比较差的仿品，却在产品描述里说是正品，还盗用正品的精美图片，以此吸引买家购买。

为了回避这类陷阱，消费者在网购的时候一定要让卖家展示实际货物照片，并且对货物标签、三包凭证等重要部分给予特写。在支付货款时也应该尽量使用第三方支付平台，方便在收到货物不满意时进行退换。

陷阱3．诱导买家错误操作

有淘宝网上购物经验的人都会知道，如果用第三方支付平台“支付宝”购物后，货款会先打到支付宝账户，等卖家收到商品并在网上“确认收货”后，货款才会进入卖家账户。

有些骗子利用部分买家不熟悉交易流程，以缺货退款或者额外折扣的方式诱导买家去点击“确认收货”的按钮。最终让买家没收到货却白白支付了货款。

回避这类陷阱很简单，一定要记住，只要没收到货，或者对收到的货物不满意，就绝对不能“确认收货”。如果对购物流程不熟悉，可以咨询购物网站的客服人员，千万别相信卖家的“忽悠”。

第三节 让钱为你去赚钱

对于绝大多数家庭来说，仅仅靠节流攒钱并不足以应对未来生活的需求。而且从长远来看，银行储蓄的利率难以弥补通货膨胀的损失，如果一个家庭只是把钱存在银行，连保值都难以做到，更谈不到增值了。要使资产在保值的基础上稳步增值，需要运用多种投资工具，比如股票、基金、债券和不动产等，用钱去赚钱。

一、用钱投资赚更多的钱

所有人都知道一个道理“钱能生钱”。用钱生钱的最主要途径就是投资，通过购买各种投资工具，来获得利息、分红和资产价格上涨的收入。

在投资过程中，风险和收益是对等的。投资的目的是为了获得更高的收益。但是很多情况下，投资的收益是不确定的。例如，投资股票一段时间后，股票价格的变动并不确定，这笔投资可能赚钱也可能赔钱。这种收益的不确定性就称为风险。

投资的风险来自两个方面，一方面来自资产本身价格的变动。例如股票价格涨跌、房地产价格涨跌等。另一方面的风险来自资产在交易、储存过程中的风险。例如，急于出售房产时却偏偏赶上销售淡季，只能低价出售；买入金条后因为保管不善，导致金条磨损。

投资的收益和风险形影相随。世界上根本不存在低风险、高收益的投资产品，想要获得高收益，就一定要承担高风险。例如，如果家庭要追求最大化投资收益，就需要投资高风险的股票、期货等品种，这样可能会盈利，但也可能亏损。如果家庭要保证投资绝对安全，只能选择无风险的银行存款、国债等，这样投资的收益性就很低。

从家庭理财的角度考虑，可以把现有的投资品种分为三类：流动性投资、安全性投资和收益性投资。这三类投资分别满足家庭理财的不同目标，如表 1—1 所示。

表 1—1　　三类家庭投资工具

	投资特点	主要投资工具
流动性投资	需要保持资金充分流动，可以随时取现，而且不会亏本，但是投资收益率不高	活期存款、短期的定期存款、通知存款、短期国债、货币市场基金等
安全性投资	需要保证资金绝对安全，投资收益率适中，投资收益有保障，一般流动性不强	中长期定期存款、中长期国债、债券型基金、保本型基金、储蓄型商业养老保险、社会养老保险、保本型银行理财产品等
收益性投资	可能获得较高收益，但也需要承担较大风险	股票、股票型基金、投资连结保险、外汇、黄金、艺术品、不动产、实业投资等

二、守护好家庭投资本金

家庭理财的基本目标有三个：流动性、安全性和收益性。在家庭理财规划中，这三者的协调程度决定了家庭理财规划是否成功。最完美的理财规划应该是三者步调一致。但是鱼和熊掌不可兼得，每个家庭应该根据自己家庭的目标收益和风险承受能力制定符合自己家庭的理财目标。但无论在什么情况下都要记住，不要损失掉自己的本金。

没有赚到钱并不至于把人逼上绝路，但如果连投资的本钱都丢了，那就只有死路一条。在投资过程中，如果家庭亏损了 50% 的本金，必须再赢利 100% 才能将损失赚回。所以，在家庭理财过程中寻求增值固然重要，但保住本钱更加重要。

许多媒体为了吸引眼球，制造出“年收益 100%”甚至更高的财富故事。但如果冷静下来思考，这样的收益率是绝对不现实的。一个正常家庭盲目去追求这样的收益率只能把家庭财务置于极大的风险中，最终很可能连本金都亏掉，倾家荡产。

事实上，“股神”巴菲特在投资生涯中平均的年投资回报率也只有 20%。而且在他 40 年的投资生涯中，从来都没有过年回报率达到 100% 的记录。可能很多人都会对此感到失望。因为在 2006—2007 年的牛市中，不少股民的盈利都超过 100%，大家比“股神”还“神”。不过，巴菲特之所以成为“股神”，最重要的不在于他赚了多少钱，而是他不亏损。他将不是特别耀眼的收益率保持了 40 年，却一次都没有亏过本钱。巴菲特在讲述他的成功经验时说：“第一要保住本金，第二还是保住本金，第三要牢牢记住前两条。”

在家庭投资过程中，一定要注意控制风险，特别是要注意看好自己的投资本钱，不亏掉本钱的投资就是成功的投资。

三、神奇的投资复利效应

1. 神奇的复利

将一张厚 0.1 毫米的普通纸张对折叠 30 次，最后的高度是多少呢？有人可能说 20 公分，有人说 20 米，有人可能鼓足勇气将高度抬到 200 米。但实际是多少呢？其实拿起计算器一算就知道：107 374 米，比 12 座珠穆朗玛峰还高。

这件事情讲述了复利的神奇效应。如果现在有 1 分钱投资，每次都翻倍。连续 30 次后就可以成为千万元富翁。

复利也就是常说的“利滚利”，除了用本金赚利息，累积的利息也可以再用来赚利息。例如拿 1 万元去投资，年收益 10%，第一年末的本利和为 1.1 万元。到第二年再投资时，不仅原来的 1 万元能获得收益，之前的 1 000 元收益同样还能获得 10% 的收益。这样，到第二年末的本利和就是 1.21 万元。不要小看多收益的这 0.01 万元，如果常年滚动下去，复利将产生神奇的“滚雪球”效应。为此，当有人问爱因斯坦什么东西威力最大时，他回答：世界上最厉害的不是原子弹的威力，而是长期的复利效应。

彼得·林奇在其《选股战略》一书中讲述了这样一个故事：

1626 年，一群新移民用价值 24 美元的饰物从印第安人手中买下了曼哈顿岛。每当人们谈起这桩买卖时，不免要谴责买者的奸诈，嘲笑卖者的无知。但仔细一算，结果令人惊叹不已。

曼哈顿岛在 1986 年的价值是 560 亿美元。但如果那些移民把 24 美元存入银行，假设年利率为 8%。按复利计算，360 年后，即 1986 年这笔资金将有 26 万亿美元，是前者的 460 倍。

在复利计算过程中有著名的“72 法则”。就是用 72 除以投资收益率，所得到的就是盈利 100% 所需时间。例如，假设投资 1 万元，年收益 8%，那么在（72 ÷ 8）= 9 年后，这 1 万元投资将盈利 100% 变成 2 万元。如果同样投资 1 万元，要想在 6 年时间内投资翻倍，按照（72 ÷ 6）= 12，年收益率就要达到 12%。

如果将复利效应用到家庭理财中，就可以使家庭理财的效率大增。只要有足够的耐心和长远的投资计划，神奇的复利效应最终会使每个家庭的理财走向成功。

2. 提高复利投资收益

在家庭理财中，影响复利投资效应的因素有3个：一是投资金额，二是投资平均收益率，三是持续投资时间。如图1—11所示。

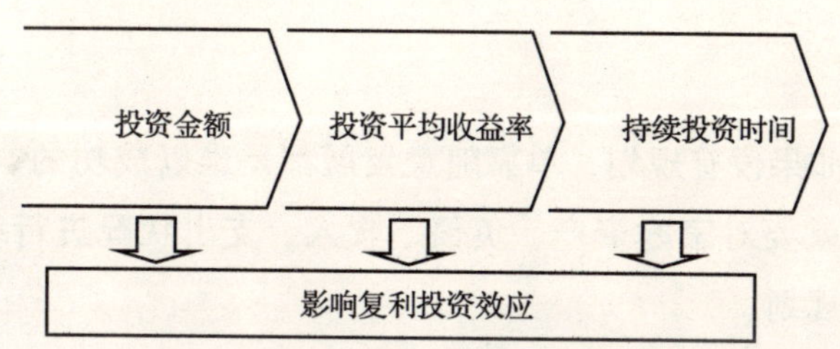

图1—11 影响复利投资效应的因素

在没有过多资金投入的情况下，尽量优化后两个因素是提高复利效应的最好方式。为此，每个家庭都应该尽早开始自己的投资，设法提高投资平均收益。

假设，小K从40岁开始，每月拿出1 000元投资，每年总计12 000元，再假设年收益率有5%。那么到小K 60岁退休时，就可以拥有本息合计大约40万元的养老金，而在这20年中的总投资额为24万元，累计投资收益率达到65%。

如果另一位投资者小J从30岁开始就定投，每月同样投入1 000元，在小J 60岁退休时自己的账户上将有80万元，在30年中的投资总额为36万元，累计收益率121%。

可以看到，提前10年做基金定投，投资的累积收益率翻了近1倍。这些数据只是在5%的年收益假设下计算的，如果能设法将几十年间的平均收益率提高到8%，那复利的赚钱效应将更加神奇，如表1—2所示。

表1—2 复利效应

	年收益5%		年收益8%	
	账户总额	累计收益率	账户总额	累计收益率
小K：每年投资12 000元，投资20年	40万元	65%	69万元	186%
小J：每年投资12 000元，投资30年	80万元	121%	197万元	448%

第四节　要制定长期规划

任何一件事情如果没有规划，单靠随意发展都是难以成功的。对家庭理财而言，从建立家庭开始，就要对家庭资产、负债、收入、支出状况进行统一安排，制定一份长期的家庭理财规划。

一、家庭理财不等于快速发财

1. 追求高收益的困境

理财的最终目标是为了家庭生活幸福，而家庭幸福在很大程度上是由家庭财富决定的。但是家庭理财不等于快速发财。如果家庭在制定长期规划时过分追求高收益，很可能使家庭财务状况陷入困境，如图1—12所示。

困境一

过分追求高收益会让家庭财务状况恶化

在追求高收益过程中，很容易会忽视投资风险和家庭长期现金流规划。例如将钱投入股市后，梦想一夜暴富，但事与愿违，股价下跌，这时家里又急需用钱，最终不得不低价卖出，忍受亏损

困境二

过分追求高收益很容易会落入各种陷阱

在股票投资市场有句名言，“市场上所有可以快速致富的方法几乎都是骗局”。将这句话放在家庭理财过程中同样适用。在家庭理财过程中，很多人都希望找到发财捷径，梦想一夜富贵。这样很容易被一些低劣的骗术迷惑，最后踏入歧途

困境三

过分追求高收益会使人产生从众心理，盲目跟风炒作

比如听到有人买基金赚了50%，回家后就取出存款去买基金。再听到有人炒股票赚了50%，就马上把基金赎回再去炒股票。在理财的过程中一旦被从众心理控制，就会出现盲目投资的情况，不考虑自己的投资能力，这样不仅很难挣钱，还可能亏损

图1—12　过分追求高收益可能会陷入的困境

家庭理财并不等于快速发财。因此，家庭理财的内容并不仅限于投资股票、基金去赚取更多资金，而是要将家庭收入情况、风险承受能力、长期现金流等因素结合起来考虑，追求长期而稳定的回报。

2. 合理制定长期理财规划

为了获得长期而稳定的投资回报，真正实现家庭幸福，每个家庭在制定长期理财规划时都应该特别注意3个要点。

❍ 要点1：注重风险和收益的均衡

一定要考虑清楚家庭今天所做的投资项目当中，风险有多大，相对应的收益有多高。这二者往往成正比关系。高收益的投资，往往伴随高风险。例如，炒期货是利用杠杆原理投资的一种方式。其特点是赚得快赔得也快，如果保证金不够，会被强行平仓。投资者稍有不慎，投入资金就会血本无归。

在制定家庭理财计划时，应该根据家庭风险承受能力和风险偏好选择适当投资品种。例如，有的家庭激进一些，对涨跌承受力更强一些，可以更多地投资股票市场。但有的家庭承受力有限，股市一跌的时候，就会慌忙地卖出，往往发现卖出之后有亏损。这样的人更适合投资债券型品种。还有的家庭，子女在3年后要上大学，这是非常刚性的支出。为此准备的资金一定要能够按时支取，这就要求把风险控制在最低。

❍ 要点2：注意远期目标和阶段性目标的匹配

家庭理财的阶段性目标应该是现实可实现的。例如，有的家庭希望自己的家庭投资在一年内翻一番，这样的目标就是缺乏理性的。如果要追求这么高的投资收益率，就不得不把大量资产投入高风险品种，使家庭财务处于危险中。

同时，在制定家庭理财的长期目标时也应该正确认识目标和现实之间的差距。例如家庭现有资产总共10万元，月收入总共5 000元，支出至少要3 000元。在这样的情况下，如果想在10年内做到千万富翁又不冒太大风险，显然是不现实的。但如果能尽量增加家庭收入、减少支出、合理制定家庭投资计划，在10年内将家庭资产增加到100万元还是可以实现的目标。

❍ 要点3：制定适当的家庭保险规划

一份完整的家庭保险规划包括两大部分：一部分是留足自己生活费用，做好财务保险；另一部分是购买一定保险产品，做好生命财产保险。任何家庭在制定理财规划时，这两部分保险都是必不可少的。在做好保障的基础上，才能考虑投资。

目前，很多保险产品都有一定投资功能，这种保险称为投资连结保险。很多家庭都看中了投资回报去购买投资连结保险，把买保险等同于买基金，这是很大的误区。购买保险的第一目的是要保证安全。如果家庭既有保障需求，同时又希望投资，可以购买投资连结保险，将“保障”和“投资”两者结合起来。但如果家庭可以使用的资金量不大，无法将二者兼顾时，首先应该考虑购买保障型的保险。

二、理财是一种生活方式

在很多家庭的观念中，把理财当成补丁，财务状况出现漏洞就补，补了再破、破了再补，认为这就是理财。觉得家庭财务遇到困难了，或者危机显现了，就急急忙忙找来理财专家，咨询理财计划；当家庭财务状况转好，收入增长时，就把理财计划丢到一边；再次遇到财务困难时，就又返回来问理财技巧，这样周而复始。

家庭理财是一种科学的生活方式，如果当前的生活方式不能做到有效理财，就应该改变一种生活方式。一旦把理财“生活化”，在生活的点点滴滴中都融合理财的一些要素，就不会觉得家庭理财是一件十分复杂的事情了。

例如，每天看报纸的时候，多看看财经新闻；把看花边新闻的时间拿来看看财经类节目；上网的时候先多留意财经类网站。即使暂时不炒股票、买黄金，也关注一下股票、黄金价格走向，这样才能在需要投资的时候从容应对。每月拿出几百块做基金定投，就可以让自己更主动地去了解财经消息。设计一个家庭账本，不用太复杂，却能有效规划自己家庭的各项收入支出。

家庭理财的最终目的是要增加家庭幸福。但是在理财过程中，可能会出现不得不削减家庭支出而影响到家庭幸福的现象。如果能把理财的思路融入家庭日常生活中，建立一种理财型的生活方式，就会发现其实理财和家庭幸福并不冲突，暂时削减支出是为了家庭长远的幸福。一个家庭只有拥有持续健康的财务状况，生活才能更加幸福。

三、向家庭财务自由努力

所谓家庭财务自由，就是当家庭成员不去工作时，也不用为金钱发愁，各种投资的收入足以应对家庭的日常支出。当工作收入不是养家糊口的必要手段时，家庭的财务就自由了。只有家庭财务自由了，整个家庭才能获得真正的自由。

现在，财务自由已经成为越来越多家庭追逐的目标。一旦真正实现了家庭财务自由，家庭就能以独立的姿态、放松的心情享受生活，不再因为金钱使自己的家庭生活扭曲变形。在家庭追求财务自由的过程中，应该特别注意以下 4 点。

1. 养成良好的储蓄习惯

实现家庭财务自由就是要使家庭的各项投资收入足以应对家庭日常支出。而家庭获得投资收益的第一步，就是要攒足投资本金。

在家庭财富积累的最初阶段，一定要建立一个独立的积累账户，强迫自己定期向积累账户中存入一定资金。在本金积累过程中，银行的零存整取和基金定投都是不错的选择。这样日积月累，不仅可以逐渐存足家庭的投资本金，还可以逐渐养成家庭存钱理财的习惯。等这笔资金有一定数量，足够满足家庭日常生活和应急需求的时候，就可以取出一部分进行投资，寻求更高的收益水平。

2. 从事理性的投资

持续稳定的投资收益是实现财务自由的保障，而理性投资则是获得持续稳定投资收益的保障。理性投资就是要家庭在投资任何项目前，都要充分了解投资项目的内涵、预期收益和可能承担的风险。一次非理性的投资可能导致家庭本金亏损甚至出现严重负债的情况，会极大地影响家庭财务自由之路。而正确的理性投资可以将家庭收入大于家庭支出的部分逐渐扩大，最终实现家庭财务自由。

在投资过程中，家庭还应该注意构建投资组合。单一的投资品种难以满足追求财务自由的目标。银行储蓄的风险小，但收益率太低；投资股票的预期收益较高，但投资风险也高；购买国债的收益率和安全性都比较理想，但变现能力太差。因此，为了真正实现财务自由，家庭在投资过程中需要将资金分散投资在银行储蓄、股票、基金、国债、黄金等多个投资品种上，平衡风险和收益的关系，获得长期而稳定的投资回报。

3. 不断完善自身的理财知识

学习理财知识属于对个人智力和知识积累的投资，是家庭投资理财过程中不可缺少的一部分，也是实现家庭财务自由的必备要素。家庭成员对理财知识的掌握程度决定家庭的理财策略。只有学习正确的投资方法、不断地进行理财知识的完善，家庭成员才能科学合理地运用一些理财工具和手段为自己的家庭量身订制理财规划。

理财不可能让一个家庭一夜暴富。但是在理财知识学习过程中，家庭成员的思想和理念改变，可以逐步促进生活质量提高，有助于实现家庭财务自由。对自我的教育投资是理财规划中最好、最保险的投资。

4. 多咨询理财专家

专业的事情交给专业的人士去做，可以省掉许多时间和少走许多弯路。就像生病一定要找医生一样，家庭理财一定要找专业人士做指导。理财专家对各种理财工具有更加深刻的理解，可以帮助家庭优化投资组合的风险收益状况，有助于财务稳定。

理财交给专家和自己学习理财知识之间并不矛盾。理财专家可以根据家庭理财目标制定科学的中长期理财规划。但是在实际生活中，家庭环境会发生变化，理财专家可能无法随时跟进。这时就需要自己随机应变，结合家庭实际情况制定短期理财规划。

真正的财务自由不是指一个家庭拥有几百万元、上千万元的资产，而是摆脱财务对家庭的束缚，即使家庭成员丢掉工作，或者股票投资大幅亏损，也不会有大麻烦，整个家庭仍然能舒适的生活。一个拥有财务自由的家庭也许生活的不算奢侈，但一定十分舒适。

第二章

股票投资理财方案规划

股票市场是一个让你发大财的地方，但同时也可能让你深度套牢，甚至血本无归！

第一节 每个家庭必备的股票投资技巧

一、表示所有权的股票

说起投资理财，许多人首先想到的就是股票。随着经济快速发展，股票对家庭理财来说越来越重要。无论是直接进行股票交易投资，还是通过各种理财产品来间接购买股票，股票都与家庭理财密切相关。

股票是一种有价证券，是股份有限公司在筹集资本时向出资人发行的、用以证明出资人的股本身份和权利，并根据股票持有人所持有的股份数享有权益和承担义务的书面凭证。股票代表其持有人（即股东）对股份公司的所有权，每一股股票所代表的公司所有权是相等的，即我们通常所说的“同股同权”。

与其他众多投资工具相比，股票有十分鲜明的特点，可以归纳为以下几项，如图2—1所示。

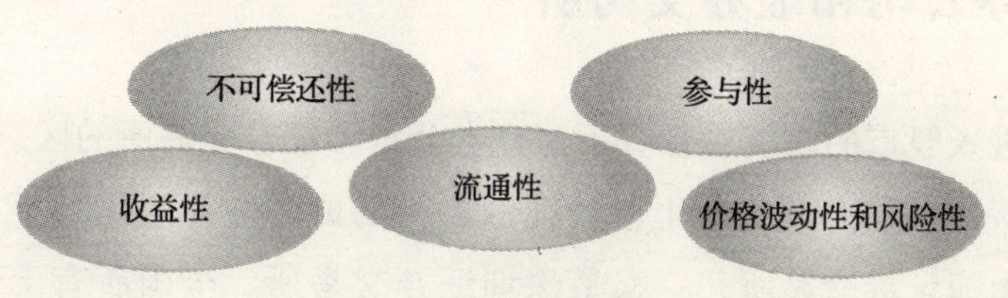

图2—1 股票的特点

❍ 特点1．不可偿还性

股票是一种无偿还期限的有价证券，投资者购买股票后，不能要求发行股票的股份公司退股，只能将股票卖给其他希望买入的投资者。因此，股票交易的过程只意味着公司股东的改变，并不会改变公司资本。从期限上看，只要公司存在，这家公司发行的股票就存在。

❍ 特点2．参与性

所有股票持有者都是相应股份公司的股东，有权出席股东大会，选举公司董事会，参与公司重大决策。股票持有者的投资意志和享有的经济利益，可以通过行使股东参与权来实现。股东参与公司决策的权利大小，取决于其所持有股份的多少。

❍ 特点 3. 收益性

股东凭其持有的股票，有权从公司领取股息或红利，获取投资的收益。股息或红利的多少，主要取决于公司的盈利水平和公司的盈利分配政策。此外，股票的收益性还表现在股票投资者可以获得价差收入，通过低价买入和高价卖出股票，投资者可以赚取价差利润。

❍ 特点 4. 流通性

股票的流通性是指股票在不同投资者之间的可交易性。一只股票流通性的好坏可以通过流通中的股票数量、股票成交量和股价对交易量的敏感程度来衡量。可流通股数越多，成交量越大，价格对成交量越不敏感，股票的流通性就越好，反之就越差。股票的流通，使投资者可以在市场上卖出所持有的股票，取得现金。

❍ 特点 5. 价格波动性和风险性

股票是一种特殊的商品，有自己的市场行情和市场价格。股票的买卖价格会受到诸如公司经营状况、供求关系、银行利率、大众心理等多种因素的影响，其波动有很大的不确定性。正是这种不确定性，有可能使股票投资者遭受损失。价格波动的不确定性越大，投资风险也越大。

二、证券公司和证券交易所

很多刚刚进入股市的投资者都分不清证券公司和证券交易所的区别。

证券交易所是一个提供所有上市公司股票交易的地方。全国的证券交易所只有两家，一家是上海证券交易所，一家是深圳证券交易所。全国所有上市公司的股票交易都要在这两家证券交易所内完成。

证券公司是证券交易所的会员，在证券交易所内有专用席位。一般的投资者不能直接向证券交易所发出交易委托，只能通过证券公司发出买卖委托。这些委托最终都会通过证券公司专用席位进入上海和深圳两家证券交易所的交易系统，如图 2—2 所示。

在股票交易过程中，证券公司只相当于投资者买卖股票的通道，最终的交易要在证券交易所的系统中完成。在上海挂牌的股票，买卖交易在上海证券交易所完成；在深圳挂牌的股票，买卖交易在深圳证券交易所完成。

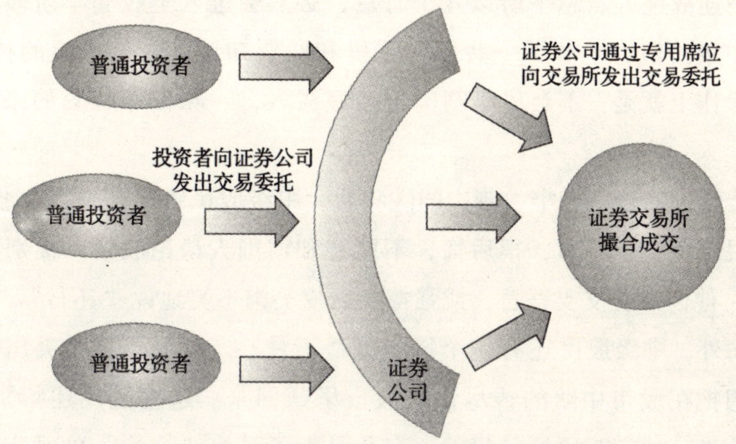

图 2—2　通过证券公司向交易所发出买卖指令

投资者在买卖股票过程中需要缴纳一定的佣金和印花税。佣金交给证券公司，可以看成使用证券公司交易通道的费用；印花税是由证券公司代收，最后交给税务部门的一个税种。

三、你处于股市的第几段

一个普通人办理了股东账户和资金账户，然后是入股市开始运作，这时，就成了一个股民。但是要成为一名成熟的股民还需要经历以下 3 个阶段。

1. 初级阶段

特点：盲目、胆大、贪得无厌

处于这个阶段的初级股民完全不了解股票知识或知之甚少，对“除权、每股收益”等专业名词更是没听说过，不会具体操作，更不知该买什么股票。这时的初级股民只“清楚”一点：买股票肯定能赚钱。

因为无知所以无畏。一旦认定“买股票肯定赚钱”，就敢买任何股票。特别表现在刚一开户，手就发痒，马上买进多只股票，好像不买心里就不踏实。一旦初战告捷，这些新股民就更加认准了“买股票肯定赚钱”，逢人便吹嘘“股市哪有风险，不需要那么多知识，我一入市就赚钱”等等。同时他们喜欢以“股神”的姿态鼓动周围人赶紧加入炒股队伍。

2. 中级阶段

特点：套牢、后悔、不甘心

在新股民连战连胜、忘乎所以几个月后，必然会进入全线套牢阶段。这时的股民虽然进入中级阶段，了解了一些操作手段和股票知识，但抗风险的技巧没掌握。具体表现在操作上就是：不会尽早割肉再抄底买入，一味傻等解套的来临，结果越套越深。

在深刻体会到赔钱、套牢、割肉的滋味后，中级股民终于知道股市投资的风险。这些中级股民难免会想不通，很后悔，不愿意和周围人谈论股票。被别人问及“股神”近况时，他们往往支支吾吾，或强撑脸面皮笑肉不笑地说“还行”。

除了后悔外，中级股民还有一个特点就是不甘心。这种不甘心突出表现为有钱就存股市，想把在股市中赔的钱尽快从股市里赚回来。这些股民还特别爱听股评，爱打听小道消息。他们听股评的目的，多数是为了寻找“合意”的观点，获得精神上的安慰，而真正能从股评消息中获得的有用信息则十分有限。

在股市中，至少 70% 的股民都会停留在中级阶段。刚下跌就急忙补仓，刚上涨就卖出止损，最终高买低卖、弹尽粮绝，被淘汰出股市。

3. 成熟阶段

特点：小心、不贪心、有平常心

经过中级阶段的煎熬后，一部分股民会进入成熟阶段，能进入这个阶段的股民已经成为股市上真正的成功者。这类股民经过长期学习和实战演练，股票知识及操作技巧有很大提高，特别关注宏观面，结合技术面，自己分析判断性加强。对股评少听、少看、仅作参考。

在与周围人谈股票时，成熟股民喜欢强调股市上的风险，胜与负的结果不再流露到脸上和语言中，显得沉稳老练。因为风险意识增强，他们在操作股票时可以做到见好就收、落袋为安、谨慎为上。

在风云变幻的股市中，始终保持一颗平常的心，不因暴涨而冲动，也不因暴跌而恐慌，这才是新股民趋向成熟的标志。

四、不要把鸡蛋放在同一个篮子里

1. 分散投资风险

在莎士比亚的《威尼斯商人》中，富商安东尼奥有这样一幕自白：

不！相信我；感谢我的命运，我的买卖的成败并不完全寄托在一艘船上，更不是倚赖着一处地方；我的全部财产，也不会因为这一年的盈亏而受到影响，所以我的货物并不能使我忧愁。

不把自己的生意倚赖在一处地方，更不把自己的成败寄托在一艘船上。安东尼奥的“生意经”就是对“不要把鸡蛋放在同一个篮子里”的最好诠释。

坚持“不要把鸡蛋放在同一个篮子里”的思想可以让人分散投资风险。如果投资者将这种经商的思想放到股票投资中，同样适用。在购买股票时，投资者不应该把所有资金都集中在一个行业的股票，甚至是一只股票上。这样做很容易“一损俱损”，最终血本无归。

2. 投资需要几个“篮子”

现在，“不要把鸡蛋放在同一个篮子里”的道理已经被投资者烂熟于心。但是在实际操作中，到底需要几个“篮子”或每个“篮子”要各放多少只“鸡蛋”，恐怕不是每个投资者都能回答清楚的。

刚刚进入股市的投资者喜欢下单的感觉，又不舍得卖出“精心挑选”的股票。最终只能把不多的资金分布在十几只股票中，每只股票只买 1 ~ 2 手。这种投资方法虽然可以分散风险，但最终算下来很难真正盈利。

一个理智的投资者会根据自己的“功力”决定到底要“几个篮子”。所谓“功力”，与投资者自己的分析能力、炒股经验和投入精力都有很大关系。例如基金公司之类的机构投资者，拥有大量专业的分析人员，可谓“功力”深厚。这样就完全有精力同时关注几十只甚至上百只股票。但如果是普通投资者，专业能力不足、炒股经验不够、又没有太多精力去分析股票。这样如果“篮子”太多就会力不从心，最终因为掌控能力不足而产生更大的风险。

因此，对普通投资者来说，最好同时持有 3 ~ 5 只不同行业的股票，这样既能适度分散风险，又能有足够的精力兼顾每只股票，建立科学的投资组合。

五、什么时候都不要忘记止损

1. 止损原则

在华尔街上，有人将炒股的诀窍归纳成两句话：截断亏损，让利润奔跑！英文叫 Cut loss short，let profit run！意思是一旦股票情况不对，就必须止损，把损失控制在最少；如果有了利润，就需要让利润奔跑，从小利润跑成大利润。

止损的原则很简单：投资者在买入股票之前，事先设定好止损点，股价一旦跌到这个位置就果断卖出，防止更大的风险。止损点的位置可以设定为亏损 3%、5%等，最好不要超过 10%。具体选择时可以根据大盘行情、宏观环境、个人投资策略等多方面的因素综合确定。

在买卖股票的时候，任何投资者都不可能保证自己的每次买卖都正确。成熟的投资者总能在判断正确的时候尽量获取最大的利润，在判断错误的时候及时制止亏损。可是刚进入股市的投资者往往相反。他们总是把赚钱的股票首先出手，满足于短线微利；而将亏损的股票死死抱住，结果越亏越多。直到手头的股票全部被深度套牢后，他们才明白止损的重要性。如果投资者在亏损过半的时候才开始“止损”，那使用这种操作方法已经完全没有意义了。

2. 永远不要放弃止损

止损位一旦设定是绝对不能改变的，一旦股票跌到止损位，无论如何都要果断卖出。但是在实际操作中，投资者往往会有各种不能止损的理由。事实上，这些理由多数是不能成立的。

纽约有位叫夏皮诺的心理医生，他请了一批人来做两个实验，如图 2—3 所示。

实验一

你有两种选择：第一，75%的机会得到1000美元，但有25%的机会什么都得不到；第二，确定得到700美元。虽然夏皮诺医生一再向参加实验者解释：从概率上来说，第一选择能得到750美元，结果还是有80%的人选择了第二选择。大多数人宁愿少些，也要确定的利润

实验二

你仍然有两种选择：第一，75%的机会亏损1000美元，但有25%的机会不亏不赢；第二，确定亏损700美元。这次夏皮诺医生同样向参加实验者解释：从概率上讲，第二种选择可以少损失50美元，但这次有75%的人选择了第一选择。他们为了搏25%什么都不付的机会，从概率上讲多失去了50美元

图 2—3 夏皮诺医生的实验

这个实验的结果可以很清楚的解释多数人想赢怕输的心理：一旦亏损，多数人都会产生赌博的侥幸心理。如果自己持有的股票赔钱了，多数投资者都很难接受亏损的现实。即使股票已经出现了明显的下跌趋向，他们还要想象出各种各样的理由说服自己下跌只是暂时的、股价终会回暖。其实无论什么理由，他们放弃止损原则的根本原因只是为了搏那 25% 可能全身而退的机会。

第二节　不同家庭的股票投资方案规划

一、公务员家庭的炒股投资方案

家庭财务状况

家庭基本情况

生活城市：天津

家庭成员：

丈夫：董先生，30岁，机关公务员，每月工资5 000元，另外每年有约2.5万元的福利收入。

妻子：凌女士，31岁，原为某高校老师，现“停薪留职”，攻读博士，1年后毕业。博士生活津贴每月1 500元，毕业后可以回原学校工作。

住房情况：董先生家庭在市区有一套住房。但因为董先生工作地点在郊区，现一家人居住在董先生单位宿舍。原房屋出租，每月租金收入1 700元。另外购房贷款还有4年才能还清，每月需还房贷2 500元，总共欠银行12万元。该房产现值约80万元。

家庭收支情况（单位：元）

收入		支出	
董先生每月收入	5 000	家庭每月饮食开销	1 000
凌女士每月收入	1 500	服饰、娱乐、交通费等	2 000
房租收入	1 700	房屋贷款	2 500
月收入合计	8 200	月支出合计	5 500
月度性结余（月收入合计－月支出合计）	**2 700**		
年度福利	25 000		
年收入合计	123 400	年支出合计	66 000
年度性结余（年收入合计－年支出合计）	**57 400**		

家庭资产负债情况（单位：万元）

家庭资产		家庭负债	
现金及活期存款	7	房贷欠款	12
国债	2		
房产	80		
资产合计	89	负债合计	12
家庭财产净值（资产合计－负债合计）	**77**		

家庭理财目标

- 董先生和太太打算2年后要小孩，所以从现在开始就要储备“宝宝基金”。
- 夫妻两人还打算在几年内购买汽车。

❖ 家庭财务状况分析

董先生家的财务状况属于城市中等收入的工薪家庭。董先生一家的年收入在 12 万元以上，去除消费、房贷后仍有超过 5 万元结余。虽然家庭还有 12 万元的住房贷款需要偿还，但按目前情况来看，偿还这笔贷款对董先生来说并不困难。

比较同等收入的家庭，董先生家庭具备更优越的成长性，妻子毕业后，家庭收入可以大幅提高。另外，家庭每年的收入结余已经足够应对“宝宝基金”的需求，而购买汽车的需求并不十分紧迫。这样，董先生的家庭可以选择进取型投资方式，将更多的资金投入股票、基金等品种，在承担较大风险的基础上追求高收益。

根据该家庭现状，先生是公务员，妻子是在校博士生，有较多空闲时间来关注财经新闻，学习投资理财知识。因此在众多投资品种中，股票投资是最适合董先生家庭现状的品种。

☆ 家庭理财规划设计

根据分析，董先生家庭的风险承受能力较强。而家庭目前的资产组合显得过分保守，应该将一定资金购买股票。另外，董先生家庭每年有大约 5.7 万元的可支配“闲钱”，这其中也可以拿出一部分用来购买股票进行投资。

☆ 调整现有资产结构，建立股票投资组合

董先生现有资产结构显得过分保守。建议从 7 万元银行存款中拿出 5 万元来选择 1 ~2 只股票投资，在工作之余多加关注。另外 2 万元可以继续存在银行，留做应急资金，应对突发性大额支出。而家庭 2 万元国债投资可以继续保留，作为家庭财务稳定的保障。

这 5 万元股票投资可以作为董先生家庭的购车资金。等投资几年后，董先生可以看自己股票投资的收益情况来购买汽车。

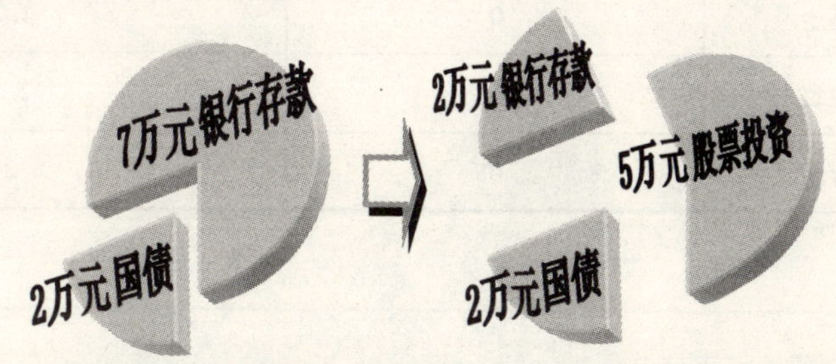

☆ 合理分配收入，建立教育储蓄

“宝宝基金”是董先生家庭理财的重点目标。这笔资金要应对宝宝出生后的饮食、娱乐和以后的教育支出。随着宝宝成长，这部分资金的需求会越来越大。所以从现在开始，董先生就应该尽早准备。建议现阶段从每月的结余中拿出 1 000 元左右投资，年投资 12 000 元。等凌女士上班，家庭收入提高后，再适当增加投资规模。

另一方面，这笔教育资金的需求时间较长，董先生家庭还有足够的时间来筹集。这样可以选择风险收益较高的指数型基金进行定投，利用长期投资来减少风险，获得收益。

对于剩余的收入和年度福利部分，董先生可以按照大约 1∶1 的比例存在银行和投资股市。银行存款增加可以增强董先生家庭的财务安全性，而投资股市则有助于董先生追求更高的收益。根据家庭对风险偏好程度的不同，这个比例也可以适当调整。

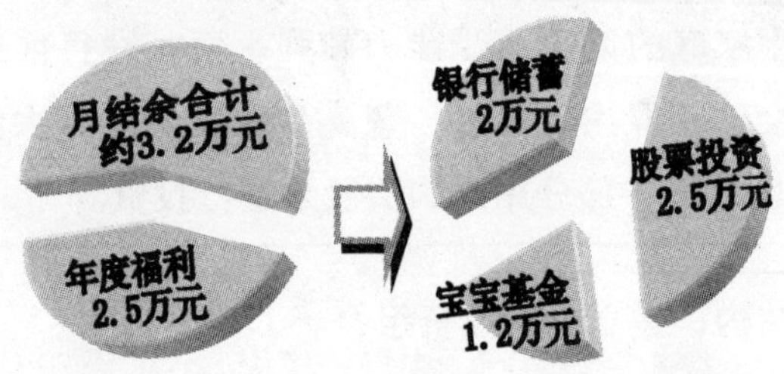

家庭理财项目	理财现状	目标状态
银行存款	7	2
股票投资	0	5
基金或国债	2	2
每年追加教育基金	0	1.2
每年追加股票投资	0	2.5
每年追加银行存款	0	2

家庭理财经验总结

董先生家庭有一定闲置资金，没有太大的大额支出压力，同时夫妻二人都有较多空闲时间。在这种情况下，董先生家庭可以大胆投资股票市场，追求更高的财产增值率。

在股票投资时董先生应该注意控制风险，坚持组合投资和及时止损的原则。另外还需要利用空闲时间多学习炒股知识，使自己在股市中尽快成长。

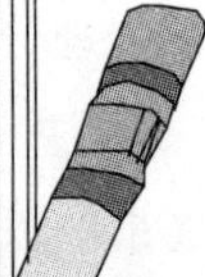

二、高收入家庭的分散风险方案

家庭财务状况

家庭基本情况

生活城市：上海

家庭成员：

妻子：励女士，30岁，从事法律咨询工作，每月收入8 500元，另有20 000元年终奖。

丈夫：吴先生，33岁，从事财务工作，每月收入6 500元，另有10 000元年终奖。

励女士的母亲：秦女士，56岁，从事教育工作，每月收入5 000元，60岁退休。

小女儿：刚满3岁。

住房情况：励女士家庭现有住房两套，一套自住，另一套出租。房屋贷款均已还清。每月有房屋租金收入3 000元。两套住房总价值大约200万元，没有出售打算。

家庭收支情况（单位：元）

收　入		支　出	
励女士每月收入	8 500	家庭每月饮食开销	2 000
吴先生每月收入	6 500	置衣、娱乐、交通费	3 000
秦女士每月收入	5 000	女儿早教费用	2 000
房屋租金收入	3 000		
月收入合计	23 000	月支出合计	7 000
月度性结余（月收入合计－月支出合计）	**16 000**		
励女士年终奖金	20 000	人身保险保费支出	25 000
吴先生年终奖金	10 000	汽车保险保费支出	5 000
年收入合计	306 000	年支出合计	114 000
年度性结余（年收入合计－年支出合计）	**192 000**		

家庭资产负债情况（单位：万元）

家庭资产		家庭负债	
现金及活期存款	8		
股票投资	30		
股票型基金投资	30		

房产	200		
资产合计	268	负债合计	0

家庭财产净值（资产合计－负债合计） **268**

家庭理财目标

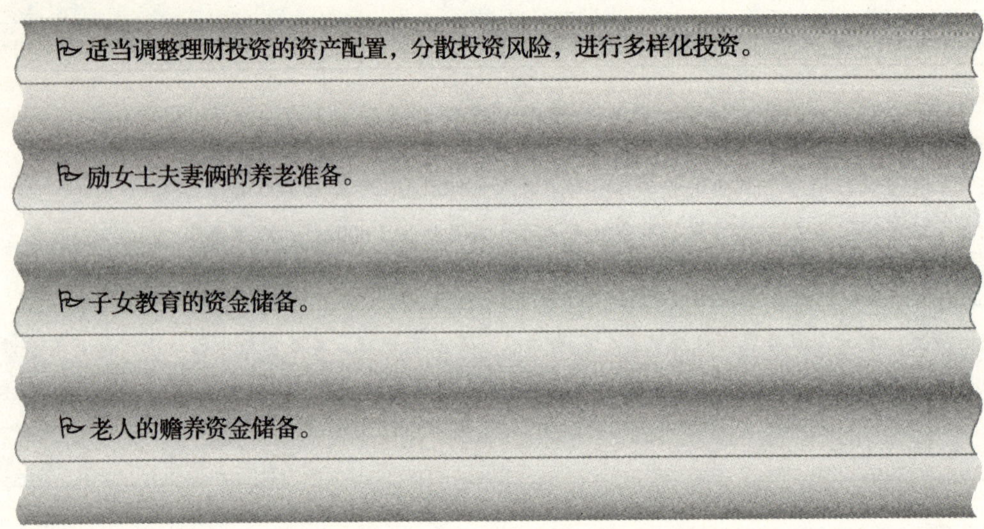

❖ 家庭财务状况分析

励女士家庭年收入 30 万元，结余 20 万元左右，属于高收入家庭。只要励女士能合理规划家庭收支，实现家庭理财的几个目标并没有问题。

按照励女士家庭现在的资产配置情况，有两大问题需要注意。

第一，投资形式过于单一，主要都集中在股票和股票型基金上。

由于股票和股票型基金都与股市涨跌密切相关，会出现同涨同跌的现象，所以励女士家庭这样配置资产对风险的承受能力很差。应该适当调整投资组合与资产配置，把部分资金投向国债、混合型基金等对风险抵抗力较强的品种。

第二，投资经验不足，没有过多精力。

目前，励女士家庭的投资主要集中在风险较大的资本市场，但是以励女士的专业知识和金融投资经验来看，未必有精力很好地打理此类投资。股市的风云变化中虽然蕴涵了很多机会，但是也存在着相当大的风险，特别是在行情不是很好的熊市之中。所以，应该分散投资风险，调整投资组合。

☆ 家庭理财规划设计

励女士家庭将除两套房产外的几乎所有资产都投资在股票或股票型基金上，这样做的风险很大。一旦股票市场进入熊市行情，股票和股票型基金可能会同时下跌，励女士家庭就很难有足够的流动性资金。因此，调整投资策略是励女士家庭财务优化的重点。

☆ 调整股票投资策略，增加投资稳定性

建议励女士卖出价值10万元的股票来购买更加稳定的国债。

对于剩余的价值20万元的股票投资，励女士应该根据自己的投资经验和风险承受能力适当调整股票投资组合。

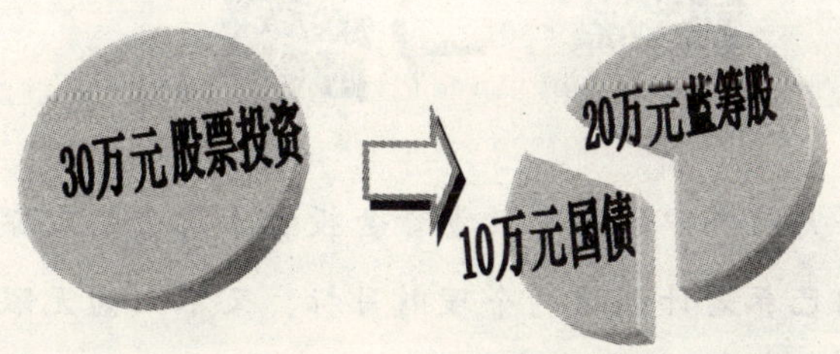

因为励女士没有过多时间关注股票，可以根据价值投资理论选择蓝筹股并且长期投资，也可以考虑选择资源优势企业、产品有涨价空间的行业、销售规模大的企业或多元化综合性企业的股票进行长期投资。在投资过程中要注意选择多只不同行业的股票进行组合，这样可以使家庭财富长期稳定地积累。

☆ 调整基金投资策略，减少套牢风险

建议励女士改变投资品种。根据市场动态，将部分股票型基金赎回，改投更加稳定的债券型基金或者混合型基金，减少套牢风险。如果继续看好股市，可以选择偏股型的混合基金；反之，则选择偏债型的混合基金。

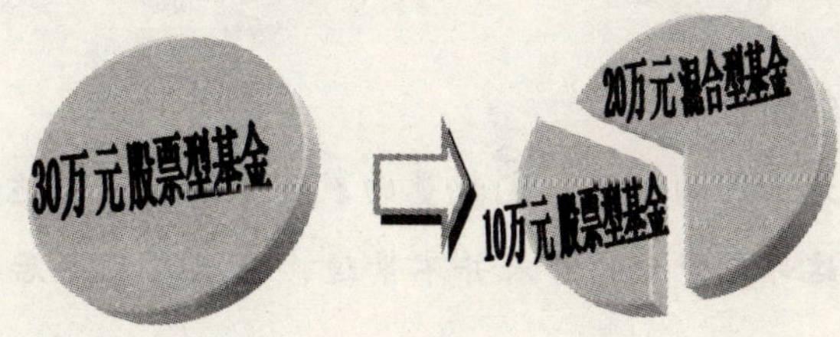

☆ 基金定投，筹集养老金

为了筹足老人和自己的养老金，励女士还可以用每月家庭收入的结余进行基金定投。这时需要制定两个投资期限不同的基金定投计划：首先，建议励女士的母亲在每月收入中拿出 3 000 元做 5 年期的基金定投，等母亲退休后，励女士可以用自己的收入帮母亲继续投资。这份定投是为了应对母亲退休后的养老需要，可以选择比较稳定的债券型基金或者股债混合型基金。

另外，虽然励女士只有30 岁，但也需要为自己的退休早做打算。励女士可以为自己做一个25 年期左右的基金定投，每月投资 2 000 元。因为这份定投可以坚持接近 30 年，可以选择波动性较大的指数型基金，利用长期投资来获得不错的收益。

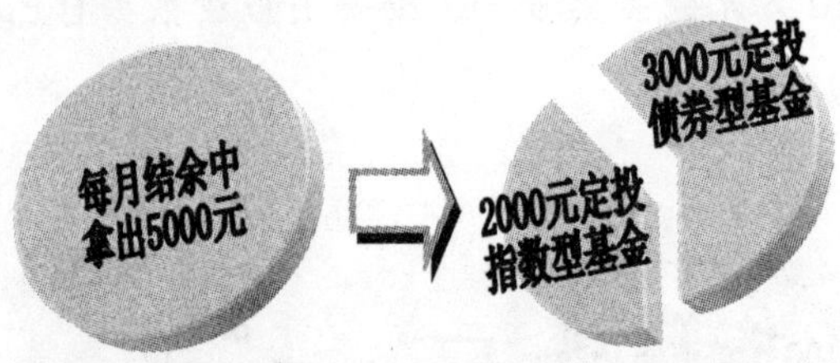

这样，将家庭每月结余中的一定数量资金投资于基金的定额定投，励女士既可以实现赡养老人和自己养老计划这两个理财目标，又不必为无暇关注股票与基金的走势波动而烦恼。

☆ 流动资金管理

励女士家庭的 8 万元流动资金全部是现金和活期存款，建议留 3 万元应对家庭日常支出，另外 5 万元购买货币市场基金，这样可以在保证安全性和流动性的前提下获得更多收益。

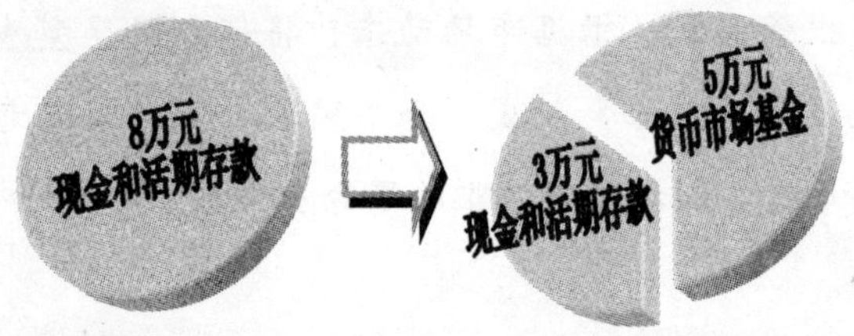

☆ 子女教育费用的储备

由于励女士已经为女儿购买了一定数量的教育保险，可以适当地满足此理财需求。而且女儿年幼，这部分资金的需求并不紧迫，可以在几年后再考虑通过其他投资适当进行追加。

对励女士家庭资产配置调整的具体建议（单位：万元）

家庭理财项目	理财现状	目标状态
活期存款	8	3
货币市场基金	0	5
股票	30	20
国债	0	10
股票型基金	30	20
混合型基金	0	10
基金定投（股票型基金）	0	根据每月节余进行投资
房地产（自用）	100	100
房地产（投资）	100	100
家用车	15	15

家庭理财经验总结

股票投资属于高风险投资品种，在家庭投资组合中所占的比例应该适当。像励女士这样将家庭除去房产外的几乎所有资产都投资股票或者股票型基金是不可取的。一旦股票被套牢，很容易造成家庭财务陷入危机。

在购买股票时，可以根据家庭实际情况购买不同类型的股票。

像励女士家庭一样有一定的风险承受能力，但没有太多精力的家庭，可以多购买股价波动不大的大盘蓝筹股。

三、职业股民家庭的稳步盈利方案

家庭财务状况

家庭基本情况

生活城市：广州

家庭成员：

丈夫：房先生，32 岁，本科学历，职业股民。

妻子：孙女士，32 岁，本科学历，职业股民。

女儿：5 岁，1 年后上小学。

住房情况：房先生家庭住房为二室一厅，全款购买，现值约 100 万元。家庭没有其他房产。

家庭收支情况（单位：元）

收　　入		支　　出	
每年股票分红收入	约 5 000	每月日常生活支出	2 000
股票投资价差收入	不确定	每月交通、通讯、其他支出	500
		女儿教育金	1 000
		月支出合计	3 500
年收入合计	不确定	年支出合计	42 000
年度性结余（年收入合计 - 年支出合计）	不确定		

家庭资产负债情况（单位：万元）

家庭资产		家庭负债	
股票投资	100		
房产	100		
资产合计	200	负债合计	0
家庭财产净值（资产合计 - 负债合计）	**200**		

家庭理财目标

- 改变没有固定收入的现状，希望每年能获得固定收入，至少做到收支平衡。
- 需要为女儿的大学教育筹备资金，这需要借助稳健的投资来完成。
- 夫妻两人虽然身体健康，但都需要一定的保障。

❖ 家庭财务状况分析

房先生家庭的100万元资产全部投资在股市上，这样虽然可能实现收入最大化，但投资风险极大，家庭资产状况很不科学。

房先生家庭每年的固定收入只有大约5 000元的股息和分红，这些远远不能满足家庭的正常开销，所以当务之急是获得稳定的现金流收入，达到家庭基本的财务收支平衡。这个目标一方面可以通过调整资产的结构和配置实现；另一方面，建议房先生夫妻最好有一人参加工作，获得稳定的工资收入。

另外，女儿的教育是必需的支出，这部分资金不能冒任何风险。为此房先生必须改变投资策略，去投资一些低风险、收益稳定的品种。

☆ 家庭理财规划设计

房先生家庭理财的3个目标都与“稳定”有关，但股票投资的最大特点就是不稳定。而且房先生夫妻二人都专职炒股，没有任何稳定的工资收入，这也与家庭理财目标背离。如果夫妻二人坚持当前生活状态，不愿参加工作，那家庭理财目标只能靠调整投资组合实现。通过投资组合调整，房先生应该将家庭股票资产控制在50%以下。

☆保留活期存款，应对日常支出

虽然股票账户中的资金也能方便的支取，但如果一时冲动“全仓杀入”，一旦被套牢连日常生活都成问题。因此建议房先生保留2万元左右活期存款，存在专门的存款账户上。这样在股市走弱时也可以足够支付半年左右的日常开支。当活期存款账户中的资金不足 2 万元时，应该尽快从股票账户中赎回资金补充。

☆ 建立应急资金

除了日常支出账户，房先生家庭还需要建立一个专门的应急资金账户。从股市中拿出 3 万元资金，购买无风险的货币市场基金。这笔资金是为了应对家庭突发性大额支出，在必要时可以拿来救急，同时还可以获得与定期存款相当的利息。

☆ 购置房产，获得稳定收入

房先生夫妻都是职业股民，要想取得稳定的收入，需要改变投资结构。可以考虑卖出一部分股票，在郊区购买一套价值 30 万元的二手房自住，同时将市区目前居住的房屋出租。因为夫妻都以炒股为职业，所以不用考虑交通问题。市区的房屋出租则能够获得稳定的租金收入，满足家庭日常支出需要。

☆ 投资债券，筹集教育金

女儿的教育金需要尽早筹集。这部分资金是必需的支出，不能承担风险，但是使用时间较长，不用一次性储备完成。因此建议房先生在大盘处于顶部的时候分批卖出一部分股票套现，购买低风险的债券型基金，作为教育储备金。

☆ 购买保险，筹集养老金

房先生夫妻未购买任何保险，家庭的抗风险能力比较弱。随着年龄增长，日常医疗保健支出会逐渐增加，并且高龄后可能发生的大病医疗支出将会大大影响家庭的财务状况。因此，建议房先生拿出大约 10 万元为夫妻双方都购买一定保险。

在现阶段，房先生应该主要购买定期寿险和重大疾病保险并附加意外保险，在花费较少的情况下提高家庭的整体抗风险能力。另外，随着夫妻年龄增长，房先生应该适当增加养老保险的投入比例。同时也应该将股票投资中的一部分转换成国债投资，获得稳定收益，为自己的养老早做打算。

对房先生家庭资产配置调整的具体建议（单位：万元）		
家庭理财项目	理财现状	目标状态
股票	100	50
活期存款	0	2
货币市场基金	0	3
商业保险	0	10
投资性房产	0	30
债券型基金	0	5

理财经验总结

股票投资可以获得较高收益，同时也需要承担较大风险。如果一个家庭将全部资产都放在股市里，把家庭幸福与否完全寄托在股市涨跌上，是很不明智的选择。

股票可以赚钱，但难以保证子女的教育资金需要，也不能保证父母和自己的养老资金需要。因此类似于房先生这样的全职股民家庭，要想获得长期而稳定的收益就必须改变投资策略，将资产分散到房产、基金、保险、国债等多项投资中。

第三章

债券投资理财方案规划

通俗地说，债券就是别人给你打的欠条。作为借出人，你所关心的首先应该是，到底把钱借给了谁？此人有没有还钱能力；其次是，利息是多少，多久能还钱。

第一节　每个家庭必备的债券投资技巧

债券投资可以获取固定的利息收入，也可以在市场买卖中赚取差价。随着利率的升降，债券投资者如果能适时地买进卖出，就可获取较大收益。

一、有借有还的债券投资

债券是政府、金融机构、工商企业等机构直接向社会借债筹措资金时，向投资者发行，承诺按一定利率支付利息并按约定条件偿还本金的债权债务凭证。通俗地讲，债券就是发行人给投资人开出的“借据”。因为债券的利息通常是事先确定的，所以债券一般被认为是固定收益证券。

1. 债券的基本元素

债券的基本元素有5个，如图3—1所示。

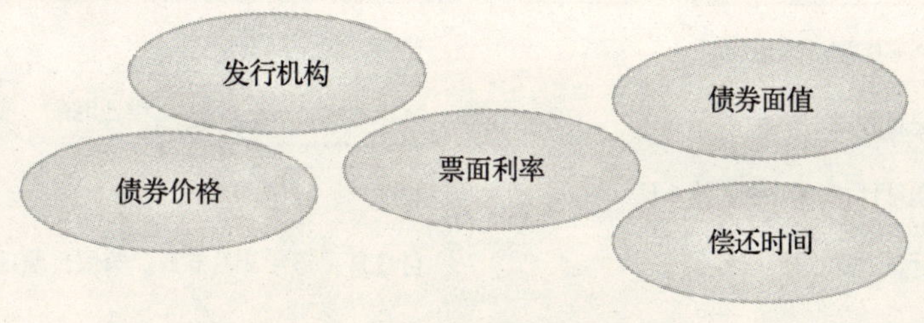

图3—1　债券的基本元素

❍ 发行机构

债券的发行机构就是借款人，是指负有向投资者还本付息义务的机构。

❍ 债券面值

债券面值是指债券发行时设定的票面金额。

❍ 债券价格

债券价格包括债券的发行价格和交易价格。

债券的发行价格可能不等同于债券面值。当债券发行价格高于面值时，称为溢价发行；当债券发行价格低于面值时，称为折价发行；当债券发行价格等于面值时，称为平价发行。

除了发行价格，债券还有交易价格，是指债券买卖时的成交价格。在正常交易时间里，债券的交易价格可能会随时波动。在债券交易价格走势图上，还包括债券的开盘价、收盘价、最高价和最低价。

❍ 票面利率

票面利率是指债券每年支付的利息与债券面值的比例。投资者获得的利息就等于债券面值乘以票面利率。债券的利率一般是固定的，但也可能是浮动利率。债券的利息通常每一年或半年支付一次。

❍ 偿还时间

债券的偿还时间也称为到期日。在到期日，发行机构要偿还债券本金和所有未支付的利息，债券所代表的债权债务关系也同时终止。

图 3—2 为 2007 年记账式（一期）国债基本信息，包括该债券的各项要素。

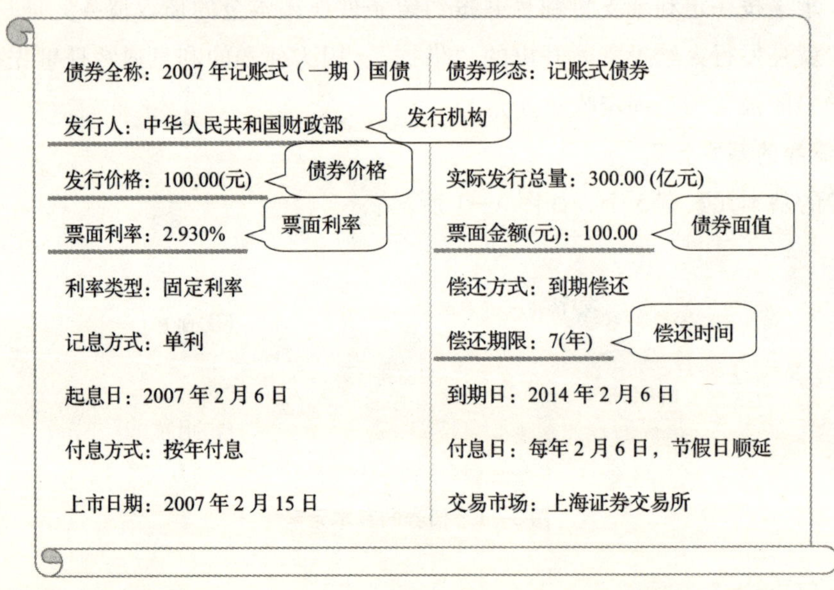

图 3—2 2007 年记账式（一期）国债基本信息

2. 债券的基本特点

债券作为一种债权债务凭证，与其他有价证券一样，也是一种虚拟资本，而非真实资本，它是经济运行中实际运用的真实资本的证书。债券作为一种重要的融资手段和金融工具有以下 4 个特点，如图 3—3 所示。

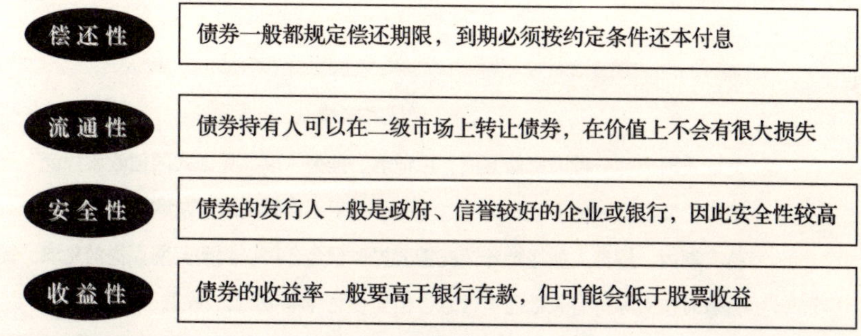

图 3—3 债券的特点

因为债券投资有以上 4 个特点，投资者又把债券称为固定收益债券。尤其是政府发行的债券被称为“金边债券”，比喻这种债券风险极低。

二、一定要看清谁在借钱

假设您的两个朋友，小 Y 和小 R，他们分别向您借 2 万元。其中小 Y 以前每次借钱都还钱不及时、还有赖账的记录；小 R 则每次借钱都按时还款，而且绝对不会有还不起钱的情况。这时您会怎么办？对小 Y，因为信用状况欠佳，可以对他要求高一点的利率，而且借钱时间越短越好；对小 R，则不用有太大顾虑，利率可以低一点，还款期限也可以长一点。

实际上，购买债券和借钱给朋友的道理是一样的。按照借款人不同，投资者常见的债券可分为政府债券和公司类债券。投资者在购买债券时首先应该清楚债券的种类，看清谁在借钱。

1. 政府债券

“金边”债券，政府信用保障

政府债券是以政府的信用作为保障的，在市场上有“金边债券”的美誉。按照发行主体的不同，政府债券又可以分为国家政府债券和地方政府债券。国内的地方政府债券从 2009 年才开始恢复发行，普通投资者可能接触较少。市场上更加常见的政府债券是国家政府债券，也就是常说的国债。

理论上认为，国债是唯一的无风险的投资产品，而国债的收益率也要高于银行存款，对多数投资者都有一定的吸引力。随着国债品种的不断丰富，目前市场上的国债品种主要包括面向大众投资者的凭证式国债和电子式国债，面向专业投资者的记账式国债，如图 3—4 所示。

凭证式国债

凭证式国债是一种国家储蓄债，可记名、挂失，以“凭证式国债收款凭证”记录债权。凭证式国债不上市流通，发行结束后不能再买入。从购买之日起计息。在持有期内，持券人如遇特殊情况需要提取现金，可以到购买网点提前兑取。提前兑取时按实际持有天数还本付息，但要按兑付本金的2‰收取手续费

电子式国债

电子式国债又称储蓄国债，是我国财政部面向境内中国公民储蓄类资金发行的，以电子方式记录债权的不可流通人民币债券。电子式国债的认购对象仅限境内中国公民，不向机构投资者发行，同时设立了单个账户单期购买上限，充分考虑并保护了个人投资者特别是中小投资者的利益。电子式国债采取实名制，不可以流通转让

记账式国债

记账式国债是由财政部通过无纸化方式发行的、以电脑记账方式记录债权，并可以上市交易的债券。可以随时买卖，流动性强，每年付息一次。投资者如果对市场和个券走势有较强的预测能力，可以在对市场和个券作出判断和预测后，采取“低买高卖”的手法进行国债的买卖。这种投资方法的投资收益较高，但同时也要面临一定的市场风险

图 3—4　市场上的主要国债分类

根据国债的品种不同，其购买方式也不同，其中凭证式国债和电子式国债的购买手续比较简便，记账式国债的购买手续稍复杂些（如图 3—5 所示）。

2. 公司类债券

流动性好，利率差别较大

公司类债券包括公司债、企业债和可转债。其中，公司债和可转债由上市公司发行，企业债由非上市公司发行。

与其他类型债券相比，公司类债券流动性较好，可以在证券市场上流通买卖。根据期限和发行公司信用等级的不同，收益率差别较大，可能在 2% ~10% 之间。与国债相比，公司类债券的还款来源是公司的经营利润，有一定投资风险。

凭证式国债购买

凭证式国债主要面向个人投资者发行。发售期内，投资者可以到各大银行和邮政储蓄营业网点、财政部门的国债服务部填单交款，办理购买事宜，获得“凭证式国债收款凭证”

电子式国债购买

电子式国债与凭证式国债类似，也是面向个人投资者发行。发售期内，可以在各代销网点开立个人国债账户。个人国债账户用于记录投资者电子式国债买卖情况，开立后可以永久使用，再次购买时不用重复开户

记账式国债

记账式国债通过交易所交易系统以记账的方式办理发行。投资者购买记账式国债必须在证券公司开立证券账户或国债专用账户，委托证券机构代理进行。因此，投资者必须拥有证券交易所的证券账户，并在证券经营机构开立资金账户才能购买记账式国债

图 3—5 不同国债品种的购买方式

对于普通投资者，很难完全掌握该公司的运行情况，难以察觉公司经营的潜在风险。因此，公司类债券适合具有一定风险承受能力，并希望得到较高回报的稳健型投资者。

可转债全称为可转换公司债券，是公司债券的一种特殊形式。可转债具有债券和股票的双重属性，其持有人可以选择持有债券到期，获取公司还本付息；也可以选择在约定的时间内转换成股票，享受股利分配或资本增值。所以投资界有一种说法：可转债对投资者而言是保证本金的股票。

例如，A 上市公司发行可转债，债券面额 100 000 元，规定债权人（即债券投资人）持有一段时间后，可以用该债券以 50 元/股的价格向 A 公司换取该公司的股票。这样一份债券就可以换取股票 2 000 股。

如果在债权人可以转换的时间段内，A 公司股票市价达到 60 元，投资人一定乐于去转换。因为换股成本为转换价格 50 元，所以转换股票后可以立即以市价 60 元抛售，每股可赚 10 元，总共可赚到 20 000 元。这种情况下，可转债是有转换价值的。

相反，如果 A 公司股票市价下跌到 40 元，投资人一定不愿意去转换。而是应

该持有债券，到期后获得债券本息。因为换股成本为转换价格 50 元，如果真想持有该公司股票，应该直接去市场上以 40 元的价格购买，不应该以 50 元成本价格转换取得。在这种情况下，可转债就不具备转换价值。可转债的转换价值如图 3—6 所示。

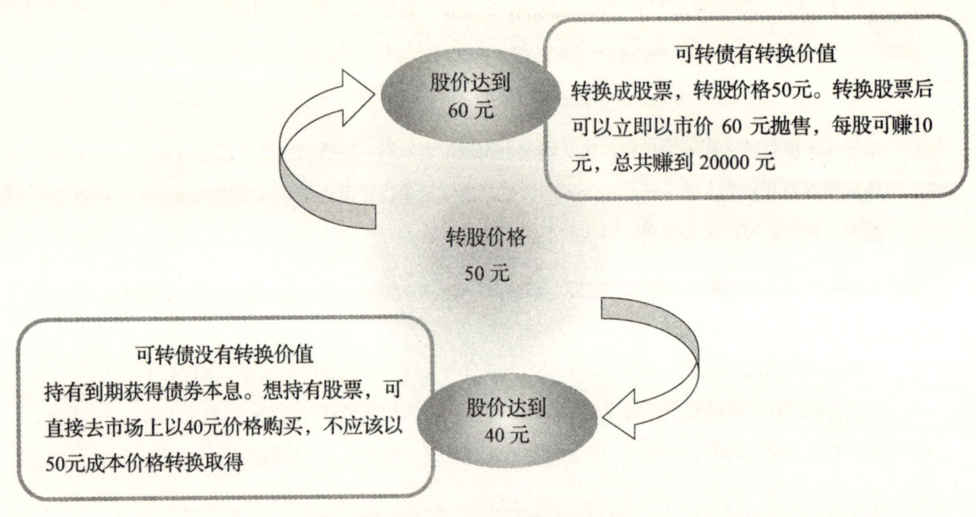

图 3—6　可转债的转换价值

一旦可转债失去转换意义，就成为一种低息债券。它虽然有固定的利息收入，但利率要低于同等情况下的其他公司债券。可转债具备了股票和债券两者的属性，结合了股票的长期增长潜力和债券所具有的安全和收益固定的优势。

三、消极持有和积极短炒

各种常见的证券品种风险收益水平有一定差别，交易方式、变现能力也不相同，因此不同债券在投资策略上也有很大不同。一般来说，债券的投资策略可以分为两种：消极持有策略和积极短炒策略。

消极持有策略是将债券作为长期投资工具，长期持有，追求利息收入。使用这种策略时，债券投资可以作为 3 ~ 5 年期定期存款的较好替代品。

积极短炒策略是指利用债券价格波动在短期内低买高卖，追求价差收入。这种投资策略会有一定风险，比较适合熟悉债券市场，有一定经验的投资者。

不同债券品种的特点不同，所适用的投资策略也会有所差别，如表 3—1 所示。

表 3—1　不同债券投资的特点

<table>
<tr><th></th><th>特　点</th><th>投资策略</th></tr>
<tr><td>凭证式国债
电子式国债</td><td>投资安全，收益较高，流通性较差，提前兑取会有一定损失，收益也局限在固定的票面利息</td><td>适合消极持有策略</td></tr>
<tr><td>记账式国债</td><td>可以在证券市场上自由交易，流通性要大大超过凭证式国债和电子式国债，也有机会获得价差收益，但是票面利率要比其他两种国债低一些</td><td>适合积极短炒策略</td></tr>
<tr><td>企业债</td><td>企业债一般由非金融行业的国有企业发行。由于企业债券必须有担保机构，所以这类债券的投资风险较低。企业债一般在银行间市场发行交易，只有少数在证券交易所上市交易</td><td rowspan="3">适合积极短炒策略</td></tr>
<tr><td>公司债</td><td>公司债目前主要由上市公司在交易所发行和交易。与企业债不同，公司债可能有担保机构，也可能是纯信用债券。所以不同公司发行的公司债之间的信用风险有较大差别。公司债的流动性较好，票面利率也比较高</td></tr>
<tr><td>可转债</td><td>可转债的票面利率都很低，每年的利率还不一样。在约定时间债券转换成股票，可能获得的价差收益是其最吸引人的地方</td></tr>
</table>

四、债券的消极持有策略

债券的消极持有策略就是选取满意的债券买入并长期持有甚至持有到期，这种投资策略适合于风险厌恶型投资者。

采取消极策略投资债券，投资者应该选取票面收益较高或到期收益率较高的债券，债券的信用风险一定要非常低。债券的流动性一般会与收益率成反比关系，比如同期的凭证式国债的票面利率比记账式国债的要高。所以采取消极持有策略的投资者为了追求高收益，最好还是选择流动性较差的凭证式国债和电子式国债。对于一些票面收益较高，并且有大机构担保，安全可靠的公司型债券，投资者也可以适当关注。

在购买凭证式国债或者电子式国债时，投资者可以直接到各大银行和邮政储蓄的营业网点、财政部门的国债服务部办理买入手续。在投资这类国债时可以采用两种组合投资法：梯子型投资组合法和杠铃型投资组合法。

1．梯子型投资组合法

“梯子型投资组合法”是指投资者像搭梯子一样，将资金平均投资到不同期限的国债中。假设市场上有从 1 年期到 5 年期的债券共 5 种，投资者想买 10 000 元债券，就每种都买 2 000 元。

当 1 年期债券到期收回本金 2 000 元后，再用它买进一种 5 年期的债券。使用这种方法，投资者可以每年都有 2 000 元债券到期，保证资金需要。同时还能不断地用到期的资金灵活地享受最新的高利率。即使利率波动，因为投资期限错开了，风险也不大，如图 3—7 所示。

图 3—7　梯子型投资组合法

2. 杠铃型投资组合法

“杠铃型投资组合法”是指投资者构建一个“两头粗、中间细”的组合，集中将资金投资购买短期和长期债券，尽量少买入中期债券。买短期债券可以保证债券的流动性，而持有长期债券可以获得高利息。投资者也可以根据市场利率水平的变化而变更长、短期债券的持有比例。当市场利率水平上升时，可提高长期债券的持有比率；利率水平下降时，可降低长期债券的持有比例，如图 3—8 所示。

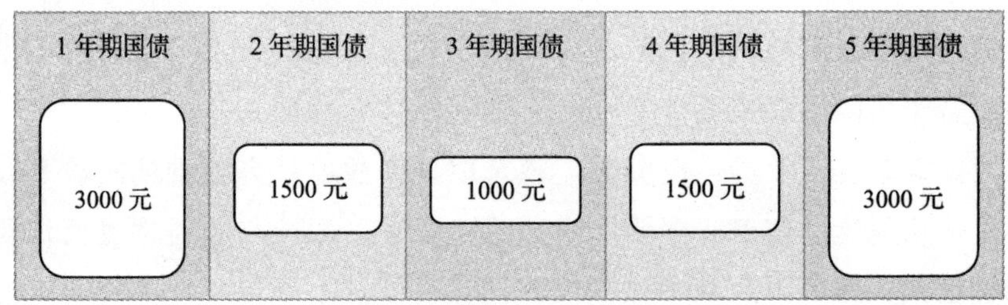

图 3—8　杠铃型投资组合法

五、债券的积极买卖策略

债券的积极买卖策略是一种着眼于获得价差收益以使总投资收益水平超越单纯的票面利率水平的投资策略。

1. 债券的基本交易制度

实施债券的积极投资策略要求投资者必须对债券基础知识和交易规则相当了解，

并且掌握基本的债券投资技巧。日前市场上的债券交易制度中，投资者应该注意的主要有6条，如图3—9所示。

1. 在证券市场上购买债券可以按T+0交易，买入债券后当天就能卖出，反复做回转交易，债券价格没有涨跌幅度限制

2. 债券交易的最小交易单位为1手，1手等于10张债券

3. 债券的交易时间与股票一样，每个工作日的上午9：30~11：30，下午1：00~3：00

4. 债券交易只有不超过万分之二的佣金，没有印花税。另外，除国债外的其他债券品种都有20%利息税，但机构投资者可以免交

5. 与新股申购不同，新债券在交易所网上发行时不采取配号抽签的方式，而是“时间优先”的方式。投资者先到先得，越早报单买上新债的把握越大

6. 可转债一般发行6个月以后才能转换，当天买进的可转债即可转股，但是转成的股票第2天才能卖出，可转债转股没有费用

图3—9 债券市场主要交易制度

投资者在买卖债券时还应该注意，在不同证券交易所挂牌上市的债券，其计价方式会有所不同。

在上海证券交易所，除了可转债以外的其他债券都实行净价交易全价结算。也就是在债券买卖时，以不含应计利息的价格报价并成交。债券持有期已获利息不计入报价和成交价格中。买入方除按净价计算的成交价款向卖方支付外，还要额外向卖方支付利息。债券的交易价格和应计利息额会在交易系统中同步显示。

深圳证券交易所目前对除国债以外的其他债券实施全价交易，交易价格里隐含了应计利息，除息日会对交易价格除息。

2. 债券交易价格的波动

采取积极买卖策略投资债券时，投资者追求的是低买高卖所获得的价差收益，这时应该特别注意债券交易价格的波动。债券交易价格波动主要与基准利率和市场风险两大因素有关。

基准利率

基准利率提高会使已发行债券价格下跌
基准利率降低会使已发行债券价格上涨

债券的交易价格走势与基准利率的走势紧密相关。中央银行提高基准利率会使新发行债券的利率下降。已经发行债券相对利率较高，更具备投资价值，交易价格上涨。相反，中央银行降低基准利率会使新发行债券利率上升。已经发行债券相对利率较低，投资价值下降，交易价格下跌。

债券市场的交易价格会对基准利率变动提前作出反应。投资者必须通过对各类经济数据的分析预测央行可能采取的加息或降息。央行的每次加息或减息不会是孤立的政策行为，往往会同方向连续多次调整基准利率，形成所谓的加息周期或减息周期，因为宏观经济转向后会持续很长一段时间，央行调整基准利率就是相机抉择以对冲宏观经济波动的风险。

投资者对债券信用风险的担忧会影响债券价格走势。市场上信用风险升高，债券交易价格下跌的可能性较大，如果下跌过度超过了风险可能造成的损失，则债券反弹的可能性很大。

信用风险

市场上信用风险升高，债券交易价格会下跌
市场上信用风险降低，债券交易价格会上涨

第二节 不同家庭的债券投资方案规划

一、准三口之家的降低风险方案

家庭财务状况

家庭基本情况

生活城市：郑州

家庭成员：

丈夫：吕先生，30岁，公司职员，月收入5 000元，年终奖金3 000元，住房公积金每年10 000元。

妻子：王女士，30岁，学校老师，半年后将有小孩。月收入2 500元，年终奖金2 000元，住房公积金每年10 000元。

住房情况：吕先生家目前住在妻子单位分给的1套50平方米的住房里。这套住房只能出租，不能出售。吕先生现打算再买1套价值60万元的商品房，其中自己出10万元，另外可以通过父母资助50万元一次性付款。

家庭收支情况（单位：元）

收　入		支　出	
吕先生每月收入	5 000	家庭每月饮食支出	1 500
王女士每月收入	2 500	服饰、娱乐等支出	2 500
		交通、通信支出	500
月收入合计	7 500	月支出合计	4 500
月度性结余（月收入合计－月支出合计）	3 000		
年度福利奖金	5 000		
住房公积金	20 000		
年收入合计	115 000	年支出合计	54 000
年度性结余（年收入合计－年支出合计）	61 000		

家庭资产负债情况（单位：万元）

家庭资产		家庭负债	
现金及活期存款	10		
住房公积金	10		
股票投资	10		
资产合计	30	负债合计	0
家庭财产净值（资产合计－负债合计）	**30**		

家庭理财目标

- 在孩子出生前购买一套价值60万元的商品房。
- 虽然父母可以资助50万元购房，但这笔资金迟早要归还父母。
- 为孩子提前准备教育金。
- 吕先生先后投入股市约30万元，现在净值只剩10万元，希望尽快改变这种大幅亏损的状态。

❖ 家庭财务状况分析

吕先生家每月有 3 000 元结余，算上年终奖和住房公积金，年度性结余可以有 61 000 元。这笔资金可以为吕先生家庭提供很不错的财务基础。夫妻两人刚刚 30 岁，正处于事业的上升阶段，未来工资提升的可能性非常大。

在购置商品房方面吕先生可以得到父母资助 50 万元，余下 10 万元可以提取出公积金进行一次性支付，可以说，目前吕先生家没有任何经济压力。

吕先生家唯一不足的地方是投资过于单一，风险系数过高。吕先生先后将 30 万元投入股市是很不理智的举动。现在这笔资金亏损到 10 万元说明吕先生在炒股上的盈利能力较弱。建议尽快将这笔资金从股市中撤出，投资国债、黄金等收益稳定的品种。

☆ 家庭理财规划设计

按照吕先生家庭的财务状况，足以应对他规划的几大财务目标。目前对吕先生家庭先生最重要的一是买房，二是改变10万元股票资产的投资策略。

☆ 购买房产，用租金偿还欠款

吕先生自己的10万元住房公积金和父母的50万元资助足以购买房产。虽然欠下父母50万元，但等搬入新房后完全可以把老房出租，用房屋租金收入偿还父母。

☆ 合理分配存款，节省装修用款

吕先生家庭现有存款10万元。这10万元需要合理分配，才能应对未来一段时间内吕先生家庭可能出现的各种支出。

首先，在10万元中应该拿出2万元作为日常生活备用金。万一家庭失去收入来源，这笔资金可以保证吕先生家庭大约5个月的日常支出。

其次，吕先生家有孕妇，出现意外的风险较大。所以建议吕先生留出3万元应对这类突发性大额支出。

虽然吕先生家的购房款能一次性缴清，但买入新房后需要装修、购买家具。这也会是一笔不小的开支。鉴于吕先生家现在的财务状况，建议将新家的装修款控制在5万元以内，家具也尽量不要更换，减少不必要的支出。

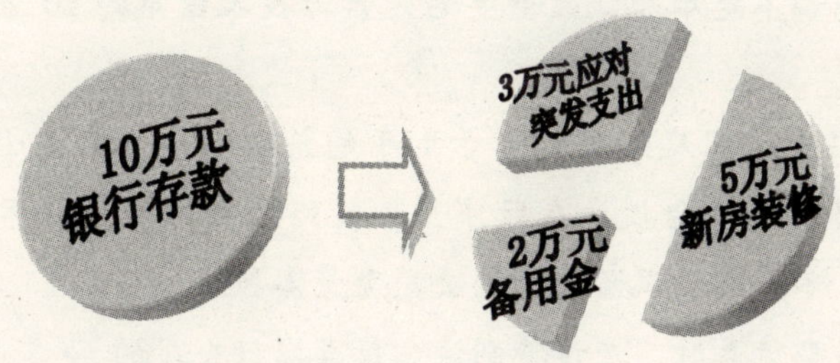

☆ 筹集子女教育金

在每月的结余中，吕先生可以每月拿出1 000元投入子女教育金，具体投资方法可以选择定投指数型基金或者购买保险。

☆ 盘活股票投资

吕先生先后投入股市30万元，现值10万元。无论有什么理由，这样的战绩足以说明吕先生股票投资能力有限。因此建议吕先生果断将股票卖出，选择更稳健的投资品种。公司型债券市场是吕先生的很好选择。公司型债券的价格波动不大，风险较小。吕先生可以选择到期收益率良好，资信可靠的公司型债券投资。如果债券价格上涨，就卖出债券赚取短期利益；如果债券价格一值不理想，吕先生还可以将债券持有到期，当作未来孩子的教育金。

对吕先生家庭资产配置调整的具体建议（单位：万元）

家庭理财项目	理财现状	目标状态
活期存款	10	5
股票	10	0
住房公积金	10	0
房产	0	65 （5 万元装修款、50 万元借款）
指数型基金	0	每月定投 1 000 元
公司型债券	0	10

理财经验总结

对吕先生家庭来说，基本没有什么财务负担。其实买房和子女教育金的储备都不是难题，最重要的是盘活投入股市的 10 万元。

10 万元对吕先生家庭来说相当于 1 年的总收入，并不是小数。如果坚持将这些资金投资在股市上，最终很可能会继续亏损。与其这样，不如选择风险更小的公司型债券投资。

在选择公司型债券时，应该特别注意债券发行公司的资质和有无担保，选择低风险品种投资。

二、收入不稳定家庭的财务稳定方案

家庭财务状况

家庭基本情况

生活城市：南昌

家庭成员：

丈夫：郝先生，30岁，银行销售部客户经理，月收入很不稳定，约为2 000~10 000，每年有大约10 000元年终奖金。

妻子：朱女士，28岁，事业单位工作，月收入3 000元。

住房情况：郝先生家现在的住房是父母在10年前全款购买的。虽然郝先生不用交租金，但这套房屋是属于父母的资产，郝先生并不能出售。

家庭收支情况（单位：元）

收　　入		支　　出	
郝先生每月收入	2 000~10 000	家庭每月饮食支出	2 000
朱女士每月收入	3 000	服饰、娱乐等支出	2 500
		交通、通信支出	500
月收入合计	5 000~13 000	月支出合计	5 000
月度性结余（月收入合计－月支出合计）	**0~8 000**		
年度福利奖金	10 000	老人赡养费用	10 000
年收入合计	70 000~166 000	年支出合计	70 000
年度性结余（年收入合计－年支出合计）	**0~96 000**		

家庭资产负债情况（单位：万元）

家庭资产		家庭负债	
现金及活期存款	10		
股票投资	15		
资产合计	25	负债合计	0
家庭财产净值（资产合计－负债合计）	**25**		

家庭理财目标

郝先生希望通过稳健的投资来应对收入波动过大的问题。

郝先生夫妻计划1年后生孩子，需要为孩子积累教育金。

家庭财务状况分析

郝先生家庭最大的问题是收入波动太大。因此，在家庭理财时应该用更多资金投资稳定收益品种。而其目前将资产中的大多数投资在股票市场上并不是理智的选择。

郝先生可以选择投资国债，建立一个“杠铃型”投资组合，重点投资短期和中长期国债。短期国债可以应付短期资金需求，而长期国债则能应对子女教育需求。

家庭理财规划设计

在郝先生的理财目标中，最重要的是要应对收入波动过大的问题，其次才是筹集子女教育金。

☆ 留足备用金

郝先生家庭收入波动过大，留足备用金是家庭理财的重点。但是，过多的备用金又是对资金的一种浪费。按照郝先生家庭的支出状况，留出 5 万元就足以满足家庭 10 个月的消费需求。

对于家里的 10 万元存款，郝先生可以从中拿出 5 万元作为家庭生活备用金，另外 5 万元完全可以用做其他投资。

☆ 减少股票投资，构建国债投资组合

郝先生家的资产主要投资在股市上。股票投资高风险、高收益，这与郝先生家稳定为主的投资策略不符。因此建议郝先生将股票卖出，买入国债、债券型基金等收益稳定的品种作为投资重点。郝先生有价值约 15 万元的股票，加上 5 万元的银行存款，这笔投资大约有 20 万元。如果购买国债，郝先生可以选择建立一个“杠铃型”投资组合。用 10 万元购买 3 年以内到期的短期国债，万一有大额资金需要，这部分国债可以提前变现；用另外10万元购买10年以上到期的长期国债，这部分投资收益稳定、利率高，可以作为子女的教育资金。

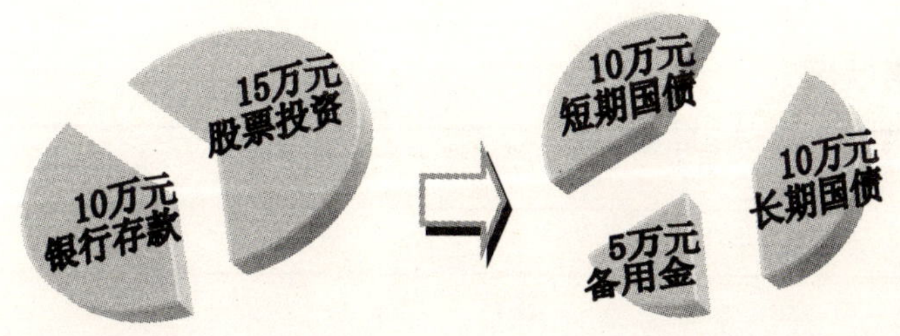

对郝先生家庭资产配置调整的具体建议（单位：万元）

家庭理财项目	理财现状	目标状态
活期存款	10	5
股票	15	0
长期国债	0	10
短期国债	0	10

理财经验总结

郝先生家庭的收入波动很大，这就需要在投资时更加谨慎，选择收益稳定的投资品种。国债投资是很好的选择。

向郝先生这样既有短期资金需求，又有长期投资需要的投资者，最好选择建立“杠铃型”投资组合，将资金重点投在3年以内到期的短期国债和需要10年以上到期的长期国债上，这样可以兼顾两种国债的优势，满足自己在不同时期的资金需求。

三、子女独立家庭的投资养老方案

家庭财务状况

家庭基本情况

生活城市：上海

家庭成员：

丈夫：张先生，50 岁，在汽车行业工作，预计 55 岁退休。月收入 8 000 元，年终奖金 2 万元。

妻子：赵女士，52 岁，已经退休，正处于返聘阶段，在电信公司工作，希望 55 岁正式退休。现在月收入 6 000 元，年终奖金 2 万元。

儿子：25 岁，大学毕业两年，在证券公司工作，现在已经财务独立。

住房情况：张先生家住在位于宝山区的一套联体别墅中。该别墅在 2000 年买入，当时只有 50 万元。张先生付全款购买，现值已经涨到 250 万元。因为是自住房产，张先生并没有出售打算。张先生家另一套小户型房屋位于市中心，是早年间的单位分房，现在属于张先生私有。这套房屋现值约 80 万元，可以每月获得租金 2 000 元。

家庭收支情况（单位：元）

收入		支出	
张先生每月收入	8 000	家庭每月饮食支出	2 000
赵女士每月收入	6 000	服饰、娱乐等支出	4 000
房屋租金收入	2 000		
月收入合计	16 000	月支出合计	6 000
月度性结余（月收入合计 - 月支出合计）	**10 000**		
年度福利奖金	40 000	过年走亲访友支出	20 000
年收入合计	232 000	年支出合计	92 000
年度性结余（年收入合计 - 年支出合计）	**140 000**		

家庭资产负债情况（单位：万元）

家庭资产		家庭负债	
现金及活期存款	10		
定期存款	30		
股票投资	25		
邮票、收藏品	5		

房产 1	250		
房产 2	80		
资产合计	400	负债合计	0
家庭财产净值（资产合计 - 负债合计）	**400**		

家庭理财目标

张先生夫妻都已经临近退休，张先生希望购买保险，为夫妻两人筹备足够的养老保障。

退休后家庭收入可能会大幅减少，这时如何保证家庭生活质量，是一大问题。

此外，张先生夫妻为儿子以后的买房结婚担心，必要时需提供一定资助。

家庭财务状况分析

张先生希望自己 5 年后可以退休养老。现在妻子已经退休，正处于电信公司返聘阶段，她也希望再工作 3 年可以在家过衣食无忧的悠闲日子。夫妻俩需要尽快筹集养老保障资金。

保险投资对张先生并不是很好的选择。现在夫妻两人都已经年过五旬，投保所需的保费会很高，预期收益并不理想。所以建议张先生不要勉强投保。以他目前的经济实力加上社保的保障，一般的疾病不会构成多大风险。

在资产配置方面，张先生的投资组合不太科学，25 万元股票过于激进，而 30 万元定期存款又过分保守，建议张先生调整策略，将二者均衡，增加国债投资比例。

家庭理财规划设计

在张先生家庭理财目标中，自己的养老金和资助子女买房的资金需求可能会有一定冲突。如何平衡这两类资金需求的矛盾，是张先生家庭理财的重点。

☆ 调整投资策略，保证养老需求

在股票投资方面，张先生投入了25万元资金。现在临近退休，理财投资应该以稳健为首要目标，所以建议张先生适当卖出股票，购买国债等收益稳定的品种。

张先生的30万元固定存款也需要调整，建议留出20万元购买货币市场基金。这笔钱在必要时可以拿出来资助儿子买房，另外10万元购买国债，获得稳定收益。

而张先生家的10万元活期存款需要应对家庭日常支出和突发性支出，这部分不用调整。另外5万元元邮票和收藏品属于个人爱好，也不用做调整。

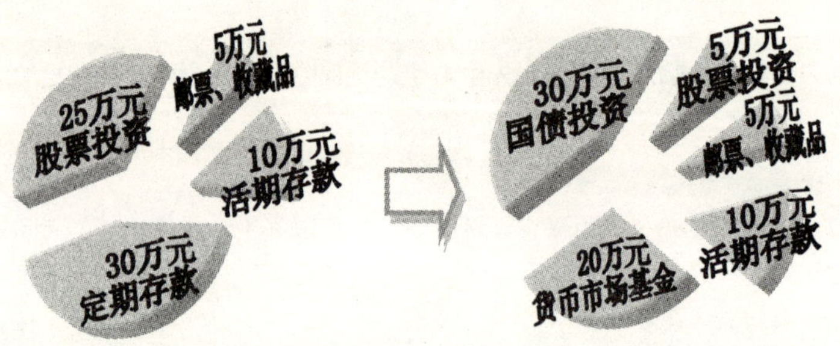

在购买国债时，张先生可以选择“梯子型”投资组合，将资金平均投资在各种投资期限的国债品种上，这样可以满足张先生退休后持续的养老需求。

☆以“贷款”形式资助子女

张先生的儿子刚毕业两年，可能买房结婚都会有一定资金困难，这就需要张先生适当赞助。

在儿子买房结婚问题上，建议张先生不要过多过问，让儿子自己安排。儿子已经25岁，在这个方面应该有自己的选择。

如果要买新房，张先生可以在首付上适当赞助，但这部分资金只能以“贷款”的形式借给儿子。可以考虑将市中心的小户型房子卖掉，加上留出的20万元存款，共计100万元。这部分资金应该以“贷款”的形式借给儿子，让儿子按月“还本付息”。

因为儿子是家中独子，张先生的遗产早晚都要给儿子。让儿子按月“还本付息”，除了作为二位老人的养老费用外，还可以帮助儿子养成定期储蓄的习惯。

对张先生家庭资产配置调整的具体建议（单位：万元）

家庭理财项目	理财现状	目标状态
现金及活期存款	10	10
定期存款	30	0
股票投资	25	5
邮票、收藏品	5	5
国债投资	0	30
货币市场基金	0	20

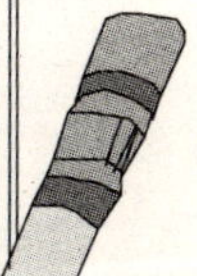

理财经验总结

子女毕业后找到一份好的工作、开始独立的生活是每个家长所希望的。但子女独立往往意味着自己将面临退休。如何将自己的养老金和子女独立生活的“启动资金”合理配置是很多家庭需要解决的问题。

在养老金投资方面，国债投资是很好的选择。将资金平均投资在各种投资期限的国债品种上，可以满足退休后持续的养老需求。

子女的“启动资金”方面，父子间的“贷款”是很好的方式。让子女按月“还本付息”，除了作为自己的养老费用外，还可以帮助子女在家庭初创期养成定期储蓄的习惯。

第四章

基金投资理财方案规划

买基金，就相当于购买了让别人为你理财的权利。

第一节　每个家庭必备的基金投资技巧

基金是一种利益共享、风险共担的集合投资方式。

一、集合理财、专业管理

1．集合投资的基金

从广义上说，基金是机构投资者的统称，包括信托投资基金、单位信托基金、公积金、保险基金、退休基金和各种基金会的基金。现在人们常说的基金一般特指证券投资基金。

证券投资基金是指通过发售基金份额，将众多投资者的资金集中起来，形成独立资产，由基金托管人托管，基金管理人管理，以投资组合的方法进行证券投资的一种利益共享、风险共担的集合投资方式。

可以做一个通俗的比喻。假设张三有一笔钱想投资，但是自己一无精力，二无专业知识，钱也不算多，于是他就要与李四、王五等几个人合伙，雇一个善于投资的高手，操作大家合出的资产，进行投资增值。同时他们会找一个德高望重的人来负责组织整个活动，包括收集资金、定期公布投资盈亏、物色投资高手等。大家给这位组织者一笔劳务费，由他代付给高手的报酬，剩下的作为他自己的收入。

把这种集合投资的模式放大千倍万倍后，就是基金。基金管理公司就是“德高望重”的组织者，基金经理就是负责操盘的“投资高手”，而张三、李四、王五就是“基民”了。

2．封闭式基金和开放式基金

目前市场上的基金可以分为封闭式基金和开放式基金两种。

如果在上边的例子中，大家在集资时约定谁也不能中途撤资退出，别人也不能再加入，某年某月一起算账分钱。投资者中途想变现，只能自己找其他人交易，这就是封闭式基金。

如果基金在宣告成立后，仍然欢迎其他投资者随时出资入伙，同时也允许大家随时部分或全部地撤出自己的资金和应得的收益，这就是开放式基金。

封闭式基金和开放式基金的区别如表 4—1 所示。

表 4—1　　封闭式基金和开放式基金区别

封闭式基金	开放式基金
在基金到期之前不能申购也不能赎回，但是基金可以在二级市场上竞价交易	投资者可以随时通过基金公司网站、代销银行、代销证券公司等渠道申购或赎回
基金发行总规模事先确定；发行后基金规模固定	基金发行总规模只有一个大致的区间；发行后基金规模会随着投资者的申购和赎回变动
交易价格通过二级市场投资者之间的竞价决定，与净值相比会出现折价或溢价的情况	按照每天的基金净值提供报价，以报价交易

例如，嘉实基金管理公司旗下“基金丰和”就是封闭式基金。该基金在 2002 年 3 月发行，发行份额 30 亿份，存续期 15 年。这表示该基金的 30 亿份的基金份额一旦确定下来，在 2017 年之前都不会变动。在这么长时间内投资者都不能向基金公司申购新的基金，也不能把持有的基金赎回，只能在二级市场上与其他投资者进行买卖交易。

而华夏基金管理公司旗下“华夏成长”就是开放式基金。该基金在 2001 年 11 月 28 日开始发行。截至 12 月 12 日，发行期结束。这时华夏成长共发行基金 32 亿份。2002 年 1 月 30 日，华夏成长基金正式开放日常申购赎回业务，投资者可以自由申购、赎回基金份额。经过 1 年的买卖交易后，到 2002 年底，华夏成长基金的总份额已经增长到 41 亿份。

二、基金投资的收益和风险

任何投资的风险和收益都是对等的，要想获得高收益，必须承担高风险。基金投资也不例外。基金的投资风险主要来源于基金投资品种和基金投资策略两个方面。

1. 不同投资品种的基金

基金是“代客理财”的投资品种，因此，基金投资的品种直接决定了其风险和收益的状况。假设 A 基金将所有资产投资在股市上，B 基金将所有资产投资在国债市场上。那么 A 基金的风险就要高于 B 基金，预期收益也会比 B 基金高。B 基金完全没有损失的风险，但预期收益也就不会很高。

基金按照投资对象的不同，可分为股票型基金、债券型基金、货币市场基金和混合型基金 4 个主要类别，如表 4—2 所示。

表 4—2　　证券投资基金种类

股票型基金	60%以上的基金资产投资股票	风险较高、预期收益较高
债券型基金	80%以上的基金资产投资债券，具体投资品种包括国债、金融债和公司债	风险偏低、预期收益偏低
货币市场基金	将所有资产都投资安全且具有流动性的货币市场工具，具体投资品种包括：可转让定期存单、银行承兑汇票，商业本票等	没有风险、预期收益十分有限
混合型基金	同时投资股票、债券等市场，但投资比例未达到股票型基金或债券型基金的要求	风险中等、预期收益中等

除了以上4种证券投资基金外，在股票型基金中还有一种比较特殊的基金，叫做指数型基金。指数基金以市场上某个指数的成分股为投资对象，按与指数相同的股票种类和股票权重进行资产配置，目标就是获取相当于市场平均水平的投资回报。

例如，嘉实公司推出的嘉实沪深300指数型基金就是将基金95%的资金都按比例投资在沪深300指数的成分股上，只留一小部分资金应对基金日常申购赎回。这样可以使基金价格模拟沪深300指数的走势。

2. 不同投资风格的基金

即使投资相同的证券品种，投资风格不同，基金的风险收益也会不同。假设A、B两只基金都将全部资产投资在股市上。但是A基金偏向投资价格波动不大的大盘蓝筹股，B基金偏向投资价格波动剧烈的小盘成长股。那么A基金的风险和预期收益都要低于B基金。

按照基金投资投资风格不同，可以分为成长型基金、收入型基金和平衡型基金，如表4—3所示。

表 4—3　　基金不同投资风格

名称	投资目标	投资对象	收益风险	适合对象
成长型基金	追求长期增值	有较大升值潜力的小公司股票和一些新兴行业股票	高风险，高收益，价格波动较大	激进型投资者
收入型基金	追求当期收入	绩优股、债券、大额可转让存单等收入稳定的有价证券	低风险，低收益，价格比较稳定	保守型投资者
平衡型基金	兼顾长短期收益	在各种证券中均有投资，平衡型的投资组合	风险收益状况介于成长型基金和收入型基金之间	一般投资者

三、保证本金的保本型基金

保本型基金是通过采用投资组合方式，保证投资人在投资到期时至少能够获得投资本金或一定回报的证券投资品种。

1. 保本期

保本型基金虽然是开放式基金，可以随时赎回，但是在基金成立时，会有保本期的约定。保本期在我国一般是 3 年，国外能达到 7 年到 12 年。在没有到达保本期限时，投资者虽然可以提前赎回，但基金公司不保证本金安全，另外投资者还必须支付较高的赎回费用。因此保本型基金在自由赎回方面远远比不上其他基金品种，可以看成是一种“半封闭式基金”。投资者在购买保本型基金时，一定要特别注意赎回手续费的比例和相关赎回条件。

2. 保本基金运作

基金管理公司在运作保本型基金时，会把大部分资产投资在具有固定收益的投资工具上，例如定期存款、债券等，让到期时的本金加利息大致等于期初所投资的本金。在确定这部分资金能够保证本金安全后，基金管理公司会将另外一小部分资金投资于股票、期货等收益波动较大的市场，赚取额外的利润。因此，保本型基金可以为投资者提供既能保证本金，又能参与证券价格涨跌的投资机会。

例如，基金公司在运作某保本型基金时，可以保证 100% 的本金安全，保本期为 3 年。这就表示投资者如果用 10 000 元购买这只基金，等 3 年后可以保证拿回自己的 10 000 元本金，还可能有一定的超额收益。

在运作保本型基金时，基金公司首先要寻找一个没有风险的投资品种，例如一个年利率 5% 的国债。为了 3 年后的本金安全，基金公司会用其中的大约 87% 购买这只国债，3 年后这笔国债资产的价值大约为 100% 的本金。

对于剩余 13% 的资金，基金公司会投资股票、期货等高风险品种，为投资者赚取额外利润。因为投资高风险品种，这部分资金的收益并不固定，甚至会出现亏损。但这部分即使血本无归也不会影响到本金的保值。如图 4—1 所示。

通过这种运作方式，保本型基金可以在一定的投资期内为投资者提供一个固定比例的本金回报保证，除此之外还可以通过一些高收益金融工具的投资保持了为投资者提供额外回报的潜力。

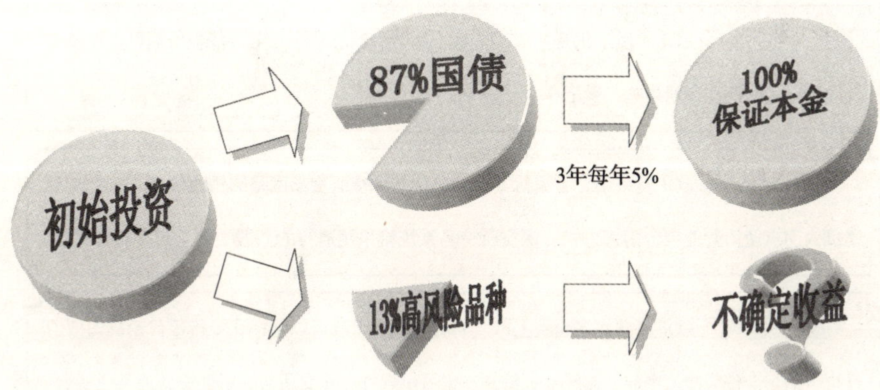

图 4—1　保本基金运作

四、LOF 和 ETF

1. LOF（上市型开放式基金）

LOF 是指“上市型开放式基金”，是一种可以在证券交易所交易的开放式基金。

与所有开放式基金相同，在 LOF 发行结束后，投资者可以通过银行代销点、基金公司网站的多种渠道继续向基金公司申购基金份额，也可以将自己持有的基金卖给基金公司，也就是基金赎回。与其他开放式基金不同的是，LOF 还能像封闭式基金一样在证券交易所上市交易。投资者可以在证券交易所的竞价系统中相互交易 LOF。

如果投资者希望跨越两个市场交易时，需要办理一定的转登记手续，也需要缴纳一定的手续费。由于交易形式的特殊，使 LOF 具有 3 个显著特点，如图 4—2 所示。

2. ETF（交易型开放式指数基金）

ETF 的字面翻译为“交易所交易基金”，但为了突出 ETF 的本质，多数投资者都将 ETF 称为“交易型开放式指数基金”。投资者可以将 ETF 理解成指数型基金和 LOF 相结合的一种基金形式。

ETF 在本质上是开放式基金，与其他基金形式相比，ETF 有 3 个明显特点，如图 4—3 所示。

开放式基金 LOF本质上仍是开放式基金，基金份额总额不固定，基金份额可以在基金合同约定的时间和场所申购、赎回

多渠道发售 LOF发售结合了银行等代销机构与深交所交易网络的销售优势，银行等代销机构网点使用营业柜台销售方式；深交所交易系统则采用通行的新股上网定价发行方式

多方式交易 LOF获准在深交所上市交易后，投资者既可以选择在银行等代销机构按当日收市的基金份额净值申购、赎回基金份额，也可以选择在深交所各会员证券营业部按撮合成交价买卖基金份额

图 4—2　LOF 三大特点

交易所挂牌 与传统指数基金相比，ETF 最大的特点是在交易所挂牌买卖。投资者可以像交易单个股票、封闭式基金那样在证券交易所直接买卖 ETF 份额

指数型基金 与 LOF 相比，ETF 是一种被动操作的指数型基金。ETF 依据所选定指数的构成股票种类和比例，是一种纯粹的指数基金

实物申购赎回 ETF 实行独特的实物申购赎回机制。投资者向基金管理公司申购 ETF 时，不能全部使用现金，而是要拿出指定的股票来换取 ETF 基金；相应的，投资者赎回时得到的也不是现金，而是相应的股票。如果投资者想要现金，还需要自己去卖出这些股票。实物申购赎回是 ETF 的最大特色，这种方式可以保证 ETF 完全模拟指数变动，不必向前面介绍的嘉实 300 基金一样，专门拿出 5%左右的资金应对赎回

图 4—3　ETF 三大特点

五、强迫储蓄的基金定投

基金定投是一种申购基金的方法。定投指的是两个方面：定期投资和定额投资。

具体就是指：投资者在每个月的固定时间以固定的金额投资于一只开放式基金的方式。

1. 强制定期投资

在投资者向基金销售机构提交定期定额申购业务申请时，需要确定以下几点：每月的申购时间、申购金额和申购基金名称。每个月时间一到，基金销售机构就会从投资者指定的资金账户里自动扣除指定金额，用这些钱按照当时价格申购指定基金，并自动把申购的基金存入指定基金账户。

基金定投的起点很低，目前有部分基金定投的起点最低只有每月 100 元。只要愿意，每个家庭都可以轻松实现基金定投计划。通过每月不多的投资，可以强制自己的家庭把小钱积攒起来，以应对未来大额资金的需求，逐渐养成自己的理财习惯。一般来说，适合以定投方式投资的投资者有以下 3 类，如图 4—4 所示。

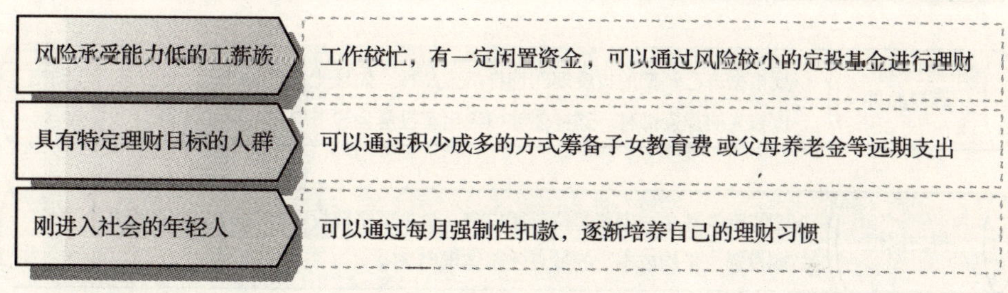

图 4—4 适合基金定投的人群

2. 长期投资、摊匀成本

基金定投最大的特点是能够通过长期定期定额投资，来摊匀成本。每月投资的资金数额一定，当价格低时可以多买一些，价格高时又能少买一些，最终拉低投资成本。基金定投摊匀成本的效果，如图 4—5 所示。

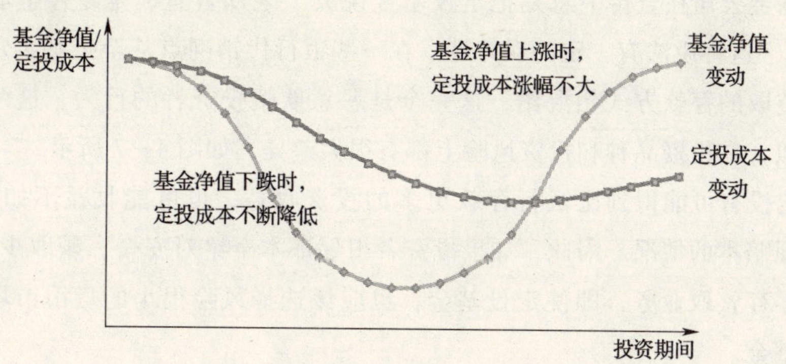

图 4—5 基金定投对投资成本的摊匀效应

定投型基金是一种长期性投资方式。投资者需要坚持投资几年甚至更长的时间才能体现出这种投资方式“长期投资，平均成本”的特点。在基金定投扣款的时候，如果指定账户里没有足够的资金将造成基金定投业务计划无法继续实施。这时系统将记录投资人违约，如违约次数达到一定的限制，系统将自动终止投资人的基金定投业务。所以，基民在投资定投型基金时，有几个原则是必须遵守的，如图 4—6 所示。

量力而行	投资定投基金一定要考虑好自己每月的收支状况，计算出自己的闲置资金量，避免因为后续资金不足造成被动退出
看清大势	应该选择有升值趋势的证券品种做定投。进行股票型的定投基金时，最好选择在大盘行情触底时进入
选择品种	要根据自己预期的投资期间选择基金品种。如果能长时间投资，可以选择波动幅度较大的投资品种。这样能够体现出定投基金“平均成本”的优势
持之以恒	购买定投基金一定要坚持长期投资。最少要坚持投资3年以上，定投型基金“长期投资，平均成本”的特点才能体现出来
灵活退出	在定投基金时应该尽量坚持长期持有策略，但也要视行情而定，如果市场上已经积累了大量风险，应该灵活运用解约或者基金转换的方式进行调整

图 4—6　基金定投原则

3. 不是人人都适合基金定投

有些基金公司在宣传中总是把定投基金说成“老幼皆宜，是零存整取的替代产品”。其实，这种说法有一定的误导性。在一些银行代销网点甚至把基金定投方式和银行零存整取的存款方式相混淆，这完全是恶意欺骗投资者的行为。这两者只是缴款方式类似，在投资品种和投资风险上都有很大差异，如图 4—7 所示。

基金定投有可能得到比银行存款更多的投资收益，也可能收益不如银行存款，甚至会出现赔本的情况。因此，如果投资者想保证本金绝对安全，赚取少量的利息，最好办理零存整取业务，即使定投基金，也应该选择风险很小的货币市场基金或者是债券型基金。

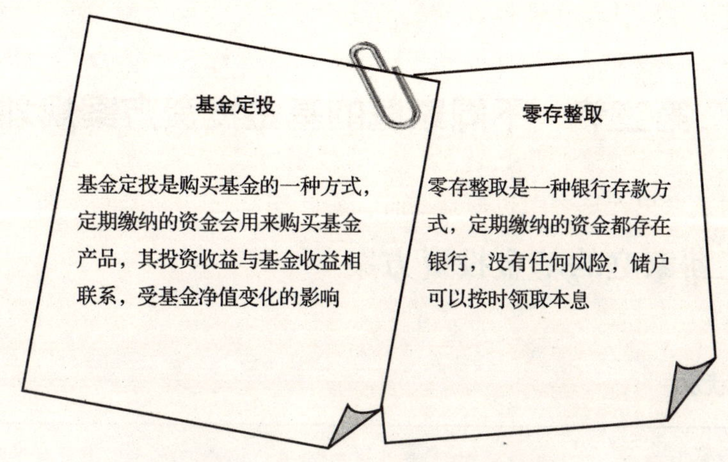

图 4—7　基金定投和零存整取的区别

另外，收入不稳定的投资者也应该谨慎选择定投型基金。定投型基金要求投资者每月投入定额的资金。万一投资者在规定的期间内不能拿出申购资金，就会被算作违约，一旦违约超过一定次数，会被强制赎回。这样的投资者如果要定投基金，应该尽量一次性购买或者“自助”进行定期定额购买。

第二节　不同家庭的基金投资方案规划

一、工薪家庭的基金投资方案

家庭财务状况

家庭基本情况

生活城市：成都郫县

家庭成员：

丈夫：刘先生，29岁，国企职工，月收入5 000元，年终奖金5 000元。

妻子：韩女士，28岁，高中老师，月收入3 000元，年终奖金3 000元。

住房情况：夫妻两人现在没有住房，租房居住，每月租金1 500元。

家庭收支情况（单位：元）

收　　入		支　　出	
刘先生每月收入	5 000	家庭每月饮食消费	1 500
韩女士每月收入	3 000	服饰、娱乐等消费	1 000
		房屋租金	1 500
月收入合计	8 000	月支出合计	4 000
月度性结余（月收入合计－月支出合计）	**4 000**		
年度福利奖金	8 000	过年走亲访友支出	4 000
年收入合计	104 000	年支出合计	52 000
年度性结余（年收入合计－年支出合计）	**52 000**		

家庭资产负债情况（单位：万元）

家庭资产		家庭负债	
现金及活期存款	5		
定期存款	10		
开放式基金投资	5		
资产合计	20	负债合计	0
家庭财产净值（资产合计－负债合计）	**20**		

家庭理财目标

- 刘先生家准备两年内在成都郫县买房子，首付加装修、家具大概要20万。
- 刘先生夫妻准备明年要孩子，希望寻找长期投资方法，为孩子筹备以后的上学、留学费用。

❖ 家庭财务状况分析

从刘先生家庭的年度收支情况可以看到，家里每年可以积累5万元左右，占总收入的50%。这说明刘先生家储蓄能力较强，消费已经控制在合理的范围内。

从家庭资产负债情况来看，刘先生家的资产配置情况并不合理。家里有75%的资产都是银行存款，这样显得过于保守。建议刘先生将更多资金用于投资，追加开放式基金的投资比例。

在基金投资方面，根据刘先生叙述，3个月前，刘先生在朋友的推荐下开始尝试投资基金，3个月中先后投入5万元，投资组合中包括华夏成长、鹏华动力增长、博时第三产业、国投瑞银核心、上投内需动力等5只基金。

刘先生的基金投资组合有两个问题：

第一，这5只基金，全部是股票型基金，风险太过集中。一般来说，在进行基金投资时，不要一味偏好购买同一类型的基金产品，可以考虑组合持有不同类型的基金产品，分散风险。

第二，对刘先生这样的新手，同时投资5只基金可能会力不从心。

因此，建议刘先生逐渐减少投资品种，根据基金表现，将自己的基金集中在3～4只不同类型的基金上。

☆ 家庭理财规划设计

刘先生家庭理财的最大问题是存款太多。这部分资金虽然安全，但收益率太低，会制约刘先生家庭理财计划的实现。

☆ 调整策略，增加基金投资比例

刘先生家庭现在的资产配置过于保守。建议刘先生将更多资金用于投资，追加开放式基金的投资比例。具体可以进行如下操作：

第一，5 万元活期存款。刘先生夫妻工作稳定，基本不会有失业风险，因此留下 2 万元活期存款做日常备用金足够，剩余部分可以投资基金市场。

第二，10 万元定期储蓄。10 万元定期储蓄占用资金过多，收益率也不是十分理想，不利于刘先生家庭资产增值。建议刘先生留出 3 万元 1 年期定期存款，作为明年生育小孩的支出准备。剩余 7 万元可以投资基金市场。

第三，5 万元基金投资。刘先生的 5 万元基金投资可以保留，但投资组合需要做一定调整。

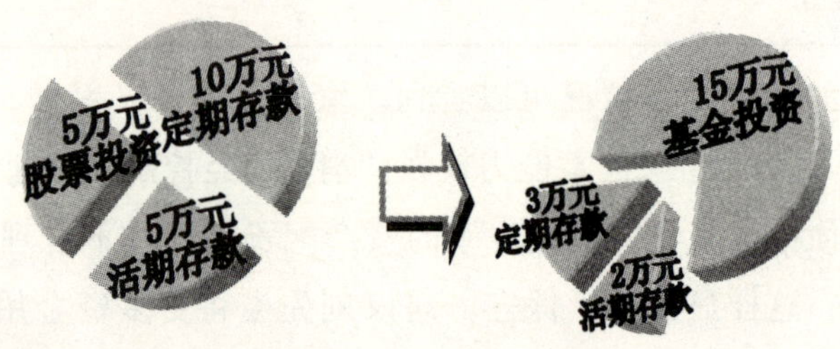

☆ 多种基金搭配，构建基金投资组合

刘先生家庭的基金投资组合存在两大问题，一是投资全部集中在股票型基金上，二是投资基金数量过多。如果调整家庭资产配置后，用 15 万元资金继续这种投资策略，会使家庭的财务处于很大的风险状态中。因此，建议刘先生对家庭基金投资组合进行如下配置。

40% 资金投资低风险基金品种。这部分投资可以保持家庭财务稳定，同时还能获得比银行存款更高的收益。建议刘先生选择一只低风险的债券型基金投资。在不承担过大风险的基础上追求收益。

30% 资金投资中等风险基金品种。这部分资金是家庭投资组合的中间部分，对收益的需求适中，投资风险也应该适当。建议刘先生选择一只风险相对较高的债券型基金，或者风险相对适中的混合型基金投资。

30% 资金投资高风险基金品种。这部分资金用于追求高收益，保证家庭财产增值，同时也需要承担一定投资风险。刘先生可以在前期投资的基金品种中选择1 ~2 只收益能力较强的品种投资，也可以选择 1 只股票型基金和 1 只指数型基金搭配投资。

通过这样的调整，刘先生就可以构建由风险收益水平不同的 3 ~4 只基金组成的投资组合，可以从容应对各种市场行情。

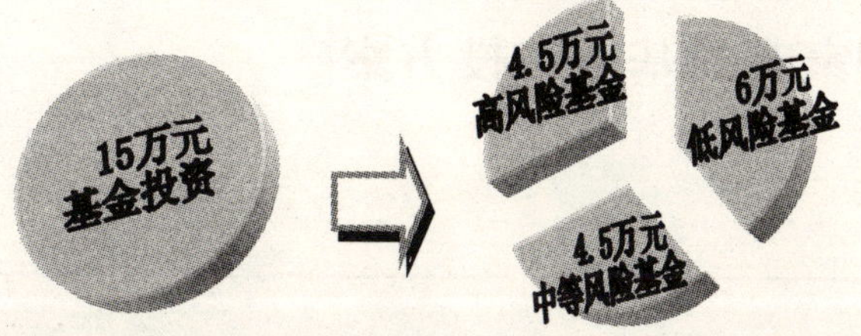

除了调整投资组合，刘先生还应该将家庭收入的结余部分积极投资。这样经过两年的积累，应该可以攒出一笔足够的住房资金。

☆基金定投，存足子女教育金

刘先生的孩子还没出生，现在还不用急于筹集教育金，可以用家庭每月的结余慢慢准备。建议从每月结余的4 000元里拿出2 000元，进行指数型基金定投。坚持投资10~20年。等子女上学时，自然就能有一笔可观的教育费用。对于家庭结余中的其余部分，刘先生可以按比例追加在上边的基金投资组合中，追求长期收益。

对刘先生家庭资产配置调整的具体建议（单位：万元）

家庭理财项目	理财现状	目标状态
现金及活期存款	5	2
定期存款	10	3
股票型基金投资	5	4.5
债券型投资	0	6
混合型基金投资	0	4.5
指数型基金投资	0	每月定投2 000元

理财经验总结

刘先生和妻子的工作都非常稳定，家庭收入在短期内不会有太大的变动，属于典型的工薪阶层。家庭目前正处于形成期，为了提高家庭的生活质量，会有很多大额的家庭建设支出计划，如购房、装修、购买一些高档用品等。家庭未来负担预计较重，但可以积累的资产有限，家庭需要追求较高的收入增长率。

此时夫妻两人都比较年轻，风险承受能力较强，可以适当投资一些风险与收益都较高的品种，在尽可能降低家庭财务风险的基础上，稳步积累家庭财富。

二、成长期家庭的基金定投方案

家庭财务状况

家庭基本情况

生活城市：兰州

家庭成员：

丈夫：赵先生，32 岁，从事野外工作，月收入 5 000 元，年终奖金 10 000 元。

妻子：周女士，31 岁，办公室文员，月收入 2 500 元。

女儿：2 岁。

住房情况：赵先生家有自住房屋一套，现值 30 万元。想在 5 年后将现在的房子卖出，换一套大一点的房子。

家庭收支情况（单位：元）

收　入		支　出	
赵先生每月收入	5 000	家庭每月饮食消费	2 000
周女士每月收入	2 500	服饰、娱乐、女儿早教费用	3 000
		指数基金定投	2 000
月收入合计	7 500	月支出合计	7 000
月度性结余（月收入合计 – 月支出合计）	**500**		
年度福利奖金	10 000	年保费支出	8 000
年收入合计	100 000	年支出合计	92 000
年度性结余（年收入合计 – 年支出合计）	**8 000**		

家庭资产负债情况（单位：万元）

家庭资产		家庭负债	
现金及活期存款	2		
定期存款	10		
指数基金定投累计	3		
房产	30		
资产合计	45	负债合计	0
家庭财产净值（资产合计 – 负债合计）	**45**		

家庭理财目标

- 为女儿上学筹备教育资金。
- 在5年内购买一套大户型住房，卖掉现有房屋后，还差资金约20万元。
- 赵先生从事野外工作，需要社保以外额外的风险保障。
- 准备以后退休资金。

家庭财务状况分析

赵先生目前处于家庭事业的成长期，属于收入支出同步增长的时期。一方面，这个阶段，除了日常生活的开销之外，赵先生夫妻俩还要肩负子女的抚养教育以及老人的赡养等费用；另一方面，作为家庭主要收入来源的夫妻两人的职位以及薪资也会有一定的上升空间。

从赵先生家庭收支现状可以看出，家庭结余很少。扣除基金定投和保费支出后的年结余只有 8 000 元。这大大限制了赵先生家庭的攒钱能力，使家庭投资空间大幅缩减。所以建议赵先生尽量减少不必要的家庭支出，为家庭投资理财留下更大的操作空间。

赵先生家现在的定期存款 10 万元还有 4 年到期，现在取出挪作其他投资会损失利息。而且这笔资金 5 年后就要使用，所以建议不做调整。等这笔存款到期后可以改投货币市场基金，随时准备应对买房的需要。

赵先生家庭比较重视投资方面的投入，这是非常正确的选择。每月 2 000 元的基金定投如果能长期坚持，可以作为女儿的教育金。

每年投入保费 8 000 元，其中包括了赵先生的万能险附加重大疾病险和意外险，年保费 5 000 元；周女士的分红险附加重大疾病险和意外险，年保费 2 000 元；孩子的分红险附加重大疾病险和意外险，年保费 1 000 元。这样家庭的保险结构已经十分合理，不用再做调整。

☆ 家庭理财规划设计

如何筹足 20 万元的换房资金是赵先生现阶段家庭理财重点需要解决的问题。相比之下，子女教育金、额外风险保障等理财目标都已经得到了比较妥善的解决，不用再做调整。

☆ 定投基金，强制攒足买房资金

赵先生家需要在 5 年内筹足 20 万元换房资金。在家庭资产不多的现状下，只能尽量削减支出，增加家庭结余。而基金定投是家庭强制“攒钱”的很好工具。

赵先生家目前的月消费总额达到 5 000 元，占收入的 2/3。按照兰州的生活水平，这样的消费水平显得过高，其中应该会有许多不必要的冲动消费。所以建议赵先生建立一个基金定投计划，每月强制性的投资 2 000 元。这笔资金投资 5 年，而且是买房需要，不能承担风险。所以建议赵先生选择投资货币市场基金或者低风险的债券型基金。按年收益 3% 计算，这样到期可以获得 12. 9 万元。加上赵先生现有的存款 10 万元，足够应对买房需求。

☆ 子女教育规划、额外风险保障和退休养老规划

赵先生对子女教育规划、额外风险保障两个理财目标已经做了完善的安排，这方面的投资不用再做调整。

每月 2 000 元的指数型基金投资可以作为女儿的教育资金。如果按指数型基金每年 6% 的投资收益率，能坚持投资 15 年，等女儿上大学的时候这笔资金可以有 55 万元，足够应对教育支出。

对于额外的风险保障，现赵先生一家三口都有重大疾病险和意外险，而且不同家庭成员之间的保费支出已经比较科学，这样没有必要再调整保险投资组合。

在退休养老规划方面，赵先生家最近几年要买房，资金会比较紧张。建议等5 年后再开始筹集养老金。到时可以把每月 2 000 元的住房资金投资改为养老金投资。5 年后赵先生 37 岁，妻子 36 岁，两人大概还要 20 年才退休。这样退休资金投资期限很长，品种上可以选择有一定风险的指数型基金投资。

对赵先生家庭资产配置调整的具体建议（单位：万元）

家庭理财项目	理财现状	目标状态
现金及活期存款	2	2
定期存款	10	10
指数基金定投累计	3	每月定投 2 000 元
低风险债券型基金定投	0	每月定投 2 000 元

理财经验总结

对于赵先生这样收入和消费都比较高，又希望积攒财富的家庭，通过基金定投强迫自己每月储蓄是很好的方法。每月用固定的资金购买基金，可以使家庭减少很多的冲动性消费。但是在选择基金定投的金额时，一定要注意适度的原则。既不能定投太少而达不到财富积累的目的，也不能定投太多而使结余过少，影响到家庭生活质量。

在基金定投时，如果计划的投资时间较长，投资者可以选择指数型基金投资。而如果投资的时间很短，则投资者应该选择风险较低的货币市场基金或者债券型基金。

三、高薪空巢家庭的组合投资方案

家庭财务状况

家庭基本情况

生活城市：天津

家庭成员：

丈夫：陈先生，54岁，外贸公司副总经理，月收入2万元，年终奖约5万元，60岁退休。

妻子：姜女士，50岁，全职太太。

女儿：26岁，在国外定居，已经完全独立。

住房情况：陈先生家住房是四室两厅，价值80万元。现在已经还清银行贷款。陈先生家没有其他房产。

家庭收支情况（单位：元）

收　入		支　出	
陈先生每月收入	20 000	家庭每月饮食消费	1 500

		服饰、娱乐等其他费用	2 500
		雇佣保姆支出	1 500
		私家车油费、保养	2 000
月收入合计	20 000	月支出合计	7 500
月度性结余（月收入合计 - 月支出合计）		**12 500**	
年度福利奖金	50 000		
年收入合计	290 000	年支出合计	90 000
年度性结余（年收入合计 - 年支出合计）		**200 000**	

家庭资产负债情况（单位：万元）

家庭资产		家庭负债	
现金及活期存款	5		
定期存款	100		
房产	80		
资产合计	185	负债合计	0
家庭财产净值（资产合计 - 负债合计）		**205**	

家庭理财目标

60岁时能攒够300万元，夫妻退休后环球旅行。

❖ 家庭财务状况分析

陈先生家属于典型的“空巢家庭”，子女自食其力，不在身边。夫妻两人之前的所有精力都放在孩子和事业上，接下来该考虑养老的问题了，现在开始规划也不算晚。

陈先生家每年结余 20 万元，另外还有银行储蓄 100 万元。如果按照这样的水平，想在 6 年后攒足 300 万元，必须使自己的年投资收益达到 7.5% 左右。如果一直坚持定期存款，很难达到这样的收益水平。所以建议陈先生投资基金，通过合理配置基金品种来提高收益，并且将风险控制在可以接受的范围内。

☆ 家庭理财规划设计

陈先生家的 5 万元现金和活期存款要应对日常生活支出和突发性大额支出，这部分资金是不能动的。可以调整的部分主要是 100 万元定期存款和每年 20 万元的结余。

☆ 重新规划资产，建立基金组合

陈先生家 100 万元定期存款显得过分保守，可以重新分配。

建议陈先生将 40 万元留做定期存款，保证财务稳定。当有国债发行时，陈先生还可以选择时机购买 5 年期国债，寻求更高的收益水平。

另外 60 万元资金建议陈先生购买基金，将这些钱平均投向债券型基金和股票型基金。用 30 万元购买风险较低的债券型基金，起稳定作用；30 万元购买风险较高的股票型基金，追求高收益。如果陈先生感觉自己没有精力选择股票型基金投资，还可以直接选择跟踪大盘走势的指数型基金投资。

这样的投资组合可以帮助陈先生在控制风险的基础上获得最大化收益。即使基金价格大幅波动，也不会有太大损失。

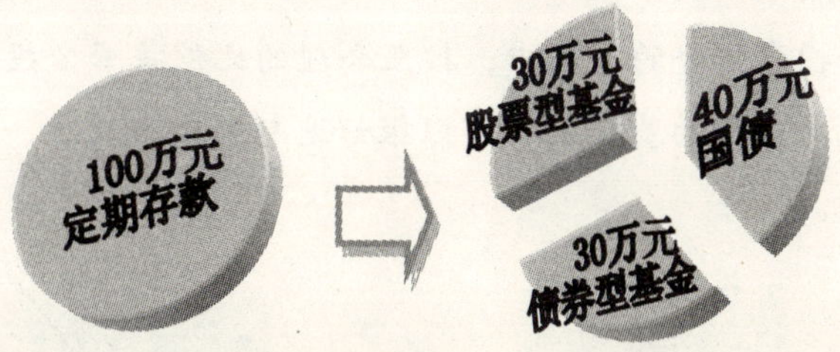

☆ 合理规划家庭结余

陈先生家每年有 20 万元结余，到退休时总共还有 120 万元。陈先生需要合理规划这笔未来的资金流。建议陈先生按照 6∶4 的比例用这些结余进行债券型基金和股票型基金的定投。这样可以在保证风险可承受的基础上追求最大收益。

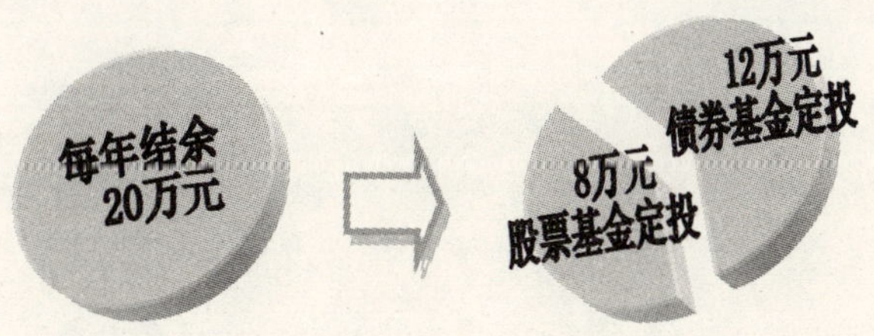

对陈先生家庭资产配置调整的具体建议（单位：万元）

家庭理财项目	理财现状	目标状态
现金及活期存款	5	5
定期存款	100	0
国债	0	40
股票型基金	0	30 以后每年投入 8 万元
债券型基金	0	30 以后每年投入 12 万元

理财经验总结

开放式基金作为目前个人投资的热门品种，受到广大投资者的追捧。因为投资者通过基金可以间接持有各种证券产品，所以开放式基金投资可以作为市场上股票、债券、储蓄等各种投资的良好替代品。只要构建一个基金投资组合，就基本能够满足家庭各种不同的理财需求。

在构建基金投资组合的过程中，按照合理的比例将资金投资在风险收益能力不同的基金上，可以很好地起到追求收益、控制风险的目的。

第五章

保险投资理财方案规划

别人都说我很富有，拥有很多的财富，其实真正属于我个人的财富，是给自己和亲人买了充足的人寿保险。

——李嘉诚

第一节 每个家庭必备的保险投资技巧

一、准备一份风险保障

1. 分摊损失的保险

影响家庭生活品质的风险很多，比如意外、疾病等。一旦这些风险发生，整个家庭的生活品质可能会大幅下降。

家庭的“顶梁柱”作为家庭收入的主要创造者，他们会常年在外面奔波，发生意外、疾病风险的可能性要高于其他成员。万一这些风险发生在家庭的“顶梁柱”身上，可能会对家庭生活造成毁灭性的打击。不仅要花一大笔钱用来处理风险，家庭收入也会急剧减少。保险就是帮家庭回避这些风险的手段。

保险最早起源于14世纪的海上运输。当时航海技术落后，商船在运输过程中经常会发生事故。于是，聪明的商人之间就建立了联盟，把货物分别放到不同的船上。例如有10艘船同时出海时，商人们就把自己的货物分开，每艘船装10%。这样虽然事故依然会发生，但可能10艘船中只有1艘出事，那每个人就只损失10%的货物。这种运输方式很快得到了商人们的认可。精打细算的商人都知道，货物只要能安全送达，价钱都要卖到翻倍甚至更多，中途损失10%不算什么。但如果冒险把货物放到一艘船上，那可能损失的就是自己的身家性命。

这样的方法虽然能回避风险，但是货物需要要装来卸去，会很麻烦。并且，不是每次都会有很多商船同时出海。于是就诞生了这样的机构：他们直接收取每船12%的风险承担费用，如果船出事故，那就按百分之百来赔，如果商船正常到岸，那12%的费用也不再返还。因为只有10%的船会出事，这种“海上保险公司”净赚剩下的2%。保险行业从此出现。

从上边的例子可以看出，保险是一种损失分摊方法，以多数单位和个人缴纳保费建立保险基金，使少数成员的损失由全体被保险人分担。

2. 保险合同

《中华人民共和国保险法》指出：“本法所称保险，是指投保人根据合同约定，向保险人支付保险费，保险人对于合同约定的可能发生的事故因其发生所造成的财产损失承担赔偿保险金责任，或者当被保险人死亡、伤残、疾病或者达到合同约定的年龄、期限等条件时承担给付保险金责任的商业保险行为。”

在签订保险合同时，会涉及投保人、保险人、被保险人和受益人几个概念。

❍ 投保人是与保险人订立保险合同并按照保险合同负有支付保险费义务的人。

❍ 保险人就是保险公司，与投保人订立保险合同，并承担赔偿或者给付保险金责任。

❍ 被保险人是指其财产或者人身受保险合同保障，享有保险金请求权的人。

❍ 受益人是指人身保险合同中由被保险人或者投保人指定的享有保险金请求权的人。

购买保险虽然不能让家庭出现意外的可能性降低，却能把意外造成的损失降到最低。所以，保险是家庭理财最主要的需求。当一个家庭脱离贫困后，最需要做的就是制定完善的保险计划，将家庭可能发生的风险充分转移。

二、各式各样的保险品种

市场上的保险品种多种多样，按照保险标的不同，可以分为财产保险和人身保险两大类。

1. 财产保险

财产保险是指以财产及其相关利益为保险标的的保险。家庭日常生活中经常遇到的财产保险包括家庭财产险和机动车辆保险。

❍ 家庭财产保险

家庭财产保险保障家庭财产因为意外伤害造成的损失。比如保障火灾、爆炸、雷击、暴雨造成的损失，甚至包括家中水管爆裂造成装修和家具损坏。同时还有附加险，如第三者责任险，主要是为了保障因意外事故造成的第三方财产损失。另外，家庭在投保时还可以根据自己的需要选择现金、金银珠宝饰品盗窃险、盗窃险等附加险。

❍ 机动车辆保险

机动车辆保险保障机动车辆由于自然灾害或意外事故所造成的人身伤亡或财产

损失。机动车辆保险的常见险种包括车辆损失险、第三者责任险、车上责任险、全车盗抢险，如图5—1所示。这些经常作为保险合同中的基本险。

车辆损失险 是车辆保险中最主要的险种，负责赔偿由于自然灾害或意外事故造成的车辆自身的损失

第三者责任险 负责保险车辆在使用中发生意外事故造成他人（即第三者）的人身伤亡或财产的直接损毁的赔偿责任

车上责任险 负责保险车辆发生意外事故造成车上人员的人身伤亡和车上所载货物的直接损毁的赔偿责任

全车盗抢险 负责赔偿保险车辆因被盗窃、被抢劫、被抢夺造成车辆的全部损失，以及其间由于车辆损坏或车上零部件、附属设备丢失所造成的损失

图5—1 机动车辆保险的常见险种

除了上面4类主要险种外，常见的机动车辆保险还包括玻璃单独破碎险、车辆停驶损失险、自燃损失险、新增设备损失险、发动机进水险、无过失责任险、代步车费用险、车身划痕损失险、不计免赔率特约条款、车上货物责任险等多种险种，这些险种常作为保险合同的附加险出现。

另外，我们通常所说的交强险，即机动车交通事故责任强制保险，也属于广义的第三者责任险。交强险是强制性险种，机动车必须购买才能够上路行驶、年检、过户，且在发生第三者损失需要理赔时，必须先赔付交强险再赔付其他险种。

2．人身保险

人身保险是以人的寿命和身体为保险标的的保险。按照投保的目的不同，人寿保险又可以分为养老保险、医疗保险和意外伤害保险。

❍养老保险

养老保险的投保人在交纳了一定的保险费以后，被保险人就可以从一定的年龄开始领取养老金。这样，尽管被保险人在退休之后收入下降，但由于有养老金的帮助，他仍然能保持退休前的生活水平。

养老保险以“保障”+“储蓄”为投保目的的保险。可以将这种保险理解为将

银行储蓄的作用加以改造，增加了保障功能形成的。对个人来讲，有了未来的养老保障，而且不受银行利率的影响。万一没有到合同约定期满而发生不幸，被保险人还可以得到一笔约定的经济保障，这是银行没有的。这种保险的特点是保费高，保障程度相对意外险而言就比较低。

❍ 医疗保险

医疗保险是指以保险合同约定的医疗行为的发生为给付保险金条件，为被保险人接受诊疗期间的医疗费用支出提供保障的保险。同其他类型的保险一样，医疗保险也具有保险的两大职能：风险转移和补偿转移，即把个体身上的由疾病风险所致的经济损失分摊给所有受同样风险威胁的成员，用集中起来的医疗保险基金来补偿由疾病所带来的经济损失。

医疗保险是以“保障” + “补偿”为投保目的的保险。这种保险提供的保障不是依据定额给付原则，而是补偿原则，是就医疗实际开支款的数额提供补偿的一个险种，但补偿最高不能超过合同约定金额。这种保险的特点是保费适中、保额不低。

❍ 意外伤害保险

意外伤害保险是指在保险有效期间内，如果被保险人遭受意外伤害而因此在责任期限内不幸残疾或身故，由保险公司给付身故保险金或残疾保险金。

意外伤害保险是一种以“保障”为投保目的的保险。这些险种一般没有储蓄功能，例如乘坐飞机保险，几元钱，或几十元钱的保险费，而保障几万元或几十万元的经济给付，可见这种险种的特点是保费低，保额高。

三、有的保险本身就是投资

保险是一种风险保障，但随着分红型保险、万能保险和投资连结保险的出现，现在的保险产品还可以作为一种投资工具，为投资者赚取收益。

1. 分红型保险、万能保险和投资连结保险

分红型保险是指保单持有人可以分享保险公司经营成果的保险种类，保单持有人每年都有权获得建立在保险公司经营成果基础上的红利分配，享受公司的经营成果。

万能保险是指包含保险保障功能，并且将保单的价值与投保人投资账户的业绩联系起来的人身保险产品。除了提供传统的生命保障外，保险公司还会为投保人建立一个投资账户。这个投资账户由保险公司负责运作。投保人的投资收益与这个投资账户的收益相关。

投资连结保险是指包含保险保障功能，并且将保单的价值与保险公司的投资业绩联系起来的人身保险产品。除了提供传统的生命保障外，保险公司还会根据自身经营业绩对投保人进行分红。投保人的投资收益与保险公司的运作业绩相关。

投资连结保险与万能保险最大的区别在于，万能保险的收益与保险公司投资运作投保人账户的收益相关；而投资连结保险是与整个保险公司的经营效益相关。

分红型保险、万能保险和投资连结保险虽然都能同时满足投资者投资和保障的双重需要，但是这三类保险产品在运作模式、风险收益方面有所不同，如表5—1所示。

表5—1　分红型保险、万能保险和投资连结保险

	分红型保险	万能保险	投资连结保险
分设账户	分红型保险只有一个账户，保障和分红账户是混合的	保障账户和投资账户分离，而且投资账户有保底的功能，目前市场上的保底年利率约为1.75%～2.5%	保障账户和投资账户分离，但投资账户不保底，其投资账户通常有激进型、保守型等多种形态可供选择
投资渠道	投资渠道主要是大额银行长期协议存款、国债等低风险品种。证券一级市场和二级市场投资比例均限定为10%	投资账户中的资金最多80%可以投资股票二级市场	投资账户中的所有资金都可以投资股票二级市场
利润来源	分红保险的红利主要来自三个方面，分别是费差益、死差益和利差益	投资账户的投资收益	投资账户的投资收益
风险收益	低风险、低收益	风险收益适中	高风险、高收益
缴费灵活度	除非退保或者减保，保障的保额不可调整	交费灵活、保额可调整	交费灵活、保额可调整
保障功能	采用衡定费率、保证自动连续续保，最长可以保障终身	年龄越大，交费越多，超过45岁以后其保障费率会很高，并且不能保证连续自动续保	年龄越大，交费越多，超过45岁以后其保障费率会很高，并且不能保证连续自动续保
适合投资者	适合风险承受能力低、有稳健长期理财需求，并且希望获得长期连续保障为主的投保人	适合需求弹性较大、风险承受能力较低、对保险希望以投资理财为主、保障为辅的投保人	适合收入水平较高、希望以投资为主、保障为辅，追求资金高收益同时又具有较高风险承受能力的投保人

2. “保障”和“获利”的关系

分红型保险、万能保险和投资连结保险都属于以“保障” + “获利”为主要投资目的的保险产品。它们可以在提供保障的基础上，拿出一部分资金投资获利。在购买这类产品时，需要处理好“保障”和“获利”的关系。

保险首先应该是一种风险保障，其次才是投资的手段。家庭购买保险的首要目的是要把自己不可能承担的风险转移出去，在满足风险保障的目的后，才能考虑将保险作为一种投资。所以对一般家庭来说，在资金不多的情况下首先应该购买一些单纯的财产保险或者人身保险。当家庭已经筹备足够的风险保障后如果还有剩余资金，再考虑购买带有投资功能的分红型保险、万能保险和投资连结保险。

四、社保能提供足够保证吗

1. 社会保险

社会保险是一种为丧失劳动能力、暂时失去劳动岗位或因健康原因造成损失的人口提供收入或补偿的一种社会经济制度。社会保险的主要项目包括养老社会保险、医疗社会保险、失业保险、工伤保险、生育保险、重大疾病和补充医疗保险等。

社会保险作用就在于：老有所养、病有所医、生有所保、伤有所疗、失有所得。也就是让劳动者在丧失劳动能力的时候，能获得一定费用的补偿和救济。社会保险具有强制性、低水平、广覆盖的特点，保险金给付原则及标准强调“社会公平”原则，即权利义务不对等，不强调交费相等，但强调给付相同，给付标准原则上是统一的。满足社会成员生、老、病、死方面较低层次的需要，即生存需要。

2. 社会保险和商业保险

与社会保险相对的概念是商业保险。商业保险也就是保险公司出售的保险，是以营利为目的，自愿缔结的合同关系。强调根据自己的情况，各取所需，加强各自的保险程度，保障不同的生活水平，满足更高的发展和享受的需求。

社会保险与保险公司出售的商业保险有本质的不同，如表 5—2 所示。

表 5—2　　社会保险与商业保险的区别

	社会保险	商业保险
实施方式	法律强制购买	自愿购买，签订合同
保障对象	劳动者	所有公民
权利义务不同	劳动者必须为社会贡献劳动，才能获得享受社会保险待遇的权利	多投多保，少投少保，不投不保
保费来源	个人、单位、政府多方共同缴纳	个人购买
保险金额	保险金额统一	保险金额自由决定
经营机构	政府指定的非营利机构	以营利为目的的保险公司
保障范围不同	只涵盖失业、工伤、生育、社会医疗、社会养老等基本保障	可以提供各种财产保险、人身保险

可以看出，社保只是一种“保而不包”的保险制度，只能解决基础的“温饱”问题，而商业保险则能够解决高层的“小康”问题。社保不包的一部分，完全可以通过购买商业保险来弥补。

例如，在养老保险方面，社会保险是根据所在地区的当年人均工资，按个人与企业缴纳的一定比例，在将来进入退休年龄时享有一定的养老金。这部分养老金只相当于社会平均工资水平，可以保障退休后的基本生活需求。如果用商业保险作补充，则能够“多投多保”，按照自己的投入获得退休后的养老保障。

与此类似的，社会保险中的医疗保险有报销“起付线”限制，只有超过“起付线”以上的费用才能报销，而且有很多医疗项目不在医保的报销范围以内，或者只能报销一定比例。而商业保险医疗保险就没有这么多限制，一般在约定保险金额以内的医疗费用都可以得到补偿，而且保额要远远高于社会保险。

五、家庭投保的 10 大误区

随着保险业在国内的发展，越来越多的家庭开始购买保险产品。家庭在购买保险过程中可能会陷入一些误区。

○ 误区 1：“顶梁柱”没有保险

案例：周先生年收入 8 万元，妻子是全职太太。周先生是家里名符其实的“顶梁柱”。周先生的宝宝只有 1 岁，已经拥有了 3 份保险，但周先生却舍不得为自己购买任何商业保险。

“先为孩子买足保障”是不少家庭买保险时存在的误区。在不少家庭，孩子的保障十分完备，但作为家庭经济“顶梁柱”的父母却没有风险保障。其实，正确的投保观念应该是：先保大人、再保小孩。子女成长可能面临的风险直接取决于父母面临的风险，因此，只有家庭“顶梁柱”获得足够的保障，子女的风险才可能降到最低。

在家庭投保时，可以参照“双 10 原则”。即：每年的保费总支出不超过家庭年收入的10%，对家庭“顶梁柱”的寿险保额应该是他年收入的10倍。例如周先生家庭年收入为 8 万元，家庭年均总保费支出（含大人及小孩保费）可以在 8 千元左右，而周先生应该为自己购买保额为 80 万左右的寿险保障。

❍ 误区 2：宝宝不能承受的保险

案例：张先生家庭的保障意识很强。在孩子 1 岁时，他花 2 000 多元为孩子购买了保额高达 20 万元的重大疾病保险。这份保险规定，一旦被保险人发生合同规定的重大疾病或身故，保险公司按保额赔付。

很多人以为少儿险便宜，又会多买多赔，所以大量购买少儿保险。其实，少儿险并不会买多少赔多少，而是有一个最高赔偿额度。

为防止成人骗保，危害少儿生命，即使家长在几家保险公司都投保了以儿童死亡为给付条件的少儿险，但各家公司给付的总额最高都不能超过 10 万元。不过，为孩子购买教育金保险不受此限。

❍ 误区 3：过分重视教育金保险

案例：陈女士的宝宝出生后，教育金保险成为陈女士为孩子购买的第一张保单。陈女士每年在这份保险上投入 5 000 元。按照保险计划，若干年后，在孩子上学时，陈女士可以每年领取一笔钱，用作孩子的教育金。不过，除了这份保险，陈女士没再为孩子购买其他保险。

教育金保险是家庭理财规划的一个有力工具，但不应当成为孩子唯一的保险。教育金是 10 年或者 20 年需要花的钱。而为孩子买保险，首先应该规避的是目前可能出现的风险，即意外、疾病。

每个孩子都会有比较顽皮的学前时期，适当选择一些意外保险，可以使孩子的成长过程更有保障。另外，小孩的身体免疫力相对较低，容易受到病菌的侵袭，少儿健康保险也应该是家庭保险计划的一大重点。

❍ 误区 4：过分“深谋远虑”

案例：王女士为 3 岁的孩子购买了某公司的终生寿险。按照保险计划描述，孩子 60 岁可领取退休养老金 5 万元，100 岁时可领取期满贺岁金 5 万元。

对于绝大多数家庭来说，为学龄前儿童购买终生寿险，提前筹集孩子的“养老金”，实在是一件太过“深谋远虑”的事情。尤其是在大人自己的养老金尚没有储备足够的情况下，考虑孩子的养老问题绝对没有必要。

为孩子买保险时，保险期限应以到其大学毕业的年龄为宜，之后就应当由孩子自食其力了。此外，考虑到通货膨胀因素，父母现时的投入，数十年后，对孩子的“养老”还有多大帮助也是一大疑问。当然，如果看重终身寿险的“纪念意义”，父母在预算宽裕的情况下也可以考虑作为辅助险种购买一些。

❍ 误区 5：忽视“保费豁免”

案例：赵先生 2003 年为孩子购买了意外险、重大疾病险和教育金保险，每年向保险公司缴费 5 000 元。2008 年，赵先生因病去世，家庭收入锐减。赵先生的妻子不得已停掉了为孩子已经购买数年的保险。

如果赵先生最初购买的是有保费豁免条款的保险，或是另外附加儿童保险费豁免险，出现这种情况，赵先生孩子的保险利益就不会受到影响。

所谓“保费豁免”，是指当投保人发生身故或高残而无力续缴保费时，保险公司可以允许其免缴余下各期保险费，而被保险人继续享受保单所列明的保障。“保费豁免”相当于为保险再加上一层保险，不论大人为自己投保还是为子女投保，均宜附加这一功能。

值得注意的是，目前各家保险公司对“豁免”的定义不完全一样。有的公司规定投保人因意外或者疾病导致身故或全残均可以豁免；有的公司则规定只有投保人身故才能豁免；还有的公司规定疾病身故或者全残不在豁免范围之内。

❍ 误区 6：只找熟人买保险

案例：王小姐在事业单位工作。两年前，王小姐碍于面子，购买了同学强力推荐的某款健康医疗险，年缴保费 5 000 多元。去年 5 月，王小姐因病住院，花去 1 万元。王小姐找保险公司理赔，这时才发现，自己购买的是费用补偿型医疗保险。王小姐在单位报销了 8 000 多元医药费后，保险公司只赔付了余下的不到 2 000元。王小姐发现，熟人推荐的保险原来并不适合自己。

找熟人买保险并非不可，但前提是要跨过人情这道坎。据了解，向熟人卖保险已经成为保险代理人“成长”的必经之路。在保险公司的培训课程中，向熟人推销保险更被升华为“缘故法”。也有市民陷入误区，因为对陌生来访的保险代理人不信任，因此宁愿找熟人买保险。不过，买这样的人情保险要注意了解产品是否真正适合自己。

一般来说，保险公司每个阶段都会推出重点销售的险种，以实现业务的快速增长，任务依次分解到每个营销员头上。这种情况下，熟人推荐的险种有可能并不合适自己。

❍ 误区 7：有“医保”不买商业险

案例：周女士所在单位为其购买了医保。考虑到已有医保傍身，周女士没再购买商业保险。去年，周女士住院花去 5 000 多元，医保只报销了 3 000 多元。周女士使用的进口药、特效药都不在医保报销目录内，周女士只能自己负担。

新医改实施后，商业保险的作用并没有削弱。医保的基本设计原理是低水平、广覆盖，超出部分由商业保险解决。重大疾病的平均治疗费用为 10 万元~20 万元，社保最高支付限额显然与这个水平有差距，个人还需根据情况补充商业险。

医保注重的是医疗费用的报销，但是一般人在患病后，除了直接的医疗费用外，还会产生以下三方面的费用：一是后续治疗费；二是不能工作失去收入来源的费用；三是发生重疾后的后期治疗费、营养费、护理费等。这些费用可以通过商业保险解决。

❍ 误区 8：“兆头不好”不买意外险

案例：赵先生认为买保险兆头不好，从不买保险。赵先生的同事某日意外摔伤，医疗费用由保险公司承担。赵先生认为，此君有此一劫，都怪之前买了保险，惹了祸。两个月后，没有买保险的赵先生也发生交通意外。不过，赵先生的医疗费用只能自掏腰包。

因“保险兆头不好”不买意外险是个误区。与保险公司其他险种相比，意外险堪称人人必备的护身险种。因为这一险种普遍花费不高，几十元至几百元即可带来一年保障。

在购买意外险时要注意其保障范围。以保险卡为例，人身意外伤害保险卡主要针对经常出差或是每年都要旅行多次的人士；航空平安卡主要针对“飞行一族”；交通意外保险卡则主要针对经常乘坐轮船、火车和汽车等公共交通工具的人。

❍ 误区 9：将寿险作为唯一保单

案例：钱女士在保险公司代理人强力推荐下，购买了缴费 20 年的某款寿险产品。这份保险类似强制储蓄，钱女士每年向保险公司缴 3 000 多元，55 岁退休时，钱女士每月可从保险公司领回一笔钱。这张寿险保单是钱女士唯一一张保单。某日，钱女士生病住院，想到保险公司理赔，这时才发现，自己的这张寿险保单除了提供养老和身故保障外，并无其他用处。

通过保险为养老做规划是不错的选择，但将寿险作为唯一保单却不可取。

从风险的迫切性上看，意外和疾病的风险是每个人最易面临的风险和最需要化解的风险。从保障的先后顺序来看，意外险和疾病险应当成为个人购买保险的首要选择，应在购买了足额的意外险和疾病险之后，再进一步对“养老钱”做长期规划。

❍ 误区 10：豪宅无“险”傍身

案例：孙先生 2006 年在父母资助下购买了 180 平方米的四居室房产。现在这套房产市价已经攀升到近 400 万元。相对房价的上涨，在国企工作的孙先生家庭的收入却不见涨。家庭存款也不到 30 万元，房产成为家里最重要的资产。孙先生夫妻两人都为自己买有保险，但价值 400 万元的房子却没有任何保险。

随着房价上涨，市场上的“百万豪宅”越来越多，家庭资产主要集中在房产已经成为都市常态。但绝大部分人并没有对家庭主要资产进行保障，堪称保险业一大怪状。

房产要么不发生风险，一旦发生风险，花费都不小。通过家财险为家庭主要资产上个保险也是一种化解家庭风险的理财之道。目前市场上售卖的家庭财产险普遍花费不高，几百元即可一年无忧。

第二节　不同家庭的保险投资方案规划

一、单薪家庭的意外保险投资方案

家庭财务状况

家庭基本情况

生活城市：杭州

家庭成员：

丈夫：王先生 41 岁，公司职员，月收入 8 000 元，年终奖金约 1 万元。

妻子：李女士，40 岁，全职太太。

儿子：13 岁，初中一年级。

住房情况：王先生家有两室一厅住房一套，现市场价约 80 万元。但王先生近期内并没有出售房屋或购买新房的打算。

家庭收支情况（单位：元）

收　　入		支　　出	
王先生每月收入	8 000	家庭每月饮食消费	1 000
		服饰、娱乐等其他费用	1 500
		教育支出	500
月收入合计	8 000	月支出合计	3 000
月度性结余（月收入合计 - 月支出合计）	**5 000**		
年度福利奖金	10 000		
年收入合计	106 000	年支出合计	36 000
年度性结余（年收入合计 - 年支出合计）	**70 000**		

家庭资产负债情况（单位：万元）

家庭资产		家庭负债	
现金及活期存款	1		
定期存款（1 个月后到期）	5		

国债（1年后到期）	10		
房产	80		
资产合计	96	负债合计	0
家庭财产净值（资产合计－负债合计）	**96**		

家庭理财目标

为孩子准备足够上大学的费用。

为夫妻二人筹备足够的风险保障。

❖ 家庭财务状况分析

儿子还有5年上大学，按照大学4年，每年2万元支出计算，这笔费用总共需要8万元。

王先生是家庭唯一的收入来源，但是没有任何风险保障，这是王先生家庭存在的最大风险隐患。在筹备家庭保险计划时，首先应该为王先生购买寿险和意外保险。另外，李女士没有社会保险，等过几年王先生退休后的收入也会有所减少，到时家庭生活质量可能难以保证。因此建议尽快为李女士购买一份商业养老保险做补充。

☆ 家庭理财规划设计

王先生家的现金、银行存款和国债总额已经有16万元，按照现在的家庭财务状况足以应对儿子上大学的需要。所以王先生家庭现在最重要的理财目标是建立一个科学的保险规划。

☆ 重新规划家庭资产，筹集子女教育金

生活备用金规划：王先生家现有现金及活期存款1万元，这部分储备资金规模较小。建议在每月的结余中拿出1 000元购买货币市场基金，坚持一年，使家庭现金、活期存款和货币市场基金的总额增加到2万元。将这笔资金作为家庭生活备用金，足以应对半年左右的家庭支出。

教育金规划：王先生家现有定期存款5万元，可以用这些资金作为子女教育金的基础。在存款到期后，选择一只风险较低的债券型基金投资，另外每月定投300元，这样只要能保证年收益4%，就足够在5年后筹足8万元。如果想为孩子筹足上研究生或者大学毕业后出国留学的费用，则可以将每月定投金额增加到500元。

投资规划：10万元国债资产是家庭的投资资产，这部分资产是为了保证家庭财产的稳定增值。等1年后国债到期后，再看经济情况的变化，选择混合型基金或仍旧购买国债，在控制风险的前提下寻求中长期投资的高收益。

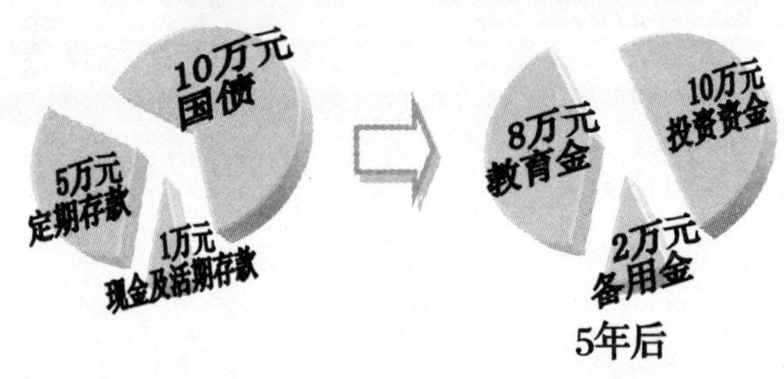

☆ 建立保险投资组合

王先生的风险保障是家庭保险的重中之重，建议配置保险时遵循“双10原则”，即：保费不超过年收入的10%，保额以年收入10倍为宜。建议为王先生购买至少80万元的意外伤害保险，10~15年的定期寿险和重大疾病保险。李女士作为全职太太，也是家庭幸福生活的重要保障，因此也应该选择定期寿险和重大疾病险搭配，保险额度可以控制在20万元左右。

另外，王先生夫妻均已经年过40，应该考虑自己的退休养老问题。因为王先生只有社保，而李女士没有任何保障，这样在夫妻进入老年后难以有足够的保障。可以从现在开始拿出资金购买商业养老保险作为养老金储备。在购买商业养老保险时，应该以李女士为重点，王先生已经有社保，只要购买少量商业保险作为补充就可以了。

在购买商业保险时，每年家庭的总保险额度最好控制在家庭收入10%左右，也就是大约1万元。

对王先生家庭资产配置调整的具体建议（单位：万元）

家庭理财项目	理财现状	目标状态
现金及活期存款	1	1
定期存款	5	0
国债	10	0
货币市场基金	0	每月投1 000元，共投入1万元
债券型基金	0	5 每月定投300元
混合型基金	0	10

理财经验总结

为家庭的主要收入来源购买足够的寿险、意外伤害险和重大疾病险是每个家庭在购买保险时应该首先考虑的问题。只有家庭“顶梁柱”获得足够的保障，整个家庭的风险才可能降到最低。

在购买保险时可以参照“双10原则”，即：保费以不超过年收入的10%，保额以年收入10倍为宜，这是根据国内多数家庭现状指定的比率。保险投入过少，家庭可能无法获得足够的保障；而保险投入过多，保费支出可能成为家庭负担，也不利于家庭幸福。

二、海归家庭的分红保险投资方案

家庭财务状况

家庭基本情况

生活城市：北京

家庭成员：

妻子：艾女士，35岁，在澳大利亚工作7年回国，现在电信行业工作，月收入1.4万元，年终奖1万元。

丈夫：贝先生，39岁，澳大利亚人，现在北京一所大学任教，月收入8 000元。

儿子：4岁。

住房情况：艾女士家现有自住房屋一套，贷款购买。住房市场价约150万元，现每月还贷5 000元，还有15年还清，共欠款90万元。

家庭收支情况（单位：元）

收　入		支　出	
艾女士每月收入	14 000	家庭每月饮食消费	2 000
贝先生每月收入	8 000	服饰、娱乐等其他费用	2 000
		养育子女支出	1 000

		房屋贷款支出	5 000
		汽车维护、燃油支出	2 000
月收入合计	22 000	月支出合计	12 000
月度性结余（月收入合计－月支出合计）		**10 000**	
年终奖金	10 000	旅游、交际费用	20 000
年收入合计	274 000	年支出合计	164 000
年度性结余（年收入合计－年支出合计）		**110 000**	

家庭资产负债情况（单位：万元）

家庭资产		家庭负债	
现金及活期存款	5	房屋贷款	90
定期存款	20		
澳元存款（折合成人民币）	5		
房产市值	150		
汽车市值	20		
资产合计	200	负债合计	90
家庭财产净值（资产合计－负债合计）		110	

家庭理财目标

- 艾女士夫妻想一年后再要一个孩子，到时候家庭支出会增加，希望早做打算。
- 因为回国时间不长，艾女士对投资还没有太多了解，希望合理规划家庭投资组合。
- 为夫妻两人筹备足够的风险保障。
- 打算15年后夫妻一起退休，要为退休生活早做打算。

❖ 家庭财务状况分析

艾女士家庭在现阶段面临的最大问题是规避因意外导致家庭收入中断的风险，避免家庭生活品质受到影响；其次还有一大问题是保证家庭资产的长期保值增值。

艾女士和丈夫完成了资产的初步累积，现在的财务状况正处于从财富累积到财富巩固的过渡阶段。在这个阶段，作为家庭收入来源的夫妻两人都需要风险保障。

另外，家庭储蓄率比例太高，显然没有做好现金的规划和中长期的投资计划，导致家庭资产收益很低。家庭财务状况虽然比较安全，但离理想状态还有一定距离。

艾女士家庭净资产有 110 万元，但是房子和汽车是自用的生活必需品，难以变现。所以能够用来投资理财的资产只有 30 万元。

一年后家里将迎来第二个孩子的降生，预计家庭支出将增加。但是夫妻二人的收入也会增长，这足以弥补家庭支出的增加，所以未来家庭收支状况稳定。艾女士不必过分担心孩子降生带来的额外支出。

☆ 家庭理财规划设计

艾女士家庭属于典型高收入、高消费的中产家庭，夫妻都受过很好的教育，有很高的收入。对这类家庭，最重要的是要筹备足够的风险保障，防止意外事故影响到家庭幸福。

☆ 风险保障，两方面考虑

完整的家庭保障包括两部分，一部分是家庭风险准备金，另一部分是购买商业保险。

家庭风险准备金：艾女士夫妻工作都相对稳定，所以留出 4 ~5 个月的支出，约 5 万元，就足以应对家庭风险。原来的现金和银行存款共计 5 万元，正好可以满足这部分需求。

商业保险：艾女士夫妻都需要一定的寿险、意外伤害险和重大疾病险。因为艾女士的收入比贝先生的高，同时她在工作中也会承担更大的压力。所以在购买保险时应该重点考虑艾女士的保障需求。按照夫妻双方的收入水平，建议艾女士投保重大疾病险 30 万元，寿险和意外伤害险 120 万元；贝先生投保重大疾病险 30 万元，寿险和意外伤害险 50 万元。这样一个保险组合目前的年保费大约需要 1 万元。

☆ 合理规划家庭资产

艾女士家庭现在资产主要为银行存款，需要做一定调整，增加投资比例。

在20万元定期存款中，可以拿出10万元购买股票型基金，追求高收益。另外10万元购买有分红功能的养老保险，在保证养老需求的情况下追求收益。

另外，5万元人民币的澳元资产是艾女士家庭回澳洲旅游、探亲的备用金，并不需要调整。但是因为近几年人民币兑澳元汇率波动较大，艾女士如果对汇率波动的把握能力较强，可以灵活兑换，追求汇率波动的价差收益。

☆适当投资，实现中长期目标

现阶段艾女士家庭理财的两大目标分别是子女教育和退休金储备，可以从这两方面将资产分开配置。而保障和投资相结合的分红型保险、万能型保险和投资连接险是艾女士家庭投资很好的选择。

子女教育建议选择收益稳定的万能型保险产品，分10年准备期，每年可投入2万元左右。如果年收益5%，到时这笔资金将有30万元。

15年后艾女士夫妻打算一起退休，到时艾女士50岁、贝先生54岁。按照现在的平均寿命，夫妻退休后大约要过25年左右的退休生活。建议艾女士为夫妻两人投保有分红功能的养老保险，现在一次性投入10万元，之后每年再投入5万元，连续投15年。这样在退休后的25年中，夫妻可以享有每年5万元的固定收入。

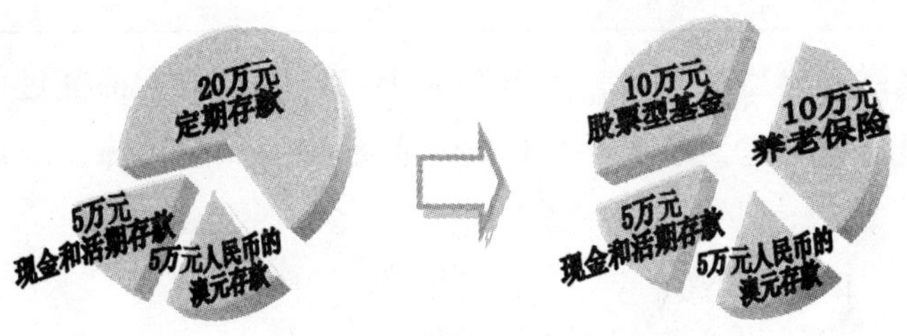

对宋先生家庭资产配置调整的具体建议（单位：万元）

家庭理财项目	理财现状	目标状态
现金及活期存款	5	5
定期存款	20	0
澳元资产（折合成人民币）	5	5
股票型基金	0	10
定期寿险和重大疾病险	0	每年投入保费10 000元
万能型保险	0	每年投入保费20 000元
分红型养老保险	0	一次性投入10万元 每年投入保费50 000元

理财经验总结

艾女士家庭属于典型高收入、高消费的中产家庭。家庭收入较高、但投资和保障都不太健全。在这样的情况下，保障和投资结合的分红型保险、万能型保险和投资连接险是很好的选择。

在这份理财规划中，家庭年保费支出已经占到家庭年度总支出的30%。这样的比例虽然大大超出“双10原则”，但是万能型保险和分红型保险都是“保障”+“投资”的双重工具，并不仅仅是保险投资。所以从整体上看艾女士家庭这样的投资组合还是比较合理的。

三、夹心白领家庭的“保险基金”方案

家庭财务状况

家庭基本情况

生活城市：武汉

家庭成员：

丈夫：宋先生，31岁，公司部门经理，月收入12 000元。

妻子：马女士，30岁，大学讲师，月收入6 000元。

儿子：2岁。

住房情况：宋先生一家自住一套100平方米的房子，价值120万元，贷款80万元购买。每月需还房贷5 000元，还有20年才能还清，共欠款120万元。另有一套价值50万元的住房用于出租，月租金2 000元。

家庭收支情况（单位：元）

收入		支出	
宋先生每月收入	12 000	家庭每月饮食消费	1 000
马女士每月收入	6 000	服饰、娱乐等其他费用	2 000
房屋租金收入	2 000	养育子女支出	2 000

		房屋贷款支出	5 000
月收入合计	20 000	月支出合计	10 000
月度性结余（月收入合计－月支出合计）	**10 000**		
		赡养双方父母支出	20 000
年收入合计	240 000	年支出合计	140 000
年度性结余（年收入合计－年支出合计）	**100 000**		

家庭资产负债情况（单位：万元）

家庭资产		家庭负债	
现金及活期存款	1	房屋贷款	120
定期存款	5		
债券型基金	10		
房产 1	120		
房产 2	50		
资产合计	186	负债合计	120
家庭财产净值（资产合计－负债合计）	**66**		

家庭理财目标

- 计划在1年内买辆汽车代步。
- 为夫妻二人筹备足够的保险。
- 为年老的父母筹备足够的保险。

❖ 家庭财务状况分析

宋先生家庭目前年收入约 24 万元，年支出约 14 万元，每年可以结余 10 万元，属于高收入、高结余的家庭。虽然每月有 5 000 元房贷，但按照宋先生家庭目前的收入水平，偿还贷款并没有太大压力。

另外，宋先生家庭有10万元债券型基金投资，说明宋先生家庭有一定投资意识。这部分投资可以有效保证宋先生家庭资产的盈利能力。

在宋先生家庭财务情况中唯一不足的是夫妻二人的风险保障。现在宋先生家庭处于上有老、下有小，内有消费需求、外有大量房贷的“夹心”阶段，需要有持续的收入来赡养老人、抚养子女。万一他们夫妻中有一人出现重大疾病或者伤亡，家庭将会陷入危机，所以购买保险显得十分必要。

☆ 家庭理财规划设计

宋先生家庭属于典型的“夹心白领”家庭，需要持续的收入作为支撑。所以宋先生家庭应该将夫妻二人的风险保障作为家庭理财的重点。

☆ 合理利用存款，贷款买车

宋先生家庭有定期存款5万元，如果打算在1年内买车的话，建议合理利用这5万元，贷款买车，这样就不用赎回股票型基金投资。

如果想购买价值10万元的小车，可以在5万元存款中留1万元，与现金和活期存款1万元，共计2万元作为家庭生活备用金。另外4万元存款中3万元作为首付，1万元用于支付各种税费，剩余款项3年内分期付完，月供2 000元左右，加上车辆的日常维护费用每月1 000元。这样因为买车家庭每月要多花费3 000元。

☆ 建立完善风险保障

筹备合理的保险规划对宋先生夫妻十分必要。建议宋先生购买总保额在120万元左右的定期寿险、意外伤害险和重大疾病险，马女士购买总保额在60万元左右的定期寿险和重大疾病险。按照夫妻二人的年龄，这样的保险年保费大约要3 000元。

宋先生夫妻两人还应购买适当的养老保险，作为社保的补充。这项保险的年保费可以控制在2万元左右。

此外，宋先生还可以每年拿出1 000～2 000元为孩子购买意外伤害险和重大疾病险，为孩子筹备风险保障。

☆ 老年人并不适宜购买保险

宋先生夫妻双方的父母都已经60岁左右，无论是人寿保险还是重大疾病险、意外伤害险，都很难有合适的险种。即使有，也需要缴纳高额保费。所以建议宋先生不要为双方老人投保，还是继续每年给双方老人各1万元的赡养费，满足老人的养老需要。

如果双方父母都没有较多的积蓄，任何一人出现重大疾病等会让整个家庭陷入困境。所以建议投入的10万元基金平时不要动用，而是作为风险储备，另外设立一个专门的债券型基金定投账户，每月存入1 000元，应对将来可能的医疗费用。

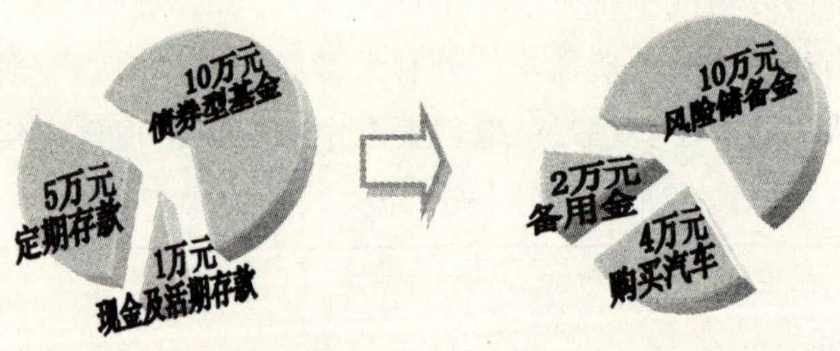

对宋先生家庭资产配置调整的具体建议（单位：万元）

家庭理财项目	理财现状	目标状态
现金及活期存款	1	1
定期存款	5	1
债券型基金	10	10
汽车	0	4
定期寿险和重大疾病险	0	每年保费3 000元
养老保险	0	每年保费2万元
子女意外伤害险和重大疾病险	0	每年保费2 000元

理财经验总结

对上有老、下有小，内有消费需求、外有大量房贷的“夹心”家庭，万一失去收入来源将使整个家庭陷入困境。所以为家庭的主要经济支柱投保定期寿险、意外伤害险和重大疾病险十分必要。

而对于年龄已经超过50岁的中老年，再购买新的保险产品就没有必要了。保险公司很少有适合这个年龄段人群的险种。即使有，也需要缴纳高额保费。对于这个阶段的中老年人，如果觉得自己的风险保障还不够充足，可以考虑建立保险基金，强制自己定期储蓄，应对可能的突发性支出。

第六章

期货投资理财方案规划

阿基米德有一句关于杠杆原理的名言："给我一个支点，我能翘起地球。"期货投资，利用的就是"杠杆原理"。

第一节　每个家庭必备的期货投资技巧

一、未来交易的期货投资

1. 表示未来交易的期货

期货的英文为 Futures，是由 Future（未来）一词演化而来。通常所说的期货是指期货合约，是由期货交易所统一制定的、规定在将来某一特定的时间和地点交割一定数量标的物的标准化合约。

期货合约的买方，如果将合约持有到期，那么他有义务买入期货合约对应的标的物；而期货合约的卖方，如果将合约持有到期，那么他有义务卖出期货合约对应的标的物。这个标的物，可以是某种商品，也可以是某个金融工具，如图 6—1 所示。

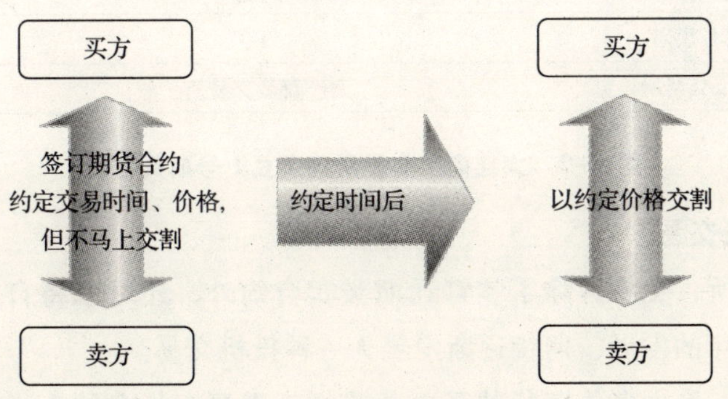

图 6—1　期货交易图

期货交易最早起源于农产品的远期合约交易。农产品一般都有较长的生产周期。农民在播种季节作出生产决策，但是等到收获的时候，市场价格已经发生了很大变化。如果价格上涨，农民自然高兴；但万一价格下跌，农民可能会遭受很大损失。

为了回避这种风险，农民和粮食经销商就签订远期交易合同，事先规定好交易日期、交易价格。这种交易方式出现后迅速普及，而这种远期交易合约也逐渐标准化，这种标准化的远期交易合约就是期货。

2. 期货合约

期货合约规定了商品的规格、品种、质量、重量、交易时间、交易方式等。在标准的期货合约中唯一可变的就是价格。期货合约的价格在一个有组织的期货交易所内通过竞价产生。对期货合约进行集中交易。图 6—2 为大连商品交易所黄大豆 1 号期货合约。

交易品种	黄大豆 1 号
交易单位	10 吨/手
报价单位	人民币
最小变动价位	1 元/吨
涨跌停板幅度	上一交易日结算价的 3%
合约交割月份	1、3、5、7、9、11
交易时间	每周一至周五上午 9：00—11：30，下午 13：30—15：00
最后交易日	合约月份第十个交易日
最后交割日	最后交易日后七日（遇法定节假日顺延）
交割等级	具体内容见附表
交割地点	大连商品交易所指定交割仓库
交易保证金	合约价值的 5%
交易手续费	4 元/手
交割方式	集中交割
交易代码	A
上市交易所	大连商品交易所

图 6—2 大连商品交易所黄大豆 1 号期货合约

3. 期货投机交易

在期货交易所，交易者除了签订远期买卖合约外，还可以将自己持有的期货合约转让。经过多年的发展，期货逐渐发展为一种投机交易。

现在市场上，绝大多数期货的买方并非真正需要期货合约上指定的商品，而大多数期货合约的卖方也不一定真正拥有期货合约上指定的商品。他们交易的目的是获取买卖价差，只要能在合约到期前做一次反方向交易，就不用承担合约上的买卖义务。

例如：市场上有一份大豆期货合约的价格是 3 000 元/吨，还有 3 个月交割，最小交易单位是 10 吨/手。投资者小 P 认为大豆价格有上涨趋势，所以他以 30 000 元价格买入 1 手期货合约。1 个月后，气候变得越来越有利于大豆生长。大豆即将迎来大丰收，市场价格有下跌趋势。这样这份大豆期货价格也同时下跌，跌到2 800 元/吨。小 P

感觉大势已去，继续持有合约只会遭受更大损失，这时他需要以 28 000 元的价格卖出 1 手期货合约。这样买卖相抵称为平仓。平仓后，小 P 不用承担到期买入大豆的责任，但损失了 2 000 元。

而另一个投资者小 Q，在小 P 买入合约的同时就认为大豆价格可能下跌，于是卖出了 1 手期货合约。1 个月后，期货合约价格跌到 2 800 元/吨，小 Q 感觉大豆价格已经见底，于是以 28 000 元买入 1 手期货合约。这样先卖后买，同样是买卖相抵平仓。小 Q 成功利用价格下跌赚到 2 000 元，如图 6—3 所示。

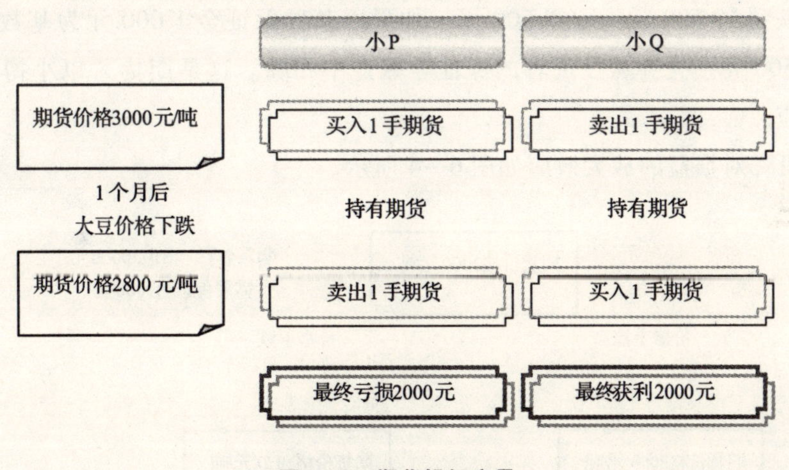

图 6—3 期货投机交易

从上边例子中可以看出，在期货市场上投机交易与股票市场类似，都是利用价格波动通过低买高卖获利。不同的是，股票市场是实物交割，需要先买入才能卖出，这样只能利用股票价格上涨获利。在期货市场上，并不用即时交割，投资者可以先买后卖，也可以先卖后买。即使投资者手中没有期货合约，也可以先卖出，只要在合约到期前买入相同合约对冲平仓即可。这样无论期货合约价格上涨还是下跌，只要判断方向正确就能获利。

二、高风险的保证金交易制度

期货是一种高风险的投资品种，这种风险来自期货交易的保证金交易制度，即买卖双方只要账户中有 3% ~15% 的保证金，就可以做全额交易。相当于将自己的资金规模扩大几倍甚至几十倍。这种“以小搏大”的交易制度投机性很强，风险很大。

例如，某小麦期货的价格是 2 000 元/吨，最小交易单位是 10 吨/手，交易保证金为合约价值的 5%。现在有投资者认为该期货价格会上涨，于是买入 1 手。虽然

1 手期货的总价值为 20 000 元，但因为最低保证金为 5%，该投资者只要有1 000元保证金就可以买入价值 20 000 元的期货。

如果第二天期货价格上涨 2. 5%，涨到 2 050 元/吨。投资者买入期货合约的总价值就涨到 20 500 元，净赚 500 元。如果以基础保证金 1 000 元为基数，就净赚了 50%。500 元盈利会转入投资者的保证金账户。这是期货“以小搏大”的收益放大效应。

相反，如果期货价格下跌 2. 5%，跌到 1 950 元/吨。那投资者买入期货合约的总价值就跌到 19 500 元，亏损 500 元。如果以基础保证金 1 000 元为基数，就净亏损 50%。500 元损失会从投资者的保证金账户中扣除。这是期货“以小搏大”的损失放大效应。

期货投资对损益的放大效应如图 6—4 所示。

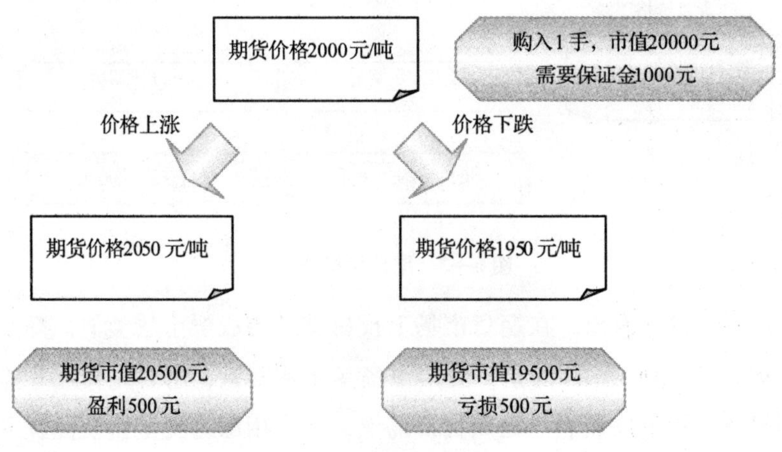

图 6—4　期货投资对损益的放大效应

正因为期货投资这种交易风险，目前期货交易所都实行逐日盯市制。每天收市后，期货交易所都会计算所有投资者保证金账户上的余额，一旦余额低于购买期货的保证金要求，交易所会要求该投资者在限期内追加保证金以达到初始保证金水平，如果不能追加保证金，交易所就会停止其交易资格，并将该账户持有的期货强制平仓。

三、期货投资必备交易技巧

1. 期货交易的风险

期货是一个能创造神话的投资品种，可能让人一夜暴富，但也可能让亿万富翁在一夜间一贫如洗。1995 年 2 月 26 日，新加坡巴林公司期货经理尼克·里森投资日经 225 股指期货失利，致使巴林银行遭受巨额损失。最终，这家拥有 233 年历史、在全球范围内掌控 270 多亿英镑资产的银行，因无力继续经营而宣布破产。1997 年 7 月，始于泰国的东南亚金融风暴，也与泰铢的利率期货交易有关。

因为期货投资的高风险，普通投资者在进入这个市场之前一定要对其风险做到心中有数。期货投资过程中可能面对的风险可以分为以下几种，如图 6—5 所示。

市场价格波动风险	在期货交易过程中最大的风险来自市场价格波动。期货价格波动会给投资者带来交易盈利或损失的风险。由于“保证金交易”制度的杠杆效应，这种风险是被放大的，投资者应该特别注意防范
流动性风险	投资者在交易过程中，可能对价格变动方向判断是正确的，但是因为市场成交低迷，没有对手盘，无法在理想的价位建仓或平仓，最终造成不必要的损失
经济委托风险	投资者在通过期货经纪公司发出委托指令过程中可能出现风险。例如，投资者已经发出委托，但是由于经纪公司渠道不畅，最终未能成交
强制平仓风险	在期货价格波动十分剧烈的行情中，如果投资者保证金账户内资金不能及时补足，很可能会面临被强制平仓的风险

图 6—5　期货交易风险

期货市场中的风险很大。在投资期货时，投资者应该有投入资金血本无归的心理准备。为了避免这些风险，建议投资者严格控制投入资金量。一般家庭期货投资在家庭总资产中所占比例尽量不要超过 10%。

2. 期货交易技巧

期货投资高风险的背后是高收益，“一夜暴富”的神话吸引大量投资者进入期货市场淘金。为了充分发挥期货投资“四两拨千斤”的杠杆效应，投资者需要不断提高自己的行情分析、风险管理能力。对于期货投资者，特别是刚进入市场的新手，需要特别注意几点，如图 6—6 所示。

关注 市场信息	进入期货市场后会面对各种新闻、资讯和小道消息。投资者需要逐步掌握信息获取渠道，分辨信息真假，知道各种信息对期货行情的影响程度
顺应 行情趋势	投资者交易的方向最好与行情当前趋势方向保持一致，即“涨势做多，跌势做空”。逆势交易虽然也可以追求短线收益，但是其风险报酬比明显低于顺势交易
设定 止损价	投资者在开仓时就应该设定严格的止损价位，一旦损失达到预定规模就坚决平仓，防止损失继续扩大。切记，期货虽然是高风险投资市场，但绝对不是赌场
控制 开仓比例	正常情况下，期货价格波动不如股票剧烈。但是因为“保证金”制度的放大效应，投资者只要开仓30%，就相当于满仓持有股票的风险，所以投资者在交易过程中一定要注意控制开仓比例，避免承担太大的风险
注意 交割日期	个人投资者持有的期货合约在最后交易日收盘前必须平仓。所以投资者要注意期货合约的交割日期，准备中长期持有的投资者不应该购买即将到期的期货合约

图 6—6　期货交易必备技巧

四、股指期货投资交易规则

按照标的物的不同，期货可以大致分为两大类，商品期货与金融期货。

1. 商品期货

商品期货是指标的物为实物商品的期货合约。商品期货历史悠久，种类繁多，主要包括农副产品、金属产品、能源产品等几大类。目前国内有大连、郑州、上海三家商品期货交易所。每个交易所交易的期货品种及代码如表 6—1 所示。

表 6—1　三大商品期货交易所的期货品种及代码

大连商品交易所	大豆—A LLDPE—L	豆粕—M 棕榈油—P	豆油—Y PVC—V	玉米—C
郑州商品交易所	白糖—SR 硬麦—WT	PTA—TA 籼稻—ER	棉花—CF	强麦—WS
上海商品交易所	铜—CU 燃油—FU	铝— AL 黄金—AU	锌—ZN 线材—WR	天然橡胶—RU 螺纹钢—RB

2. 金融期货、股指期货

金融期货是以金融工具为标的物的期货合约。金融期货一般分为三类：外汇期货、利率期货和股票指数期货。

股指期货是一种以股票价格指数作为标的物的金融期货合约。与普通的商品期货相比，股指期货除了在到期交割时有所不同外，基本上没有什么本质的区别，只是把股票价格指数当作一种可以买卖的证券。

以某一股指期货为例：假设在10月底，该期货标的的指数是10 000点。也就是说，这个指数目前现货买卖的“价格”是10 000点。现在有一个12月底到期的这个指数期货合约。如果现在市场上大多数人都看涨，那可能目前这一指数期货的价格已经达到11 000点了。

假设有一个投资者小S。他认为到12月底这一指数的“价格”不会超过11 000点。于是他以11 000点的市场价卖出一份期货合约。11月底，因为指数上涨缓慢，这一期货合约价格下跌到10 500点。这时小S有两个选择，一是继续持有期货合约，二是以10 500点“价格”买入一份合约平仓，赚取500点差价。

假设小S选择一直将合约持有到12月底到期日。在合约到期交割时。因为股指本来就是将指数用货币表示的虚拟证券，所以只能是用货币“购买”货币，根据投资者期货合约的“价格”与当前实际“价格”之间的价差，多退少补。例如在交割日指数下跌到10 000点，那小S就可以获得1 000点价差。相反，如果指数上涨到12 000点，小S就要拿出1 000点做补贴。

股指期货的交易方式如图6—7所示。

在期货交易中，人们会给股指、股指期货中的每个点赋予一个既定价格。不同股指期货合约每点的价格并不相同。比如，恒生指数每点价格为50港元。如果上例中的小S交易的是香港恒生指数期货，那他赚1 000点的价差就相当于赚了50 000港币。

3. 投机和套期保值

在股指期货市场上，投资者的交易目的主要有两类，一是投机交易，另一个目的是套期保值。

❍ 投机交易

利用期货价格波动，通过“先低买再高卖”或者“先高卖再低买”的方式获利。

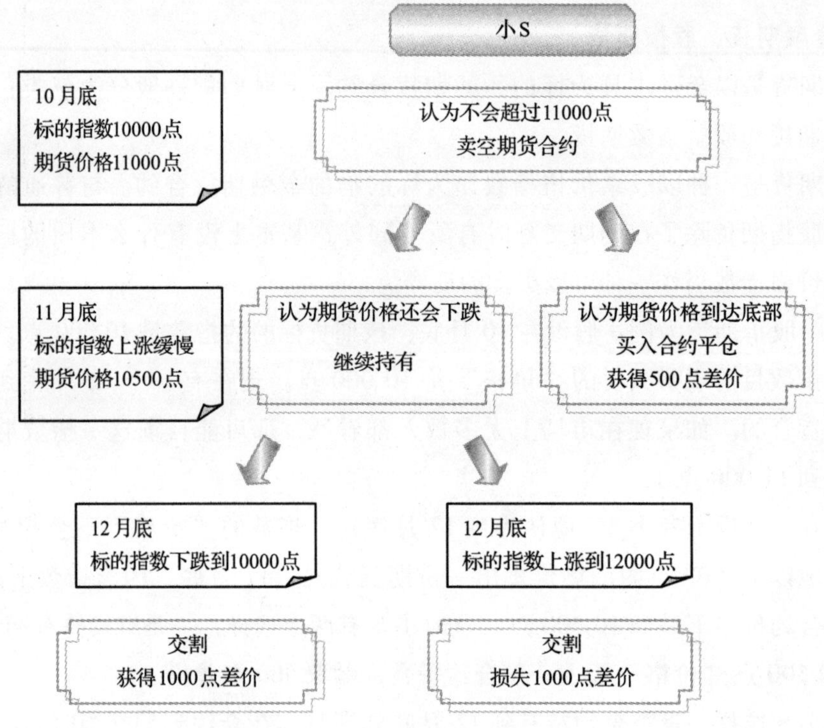

图 6—7　股指期货交易方式

由于股指期货可以双向交易，同时实行保证金交易制度。所以无论市场行情涨跌，投资者只要判断方向正确，就可能获得很高的收益。

例如，某股指期货保证金比例为 10%，那就相当于投资者有了 10 倍的放大效应。无论期货价格上涨 5% 还是下跌 5%，只要投资者判断正确，相对于保证金来说，就可以获利 50%。但如果判断方向失误，也会发生同样的亏损。

❍ 套期保值

在买入股票的同时卖出市值相当的股指期货，可以抵消大盘波动对股票价格造成的影响。

利用股指期货进行股票交易的套期保值是成熟证券市场上投资者常用的方法，可以在买入股票后，预防大盘波动对股价的影响。

例如，投资者小 T 在香港股市持有总市值为 200 万元港币的 10 只股票。该投资者预计未来几个月中香港股市会整体下跌，自己的 10 只股票组合也会随大盘同步下跌。但是小 T 不愿卖出股票。为此，他选择在 20 000 点位置上卖出 2 份 3 个月到期的恒生指数期货。恒生指数每点 50 港币，2 份 20 000 点的期货正好与 200 万元港币股票市值相抵。

两个月后，行情果然如小 T 所料发展。恒生指数下跌 25%，到 15 000 点。

如果小 T 的 10 只股票组合随大盘一起下跌 25%，亏损 50 万元港币。这时小 T 在市场上买入 2 份合约平仓，赚取 10 000 点。按每点 50 港币计算，盈利 50 万元港币。股票和期货相抵，小 T 成功实现套期保值。

如果小 T 的股票组合总体亏损，但是能跑赢大盘，市值下跌 15%，小 T 将在股票市场上亏损 30 万元港币。与期货市场上获利的 50 万元港币相抵，小 T 成功赚到 20 万元港币。这时投资组合跑赢大盘 10% 的收益，如图 6—8 所示。

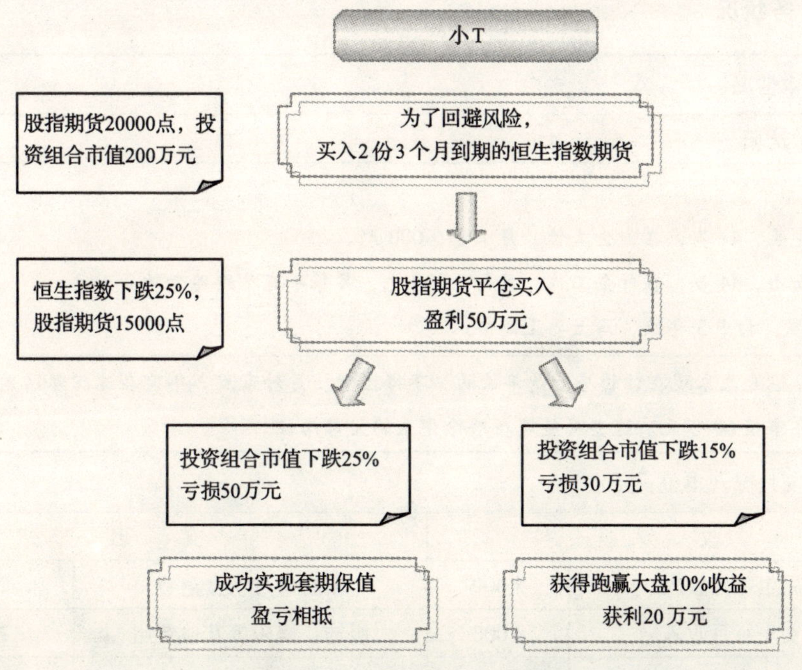

图 6—8 利用股指期货套期保值

第二节　不同家庭的期货投资方案规划

一、养老无忧家庭的期货投资方案

家庭财务状况

家庭基本情况

生活城市：沈阳

家庭成员：

丈夫：徐先生，41 岁，在国企工作，月工资 5 000 元。

妻子：刘女士，44 岁，在外企工作，月薪 8 000 元，另每年有年终奖金约 2 万元。

女儿：15 岁，初中 3 年级，马上要上高中。

住房情况：徐先生家现在住的房子是单位的，不得出售。另外家里 2 年前在沈阳郊区购买一套商品房，现在市值 60 万元。这套房屋现在给徐先生的父母居住。

家庭收支情况（单位：元）

收　　入		支　　出	
徐先生每月收入	5 000	家庭每月饮食消费	2 000
刘女士每月收入	8 000	服饰、娱乐等其他费用	2 000
		子女教育支出	1 000
月收入合计	13 000	月支出合计	5 000
月度性结余（月收入合计－月支出合计）	**8 000**		
年终奖金	20 000	旅游、交际费用	30 000
		保费支出	20 000
年收入合计	176 000	年支出合计	110 000
年度性结余（年收入合计－年支出合计）	**66 000**		

家庭资产负债情况（单位：万元）

家庭资产		家庭负债	
现金及活期存款	5		

定期存款	20		
保险现金价值	5		
房产市值	60		
汽车市值	10		
资产合计	100	负债合计	0
家庭财产净值（资产合计－负债合计）	100		

家庭理财目标

- 徐先生工作不忙，想学作金融投资，消磨空闲时间。
- 徐先生和妻子喜欢旅游和摄影，希望筹备一笔旅游资金。
- 为女儿上大学留足资金。

家庭财务状况分析

在徐先生的家庭里，徐先生是稳定器，提供住房、养老和基本生活无忧的保障，而太太是加速器，提供现金流，可谓相得益彰。

徐先生工作的单位可以提供很好的医疗、养老保障。而刘女士也将每年 2 万元的年终奖金全部购买保险，其中包括养老、医疗、意外伤害和寿险等各种保险品种，可以说构建了一个完善的保险组合。所以徐先生家庭不用担心养老问题。

徐先生的女儿上高中后开始住校，不需要太多照顾。房子有了，车也买了。一向闲不住的徐先生，突然没什么事可以操心了。而且，过去徐先生的家庭每年基本都没有太多余钱，钱或是买房，或是装修，或是买车，基本都花光了。现在大的消费项日都已经完成，手上慢慢开始有了现金。于是徐先生想趁闲下来的机会学习金融投资，一方面可以消磨空闲时间，另一方面也可以使家庭资产稳定增值。

徐先生经常上网，乐于与人沟通，做事很有计划。从个人素质来说，徐先生很适合做期货投资。但因为是新手，建议徐先生先用少量资金尝试，等积累一定经验后再增加投资比例。

☆ 家庭理财规划设计

徐先生现在最大的问题是寻找一个合适的渠道进行投资，而子女教育和旅游的资金，凭借徐先生目前的经济状况并不是什么问题。

☆ 规划活期存款，留足准备金

徐先生家庭有5万元活期存款，这部分存款可以分成两部分。2万元继续存为活期存款，用于家庭日常生活准备金。另外3万元购买货币市场基金，作为家庭的旅游准备金。

☆ 投资期货，严格控制风险

徐先生家有定期存款20万元，这部分资金收益率不高，占有资金太多，建议调整，增加投资性资产的比例。

徐先生的特点是经常上网，乐于与人沟通，做事很有计划。同时徐先生家庭收入较高，养老医疗有保障，有很强的风险承受能力，所以对徐先生家庭来说，期货投资是很好的选择。

在期货投资方面，徐先生的主要问题是经验不足。建议徐先生先从模拟交易开始积累经验。同时利用空闲时间学习分析方法，等积累一定投资心得后再投入资金。

因为期货投资是高风险品种，建议徐先生将这部分投资规模控制在5万元以下。另外15万元定期存款可以转投债券型基金或混合型基金，作为女儿的教育金储备。

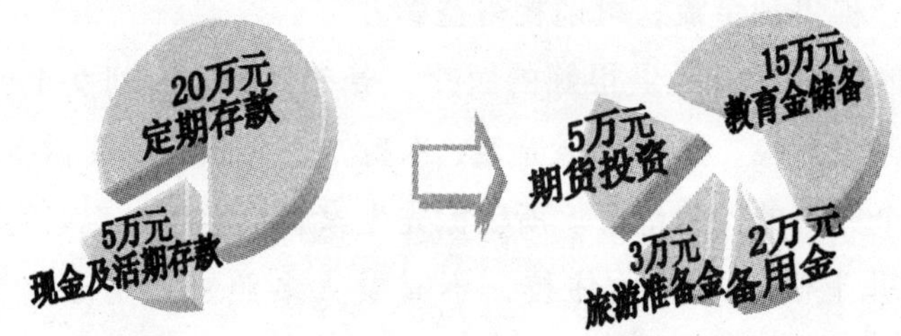

☆ 合理分配收入，筹集子女教育金

有15万元投资作为女儿教育储备，可以应对女儿上大学的支出。但如果女儿以后要出国留学，就需要合理规划家庭收入支出，早做打算。

除去年终奖金全部购买保险外，徐先生家每月有8 000元结余。这8 000元中可以拿出5 000元做指数型基金定投，为女儿筹集教育金。另外3 000元存为银行的零存整取，作为家庭每年的旅游支出。

对徐先生家庭资产配置调整的具体建议（单位：万元）

家庭理财项目	理财现状	目标状态
现金及活期存款	5	2
定期存款	20	0
货币市场基金	0	3
期货投资	0	5
债券型基金	0	15
指数型基金定投	0	每月5 000元
零存整取	0	每月3 000元

理财经验总结

徐先生家庭有较高收入，没有后顾之忧。可以选择高风险投资方式，按照徐先生的特点，期货是很好的投资渠道。

对徐先生这样的新手，可以错过投资机会，但不能轻易冒险。正因如此，控制风险是第一位的。设定10%的止损线是必要的。止损线就是生命线，可以帮助徐先生保存本金以及保存信心。

在投资过程中经验分享也是十分重要的。徐先生可以找几个做投资比较有经验的朋友，经常分享一下投资的心得。

二、职业股民家庭的股指期货投资方案

家庭财务状况

家庭基本情况

生活城市：长沙

家庭成员：

丈夫：黄先生，46 岁，职业股民，股龄 13 年。

妻子：李女士，45 岁，医院护士，月薪 5 000 元。

女儿：18 岁，读大学一年级，平均每月要花费 2 000 元（包括学费）。

住房情况：黄先生前两年刚刚购买住房，最近几年已经没有购房或者换房的计划。原住房用于出租，月租金 1 000 元。

家庭收支情况（单位：元）

收　　入		支　　出	
李女士每月收入	5 000	家庭每月饮食消费	1 000
房屋租金	1 000	服饰、娱乐等其他费用	3 000
		子女教育支出	2 000
月收入合计	6 000	月支出合计	6 000
月度性结余（月收入合计 - 月支出合计）		**0**	
股票投资收入	不确定	旅游、交际费用	10 000
		保费支出	30 000
年收入合计	不确定	年支出合计	112 000
年度性结余（年收入合计 - 年支出合计）		不确定	

家庭资产负债情况（单位：万元）

家庭资产		家庭负债	
现金及活期存款	2		
保险现金价值	13		
国债	20		
股票投资	120		
住房	100		
资产合计	255	负债合计	0
家庭财产净值（资产合计 - 负债合计）		**255**	

家庭理财目标

随着年龄增长，黄先生希望降低股票投资比例，增加家庭安全系数。

为女儿筹备一笔资金，供她未来继续上学或者成家立业。

❖ 家庭财务状况分析

按照目前的情况来看，黄先生家庭资产中除住房外，约77%都是股票资产。这对46岁的黄先生来说风险太高了。需要适当调整家庭投资组合，回避风险。建议参照“100法则”将股票等高风险投资的总市值控制在全部投资额的（100－年龄）%，即80万元左右。

另外黄先生自己介绍，在他炒股的十几年中，既有大喜也有大悲。他的股票账户市值最多时曾有200万元。但是因为市场波动，同时自己买房装修套现100万元左右，现在只剩市值120万元。经过多年的积累，黄先生已经有了很强的分析能力，但炒股受整体市场行情影响较大，大盘下跌时赚钱很难。例如，在2008年的大跌中，尽管黄先生投资的股票表现好过大盘，但一年下来不仅没有赚钱，还损失了近30%。

☆ 家庭理财规划设计

黄先生家最大的问题是股票投资所占比例过大，随着年龄增长，家庭对风险承受能力会越来越差，所以黄先生现在最需要做的是减少股票投资比例。

在减少股票投资，增强家庭财务安全性的基础上，黄先生可以将20万元国债和一部分股票减持的资金拿出来，为女儿筹集资金。

☆ 减少股票投资，降低家庭风险

建议黄先生在1年内逢高减持股票投资。减持获得的资金中，用一部分资金投入低风险品种，另一部分投入股指期货。

最终达到的理想状态应该是：股票、股指期货等高风险投资在家庭资产（除房产外）中所占的比例大约为50%。如果按照现在家庭总资产规模计算，这部分资金应有80万元左右。

☆ 灵活搭配高风险投资品种

在高风险投资中，股票和股指期货所占比例可以灵活调整，看黄先生对股指期货的分析能力来定。但股指期货投入资金总量最好不要超过15万元。

为了回避风险，黄先生可以对股票和股指期货反向投资，即：买入股票、卖空股指期货。

☆ 合理分配资金，筹足风险准备

黄先生家庭有2万元活期存款，如果只用这部分资金作为备用金，对黄先生这样的职业股民并不充足。

建议黄先生这样的职业股民家庭在筹集准备金时筹足3年的家庭生活所需。按照国内股市发展至今的规律。大约3年左右股市会完成一轮涨跌循环。如果能留足这段时间的准备金，就不用因为家庭生活的需要而在市场低位时割肉套现了。

为此，黄先生减持股票时需要留下10万元资金。存为银行7天通知存款或者购买国债，作为备用金。这样备用金总额就有12万元，即使黄先生的股票投资“颗粒无收”，凭借这笔资金和李女士的日常收入，也足够黄先生家庭3年的消费需要。

☆ 为女儿筹集资金

女儿还有3年大学毕业，她在毕业后是要继续读研究生或出国留学，还是要找工作现在应该早做准备，筹集资金。建议黄先生将20万元国债作为这部分储备的基础。

另外，王先生的股票可以套现40万元，除了拿出10万元用做日常生活准备金外，还有30万元也可以拿来资助女儿。这30万元资金可以选择债券型基金投资，在控制风险的基础上追求高收益。

在女儿大学毕业时，为她准备50万元资金，这样她无论是继续上研究生、出国留学还是自主创业，都能有一笔经费。

☆ 继续购买保险，满足养老、医疗需要

在夫妻二人养老方面，李女士有社会保险。黄先生虽然没有社会保险，但每年都要购买3万元商业保险，现在已经有价值13万元的保单。其中一少部分是对李女士社保的补充，另外一大部分是黄先生自己的保障。

这笔保险投资只要品种配置合理就足以应对夫妻的养老、医疗需要，不用再追加投资。

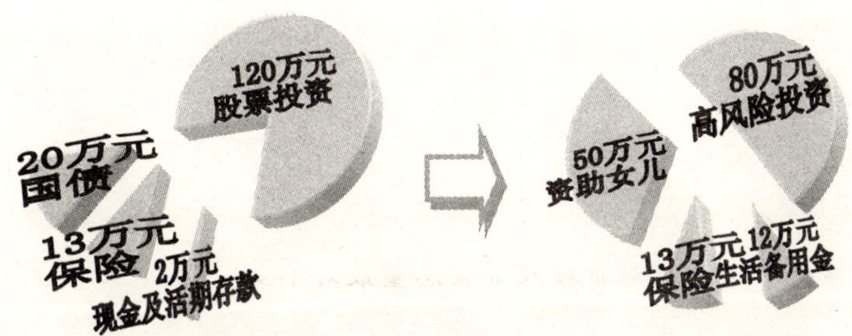

对黄先生家庭资产配置调整的具体建议（单位：万元）

家庭理财项目	理财现状	目标状态
现金及活期存款	2	2
保险现金价值	13	继续每年投入 3 万元
国债	20	20
股票和期货投资等高风险投资	120	80
7 天通知存款	0	10
债券型基金	0	30

理财经验总结

对黄先生这样炒股多年，有经验、有资金、有时间的投资者，股指期货是很好的投资途径。但因为国内股指期货市场刚刚起步，投资风险还会很大，所以建议黄先生严格控制投入资金比例，将投入资金量控制在家庭总资产的 10% 以内。

在投资股指期货时，黄先生除了直接利用低买高卖或者高卖低买的方式投机交易外，还可以用股指期货进行套期保值。在买入股票的同时卖空股指期货，对冲大盘波动对个股的影响。

第七章

黄金投资理财方案规划

金银天然不是货币，但货币天然是金银。

——卡尔 · 马克思

第一节　每个家庭必备的黄金投资技巧

黄金是一种稀缺的自然资源，人类经过数千年的开采积累，目前全世界的存量也只有约 14 万元吨。即使在开采技术十分发达的当代，全世界的黄金年产量也只有 2 000 多吨。

一、黄金投资的交易品种

黄金一直是人们心目中财富的象征，在全世界都是通行无阻的投资工具。黄金拥有非常鲜明的特点：不变质、易流通、可保值、可投资，还可以储蓄。所以，黄金投资作为一种永久、及时的投资渠道，历来是众多家庭投资组合中的重要组成部分。

1. 黄金投资的优势

作为家庭投资的重要渠道，黄金投资具有许多其他投资品种所不具备的优点，如图 7—1 所示。

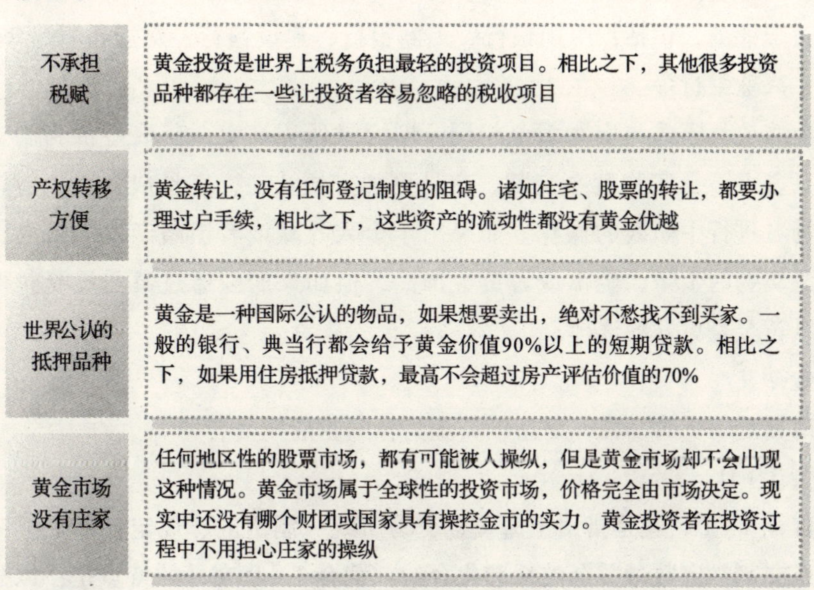

图 7—1　黄金投资的优势

2. 投资黄金的渠道

目前国内黄金投资渠道主要包括几大类：金条、金币、黄金首饰、纸黄金投资、黄金期货投资和黄金 T＋D 投资。

❍ 金条

投资金条就是在低价时买入金条，等黄金价格上涨时再以高价卖出，获得差价收益。在投资金条过程中需要大量资金，另外黄金价格很少会剧烈波动。所以投资金条需要做长期投资的打算，短期内收益率不会很高。

❍ 金币

金币有收藏和投资的双重功能。一枚有收藏价值的金币，其市场价格要远远高于金币的面值或者黄金本身的价格。例如中国人民银行发行的熊猫金币、北京奥运会期间发行的奥运金币等，都是投资、收藏的很好选择。因为金币的收藏价值往往会高于投资价值，所以金币价格并不会随国际金价波动而出现太大变化。

❍ 黄金饰品

一般的黄金饰品买入价和卖出价的差额较大，例如在同一时间买入价230 元/克，卖出价就只有 220 元/克。这样相当于在交易中每克黄金净损失 10 元。所以黄金饰品最好作为装饰，用来投资并不合适。

❍ 纸黄金

纸黄金是指黄金的纸上交易，又称账户金。投资者的买卖交易记录只在个人预先开立的“黄金存折账户”上体现，而不涉及实物金的提取。目前国内已有多家银行开办纸黄金业务，包括：中国银行、工商银行、建设银行、交通银行、华夏银行、民生银行、兴业银行等。

纸黄金的盈利模式与实物黄金相同，即通过低买高卖，获取差价利润。相对实物金，纸黄金不涉及实物黄金交割，交易更加方便快捷，交易成本也相对较低，适合专业投资者进行中短线的操作。如果出于个人收藏或者馈赠亲友的目的，投资者可选择购买实物的金条、金币或者黄金饰品，但如果期望通过黄金投资获得交易盈利，那么纸黄金是更好的选择。

❍ 黄金期货

黄金期货是期货的一种，是指以黄金为标的物的期货合约。

❍ 黄金 T＋D

所谓黄金 T＋D，就是指由上海黄金交易所统一制定的、规定在将来某一特定的时间和地点交割一定数量黄金的标准化合约。黄金 T＋D 交易的特点是：以分期付款方式进行买卖，交易者可以买入做多，也可以卖出做空；可以选择当日交割，也可以无限期的延期交割，还可以提前平仓。

黄金 T+D 交易与黄金期货类似，都是黄金的保证金交易品种。但二者又有不同，如表 7—1 所示。

表 7—1　　黄金期货和 Au（T+D）交易的比较

	黄金期货	黄金 T+D 交易
上市交易所	上海期货交易所	上海黄金交易所
交易方式	保证金交易	保证金交易
保证金比例	最低交易保证金为合约价值的 7%，上市交易初期暂定以 9% 的比例收取	一般为合约值的 10%
持仓费用	无	持仓期间将会发生每天合约总金额万分之二的递延费*。如果持仓超过 20 天则交易所要加收按每个交易日计算的 0.01% 的超期费**
交易通道	上海期货交易所会员（期货经纪公司）	上海黄金交易所会员（黄金现货企业和银行）
交易时间	每周一至周五（国家法定节假日除外） 9:00—10:15 第一小节 10:30—11:30 第二小节 13:30—14:10 第三小节 14:20—15:00 第四小节	日市：每周一至周五（国家法定节假日除外） 9:00—11:30 和 13:30—15:30 夜市：每周一至周四（国家法定节假日除外） 20:50—第二天 2:30

*Au（T+D）交易递延费的支付方向要根据每个交易日买卖申报的情况来定，例如某投资者持有买入合约，而当天买卖申报的情况是买入数量多于卖出数量，那这位投资者就可以得到卖出方给付的递延费，反之则要支付给卖出方递延费。

**Au（T+D）交易超期费是交易所收取，只要持仓超过 20 天，无论买卖双方都要支付。

二、黄金价格的影响因素

在生活中，黄金是一种特殊的物品。它既有一般商品的属性，又具有金融货币属性。如图 7—2 所示。

一般商品属性	一般商品属性体现了黄金的使用价值。由于黄金的良好的柔韧性和抗腐蚀性，使其具有一定的商业用途，可做饰品、工业和高技术领域的重要材料等
金融货币属性	黄金的金融货币属性体现了黄金的价值。马克思说：“金银天然不是货币，但货币天然是金银。”由于稀缺、均质等特性，黄金很早就成为了货币载体，并长期承担着货币的职能，起一般等价物的特殊商品作用。这就是黄金的金融货币属性

图 7—2　黄金的双重属性

因为黄金具有一般商品和金融货币的双重属性，所以世界黄金价格会受到黄金供给、需求和世界经济环境等多方面因素的共同影响。

1．影响世界黄金供给的因素

黄金具有一般商品的属性，如果供给量增加，一旦供过于求，黄金价格就会有下降的趋势。相反，如果供给量减少，一旦供不应求，黄金价格就会有上涨趋势。2008 年，世界黄金总供给量为 3 508 吨。其中矿产金所占比例最大，为 2 415 吨。

世界黄金总供给量主要会受到 4 个因素的影响，如图 7—3 所示。

地上黄金存量

2009年底，全球已确认的地上黄金总存量为16.3万吨左右。其中首饰用金占最大比重，达到8.36万吨；黄金个人投资2.73万吨；各国黄金官方储备2.87万吨；工业和其他用金1.97万吨。另外，目前全球已探明的地下存金量为2.6万吨左右，以目前黄金开采速度，可供开采10年左右

金矿开采成本

现在国际上黄金开采成本大约为600美元/盎司左右。黄金在国内的开采成本大约150元/克。随着黄金储量减少，开采难度增加，黄金的开采成本还会有增加趋势

黄金生产国的政治、军事和经济状况

2009年，中国超越南非成为世界上最大的黄金生产国。除中国和南非外，世界上产金大国还有：澳大利亚、加拿大和美国等，这些国家的政治、军事和经济状况，直接影响世界黄金产量

央行的黄金抛售

各国中央银行是黄金的最大持有者，由于黄金的主要用途已经由重要储备资产逐渐变成生产珠宝的金属原料，或者为改善本国国际收支、抑制国际金价的工具。所以世界各国央行开始在黄金市场上抛售库存储备黄金

图 7—3　影响世界黄金供给的因素

2. 影响世界黄金需求的因素

与供给相对的是需求。如果黄金需求量增加，黄金价格将有上涨趋势。相反，如果黄金需求量减少，黄金价格会有下跌趋势。2008 年，世界黄金总需求量为3 805 吨，其中珠宝首饰需求占比例最大，为 2 186 吨；工业、牙科需求 436 吨；ETF 及相关投资需求 321 吨。

世界黄金总需求量主要会受到 4 个因素的影响，如图 7—4 所示。

黄金首饰需求

在世界黄金需求中，黄金首饰需求所占比重最大，而世界黄金首饰的需求量主要集中在印度、中国和中东。如果这些国家的黄金需求量下滑，世界黄金总需求会受到影响

工业黄金需求

世界经济的发展速度决定了工业黄金的总需求量，尽管科技的进步使得黄金替代品不断出现，但黄金以其特殊的金属性质使其需求量仍呈上升趋势

投资保值需求

对普通投资者，投资黄金的一个重要目的就是要在通货膨胀情况下，达到保值的目的。在经济不景气的态势下，由于黄金相对于货币资产更为保险，导致对黄金的需求上升，金价上涨

投机需求

投机者根据国际国内形势，利用黄金市场上的金价波动，加上黄金期货市场的交易体制，大量“买空”或“卖空”黄金，可能会人为地制造黄金需求假象

图 7—4 影响世界黄金需求的因素

3. 其他影响金价的因素

黄金不仅是一种商品，还可以作为金融货币。这就决定黄金价格走势并不会完全由供求关系决定。除了供求关系外，世界黄金价格还与 6 个因素有关，如图 7—5 所示。

美元汇率

美元汇率也是影响金价波动的重要因素之一，一般在黄金市场上有美元涨则金价跌，美元降则金价扬的规律

通货膨胀

从长期来看，每年的通胀率若是在正常范围内变化，那么其对金价的波动影响并不大，只有在短期内，物价大幅上升，引起人们恐慌，货币的单位购买力下降，金价才会明显上升

各国货币政策

当各国采取宽松的货币政策时，由于利率下降，该国的货币供给增加，加大了通货膨胀的可能，会造成黄金价格的上升。相反，当各国采取紧缩货币政策时，可能造成黄金价格下跌

国际政局动荡、战争 恐怖事件

政府为战争或为维持国内经济的平稳而支付费用，大量投资者转向黄金保值投资，这些都会扩大对黄金的需求，刺激金价上扬

股市行情

一般来说股市下挫，金价上升。这主要体现了投资者对经济发展前景的预期，如果大家普遍对经济前景看好，则资金大量流向股市，股市投资热烈，金价下降，反之亦然

石油价格

黄金本身作为通涨之下的保值品，与通货膨胀形影不离。石油价格上涨意味着通货膨胀会随之而来，金价也会随之上涨

图 7—5　其他影响金价的因素

三、黄金市场的淘金策略

要想在黄金市场淘出真金白银，必须拥有正确的黄金操作理念，再配合投机、避险、委托交易等策略，只有这样才能在黄金市场游刃有余，创造惊人的收益。

目前市场上黄金投资的渠道主要有实物金条、纸黄金、黄金期货和 Au（T + D）交易。根据投资方式不同，具体的投资策略也不相同。

1. 实物金条投资技巧

金条拥有很强的保值增值作用，并且黄金的价值是自身所固有的和内在的，并且有千年不朽的稳定性，是全世界公认的最佳保值的产品。当纸币出现波动贬值时，黄金就会根据此货币贬值比率自动向上调整，当纸币升值时，黄金价格恒定。

虽然金条是长期投资和保值的投资产品，但是如果投资不当也会有风险，损失大的不仅丧失投资机会还有亏损的风险。因此投资实物金条有以下技巧，如图 7—6 所示。

分批买入 分批卖出	当投资者一次买入金条获利后，可以根据涨幅持续加仓。如果行情反复或者有较大下跌的时候，可以停止加仓甚至考虑分批卖出已经持有的金条。利用这个方法虽然可能损失一些投资机会，却能在最大程度上降低资金投入和持有金条期间的成本，因此降低了风险
有零有整 投资原理	大多数金条都有100到1000克等多种不同重量。投资者在买入金条时可以考虑整零搭配。这样在卖出金条时才能从容选择卖出数量。例如持有一根1000克的金条，只能一次性卖出；如果同样重量，持有5跟200克金条，就可以选择分5次卖出
经常关注 金市行情	黄金价格波动不大，于是很多投资者买入金条后就一直捂着，很少关注金市行情，这是不对的。虽然金价波动不会很大，但投入资金有时间价值。一直持仓不动会占用资金，损失其他渠道的投资机会。因此在买入黄金后也需要多关注金价走向，在需要时适当加仓、减仓，增加获利的机会

图 7—6 实物金条投资技巧

2. 纸黄金投资技巧

纸黄金交易与实物黄金类似，都是单向交易，通过低买高卖获利，没有做空机制，也没有保证金交易制度。此外，纸黄金交易会收取一定买卖点差，短线操作会有一定成本压力。这样的特点决定了纸黄金交易的特殊性，投资者在纸黄金交易时需要一些特殊的技巧如图 7—7 所示。

3. 黄金期货和 Au（T+D）投资技巧

黄金期货和 Au（T+D）投资都是需要保证金，可以双向交易的投资工具。这两类投资工具的交易方式比金条和纸黄金投资更加灵活，风险也更大。投资者在交易过程中需要一些特殊的技巧，如图 7—8 所示。

严格止损 保住本金	成功的投资者可能有各自不同的交易方式，但止损却是保障他们获取成功的共同特征。止损的目的是要保住本金。如果损失50%，就要再盈利100%才能挽回。万一本金没有了，投资者在市场上就没有任何翻身的机会了
减少 无谓交易	在每次交易前一定要慎重考虑，清楚在哪里止赢，什么情况下止损。其实日常交易过程中，我们能够准确判断并把握的行情并不多。不管是什么投资者，要想减少错误交易都必须从减少交易次数开始
控制 交易心理	技术面好学，心理关难过。人的性格中的贪婪、恐惧、犹豫、谨慎、从众等心理在市场交易中会暴露无遗。如果能控制好自己的心理，克服心理上的弱点，就已经赢过了市场上的多数投资者

图 7—7　纸黄金投资技巧

顺势交易	在一个已经形成趋势的行情中，尽量顺着趋势方向买入或卖出。正如道•琼斯所说的那样：在上涨行情中每一个低点都是买入的机会
计划交易	没有经过充分的准备，随意买卖交易是大忌，在这种情况下所做的决定多数都是错误的
及时止损	投资者不可能对每一次行情都会看对，因此在看对时应该坚持自己的观点，尽量使利润充分扩大；在看错时要及时认错，停止本次交易，不至于伤筋动骨
正确分配 资金	正确分配资金也是十分重要的。首先，用闲置资金投资，养老、教育等资金不要用来投资。其次，在投资时不要一次把资金全部投入，而应当采取分批分期投入
保持 良好的心态	心浮气躁往往会影响投资者的判断力。市场机会无限，在自己心态不平，没有把握时应该避免勉强入市

图 7—8　黄金期货和 Au（T+D）投资技巧

第二节　不同家庭的黄金投资方案规划

一、退休家庭的纸黄金投资方案

家庭财务状况

家庭基本情况

生活城市：长春

家庭成员：

妻子：崔女士，58岁，退休老师，退休金每月1 500元。每年需交商业养老保险10 000元，60岁以后开始领取商业保险，每月1 000元。

丈夫：苏先生，62岁，退休工人，退休金每月1 000元，商业保险养老金1 000元。

儿子：34岁，已经成家立业。

住房情况：崔女士家有两套住房，一套单位分房自住，现在市价大约60万元。另一套小户型商品房出租，市价约40万元，年租金10 000元。

家庭收支情况（单位：元）

收入		支出	
崔女士每月收入	1 500	家庭每月饮食消费	1 000
苏先生每月收入	2 000	服饰、娱乐等其他费用	500
月收入合计	3 500	月支出合计	1 500
月度性结余（月收入合计 - 月支出合计）	**2 000**		
房屋租金收入	10 000	保费支出	10 000
年收入合计	52 000	年支出合计	28 000
年度性结余（年收入合计 - 年支出合计）	**24 000**		

家庭资产负债情况（单位：万元）

家庭资产		家庭负债	
现金及活期存款	1		
货币市场基金	4		

债券型基金	5		
国债	5		
股票投资	25		
保险现金价值	40		
两套住房价值合计	100		
资产合计	180	负债合计	0
家庭财产净值（资产合计 - 负债合计）	**180**		

家庭理财目标

调整家庭投资组合，增加投资的安全系数。

❖ 家庭财务状况分析

崔女士夫妻每月收入足够生活支出，而房屋租金收入又正好缴纳的保费。所以，夫妻两人退休后生活相对宽裕。在这种情况下，安全是崔女士家庭在理财过程中应该考虑的首要问题。从资产安全角度考虑，崔女士家庭资产配置并不合理。

在崔女士家庭资产中，保险和两套住房都属于不可变现的资产。剩余现金、存款和各种投资的价值合计共40万元。其中高风险的股票投资有25万元，占比例为62.5%。

虽然苏先生有多年的炒股经验，但是随着年龄增长，个人精力有限，同时家庭风险承受能力也大幅下降。对于年龄60岁左右，依靠退休金生活的家庭来说，这样的股票投资比例太高了。

☆ 家庭理财规划设计

为了降低家庭风险，享受稳定的晚年生活，崔女士现在最需要的就是减少股票投资，将资金投入低风险投资品种。

☆ 备用金结构合理，需要继续坚持

崔女士家庭有1万元现金和活期存款，还有4万元货币市场基金。将这笔资金作为生活备用金是比较合理的。夫妻两人均已退休，收入支出变化都不会很大。这5万元备用金主要可以用来应对家庭突发性的意外支出。

☆减少股票投资，降低家庭风险

建议崔女士家庭将资金逐渐从股市中撤出。如果苏先生感觉闲不下来，可以将股票投资规模控制在5万元左右。在炒股过程中应该摆正心态，“胜不骄败不馁”，避免股票大幅波动影响到自己健康。

☆追加债券基金，稳定为首要目标

崔女士可以将持股票获得的20万元资金中拿出10万元追加到债券型基金中。加上之前投入的5万元债券型基金，总共15万元投入。

债券型基金可以在控制风险的基础上追求收益，可以保证崔女士家庭资产的稳定性。在选择债券型基金品种时，崔女士应该重点关注基金净值变动的稳定性，以安全稳定为首要目标，收益为辅。

☆国债投资应该继续坚持

国债投资的收益率并不比债券型基金差，而且没有投资风险，只是不能随时变现。对崔女士这样的退休家庭来说，对资金流动性的需求不高，所以国债投资是很好的选择。

所以崔女士应该继续坚持这5万元国债投资。另外如果有机会，还可以赎回一定债券基金，买入更多国债。

☆尝试投资纸黄金

苏先生炒股多年，在证券分析方面已经有了一定心得。但随着年龄增长，大量的股票投资已经不适合家庭理财目标。这时苏先生可以尝试投资纸黄金。建议在减持获得的资金中拿出10万元投资纸黄金。纸黄金在短期内的价格波动不会很大，苏先生可以尝试中长线操作。如果对操作有一定心得，还可以增加投入比例。将剩余5万元炒股资金全部投入纸黄金市场，追求家庭资产增值。

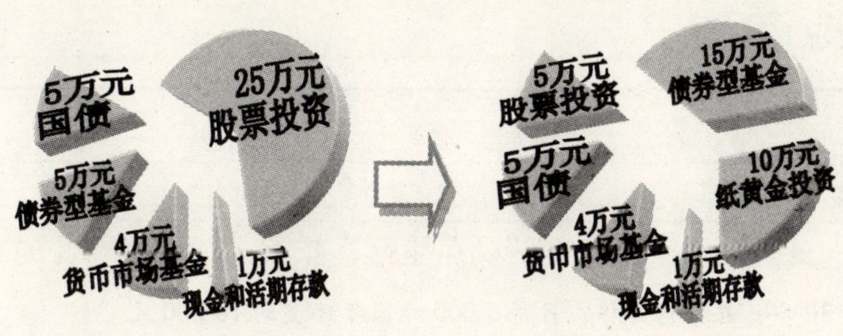

对崔女士家庭资产配置调整的具体建议（单位：万元）

家庭理财项目	理财现状	目标状态
现金及活期存款	1	1
货币市场基金	4	4
债券型基金	5	15
国债	5	5
股票投资	25	5
纸黄金	0	10

理财经验总结

对崔女士这样的退休家庭，收入来源虽然有限，但足够家庭日常生活需要，所以资产安全性是家庭理财过程中需要考虑的首要问题。从这个角度看，家庭股票投资比例过高，需要大幅减少。

另一方面，丈夫苏先生炒股多年，如果减少股票投资比例，恐怕苏先生一时闲不下来。为了解决这个问题，一方面可以留一部分资金在股市让苏先生继续“娱乐”外，还可以考虑纸黄金投资。

纸黄金是不进行实物交割的实物黄金交易，价格波动不大，适合苏先生这样的老年人作中长线投资。

二、白领家庭的黄金 T + D 投资方案

家庭财务状况

家庭基本情况
生活城市：宁波
家庭成员： 丈夫：王先生，30 岁，在银行工作，月薪 5 000 元，年终奖约 18 000 元。 妻子：林女士，26 岁，外企文员，月薪 3 000 元，年终奖约 6 000 元。 女儿：2 岁，现在跟王先生父母居住。

住房情况：王先生和林女士都是独生子女，而且双方父母都是宁波人，有多处房产。

王先生父母有住房两套，现自住一套，给王先生夫妻居住一套。为了弥补父母的房屋租金损失，同时支付女儿生活费，王先生每月给父母3 000元养老费。

林女士父母在旧村改造时获得三套房屋，现自己居住一套，另两套出租。两套住房租金和退休金足够二位老人的生活需要，所以王先生暂时不用向林女士的父母支付养老金。

因为家里已经有多处房产，所以王先生和林女士并没有买房或换房打算。

家庭收支情况（单位：元）

收入		支出	
王先生每月收入	5 000	家庭每月饮食消费	1 000
林女士每月收入	3 000	服饰、娱乐等其他费用	2 000
		父母养老支出	3 000
月收入合计	8 000	月支出合计	6 000
月度性结余（月收入合计－月支出合计）	**2 000**		
王先生年终奖金	18 000	夫妻商业保险保费	10 000
林女士年终奖金	6 000		
年收入合计	120 000	年支出合计	82 000
年度性结余（年收入合计－年支出合计）	**38 000**		

家庭资产负债情况（单位：万元）

家庭资产		家庭负债	
现金及活期存款	1		
货币市场基金	2		
股票投资	10		
夫妻保险现金价值	5		
资产合计	18	负债合计	0
家庭财产净值（资产合计－负债合计）	**18**		

家庭理财目标

- 希望从现在开始为女儿筹备教育金。
- 优化家庭保险投资组合，使家庭获得更完善的保障。
- 王先生夫妻工作较忙，没有时间关注股票，希望改变投资品种。

❖ 家庭财务状况分析

王先生家庭属于白领家庭，收入较高，支出也不少。幸运的是，王先生家庭并不用像多数 80 后家庭一样担心住房问题。

❍ 女儿的教育金是王先生家庭唯一的财务负担。但是凭借王先生夫妻的收入水平，只要能养成定期储蓄的习惯，筹足这笔资金并不困难。

❍ 王先生夫妻都有社会保险，另外夫妻两人现在都已经开始购买商业保险作为社会保险补充。每年支出的 10 000 元保费中有 2 000 元投保夫妻二人的重大疾病险、意外伤害险和定期寿险。另外 8 000 元为夫妻两人各投保一份的分红型养老保险。

王先生夫妻两人的保障体系已经十分完善。而双方父母都已经 60 岁左右，再购买商业保险已经很不合算。现在家里唯一不足的地方是王先生年幼的女儿没有风险保障。

❍ 王先生夫妻工作较忙，没有时间关注股票。多年间陆续投入股市的 15 万元，因为没有人“照顾”，现在只剩市值 10 万元。王先生需要改变投资品种。王先生可以选择黄金 T + D 交易，利用晚上时间买卖交易，寻求高收益。

☆ 家庭理财规划设计

按照王先生家庭的财务情况，子女的教育储备和自己的养老都不需要过分担心。现在王先生家庭需要解决的最大问题是改变股票投资因为缺乏“照顾”而亏损的问题。而黄金 T + D 交易是很好的选择。

☆ 留足备用金，保证日常生活需要

王先生家庭有1万元现金和活期存款，还有2万元货币市场基金。可以将这3万元作为生活备用金。因为王先生夫妻工作稳定，留足3万元生活备用金就足够了。

☆ 增加教育保险，完善保险结构

除了夫妻每年价值1万元的保险投入不变外，建议王先生每年再拿出大约2 000元为女儿购买一份包括意外伤害险和重大疾病险的幼儿保险。这样一家三口都有保险，整个家庭的风险保障体系就完美了。

☆ 定投指数基金，筹备教育基金

为了筹备女儿的教育金，建议黄先生在每月的结余中拿出1 000元购买指数型基金定投。这样无论大盘涨跌都坚持定期投资。到女儿上学时就可以有一笔可观的教育储蓄。

☆ 卖出股票，投资黄金T+D

对于工作较忙，又希望通过投资获得高收益的家庭，股票型基金是很好的选择。但如果王先生可以承担风险的话，还有一个更好的投资渠道，就是黄金T+D交易。

王先生的工作虽然忙，但工作时间十分规律，每天“朝九晚五”。而且王先生在银行工作，对经济环境变化的把握能力较强。所以王先生非常适合进行黄金T+D投资。

黄金T+D有日市和夜市两个交易时间段。其中夜市交易时间为每周一至周四的20:50至第二天2:30。而这段时间正好是伦敦和纽约黄金市场的开盘时间，是一天中黄金价格波动最大的时间段，也就是获利机会最多的时间段。王先生可以利用下班后的时间，寻找机会进行交易。

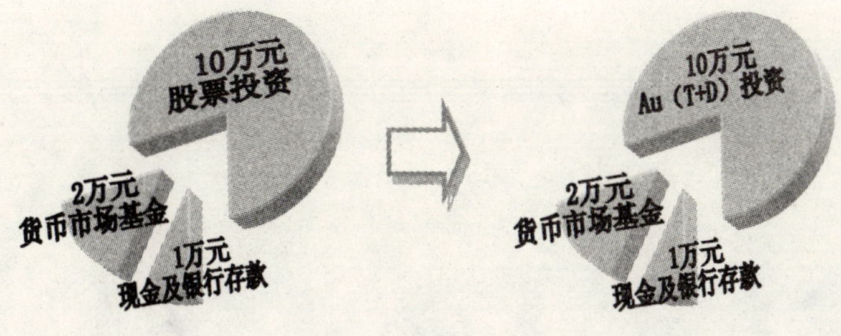

对王先生家庭资产配置调整的具体建议（单位：万元）		
家庭理财项目	理财现状	目标状态
现金及活期存款	1	1
货币市场基金	2	2
股票投资	10	0
黄金 T+D 投资	0	10
夫妻两人保险	5	每年投保 1 万元
女儿教育保险	0	每年投保 2 000 元
指数基金定投	0	每月定投 1 000 元

理财经验总结

对于收入较高、没有财务负担的白领家庭，黄金 T+D 交易是很好的投资渠道。投资者可以利用夜市时间段交易，捕捉投资机会。在交易过程中，需要注意几点：

交易之前设定严格止盈位和止损位。无论有什么理由，一旦达到设定位置就果断卖出。

短线投资绝对不要持仓过夜。

短线持仓过程中不要离开电脑太久。

操作机会不是每天都有，行情不明朗时要多看少动。

第八章

外汇投资理财方案规划

要想成为一个货币专家，首先要成为一个自我控制者。

——约翰·皮尔庞特·摩根

第一节　每个家庭必备的外汇投资技巧

一、外汇与外汇交易

外汇指的是以外国货币表示的，为各国普遍接受的，可用于国际债权债务结算的各种支付手段。外汇必须具备三个特点，如图8—1所示。

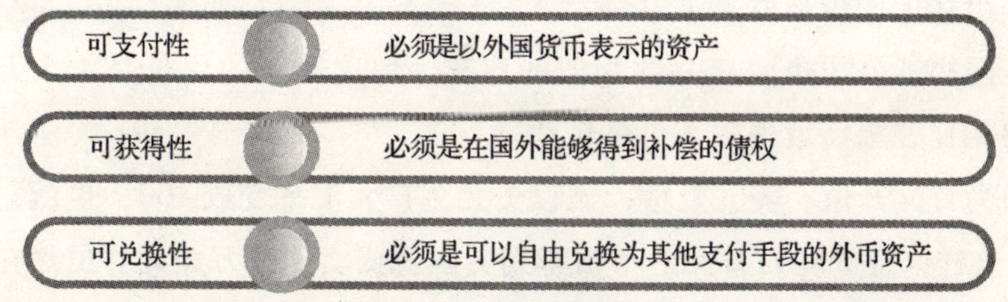

图8—1　外汇的特点

外汇交易就是一国货币与另一国货币进行的交换活动。

外汇交易市场，又称Forex或FX市场，是世界上最大的金融市场。平均每天有超过1.5万亿美元的资金在外汇交易市场上周转，这相当于美国所有证券市场交易总和的30余倍。

从全球角度来看，外汇交易市场是一个国际市场。它不仅没有空间上的限制，也不受交易时间的限制，各国外汇市场之间已经形成一个高度发达、迅速而又便捷的电子交易网络。

从交易的本质和实现的类型来看，外汇买卖的目的可以分为两大类，如图8—2所示。

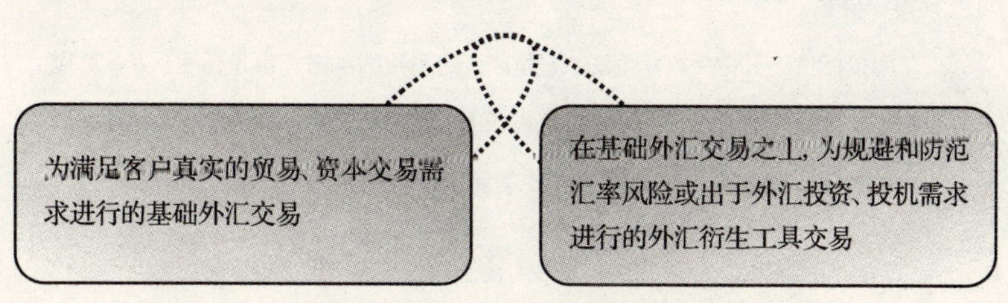

图8—2　外汇买卖的两大类型

二、汇率及汇率的计算

由于世界各国货币的名称不同，币值不一，所以，在国际贸易过程中，一国货币要兑换成其他国家的货币就需要确定一个兑换的比率，这个比率，被称为汇率。

1．国际贸易的调节杠杆

汇率是国际贸易中最重要的调节杠杆。因为一个国家生产的商品都是按本国货币来计算成本的，要拿到国际市场上竞争，其商品成本一定会与汇率相关。汇率的高低直接影响该商品在国际市场上的成本和价格，及至直接影响商品的国际竞争力。

例如，一辆本田汽车在日本的价格是 200 万日元。假设美元兑日元汇率为 200，也就是 1 美元兑 200 日元。那如果不考虑关税、运输成本等因素的话，这辆本田汽车拿到美国市场上的价格就是 1 万美元。

假设美国福特公司也生产一款相似的汽车，但这辆车的售价是 1.5 万美元。那么，与本田相比，福特就失去了价格优势。

但是因为日元升值、美元贬值，假设美元兑日元汇率变成 100，也就是 1 美元兑 100 日元。这样同样 200 万日元的本田车到美国就要卖到 2 万美元。虽然在日本国内的价格没有发生变化，但是与 1.5 万美元的福特相比，2 万美元的本田在美国市场上已经完全丧失了价格优势。

2．汇率的标价方法

汇率的标价方法分为两种，分别是直接标价法和间接标价法，如图 8—3 所示。

直接标价法

直接标价法，又叫应付标价法，是以一定单位的外国货币为标准来计算应付出多少单位本国货币。相当于计算购买一定单位外币应付多少本币。在国际外汇市场上，包括中国在内的世界上绝大多数国家目前都采用直接标价法。如日元 90.21 即 1 美元兑 90.21日元

间接标价法

间接标价法又称应收标价法。它是以一定单位的本国货币为标准，来计算应收若干单位的外汇货币。在国际外汇市场上，欧元、英镑、澳元等均为间接标价法。如欧元 1.3725 即 1 欧元兑 1.3725 美元

图 8—3　直接标价法和间接标价法

直接标价法和间接标价法中，汇率涨跌所表示的含义正好相反，如表 8—1 所示。

表 8—1　　直接标价法和间接标价法的不同含义

直接标价法	间接标价法
单位外币折合本币数量增加，表示外币升值、本币贬值。例如日元汇率从 90 上涨到 100，表示美元升值，日元贬值	单位本币折合外币数量减少，表示外币升值、本币贬值。例如，欧元汇率从 1.3 下跌到 1.2，表示美元升值、欧元贬值
单位外币折合本币数量减少，表示外币贬值、本币升值。例如日元汇率从 90 下跌到 80，表示美元贬值，日元升值	单位本币折合外币数量增加，表示外币贬值、本币升值。例如欧元汇率从 1.3 上涨到 1.5，表示美元贬值，欧元升值

直接标价法和间接标价法所表示的汇率涨跌的含义正好相反，所以在引用某种货币的汇率和说明其汇率高低涨跌时，必须明确采用哪种标价方法，以免混淆。

3. 多种汇率形式

在外汇买卖时，可能会接触到多种汇率形式，包括：买入汇率、卖出汇率、中间汇率和现钞汇率，如图 8—4 所示。

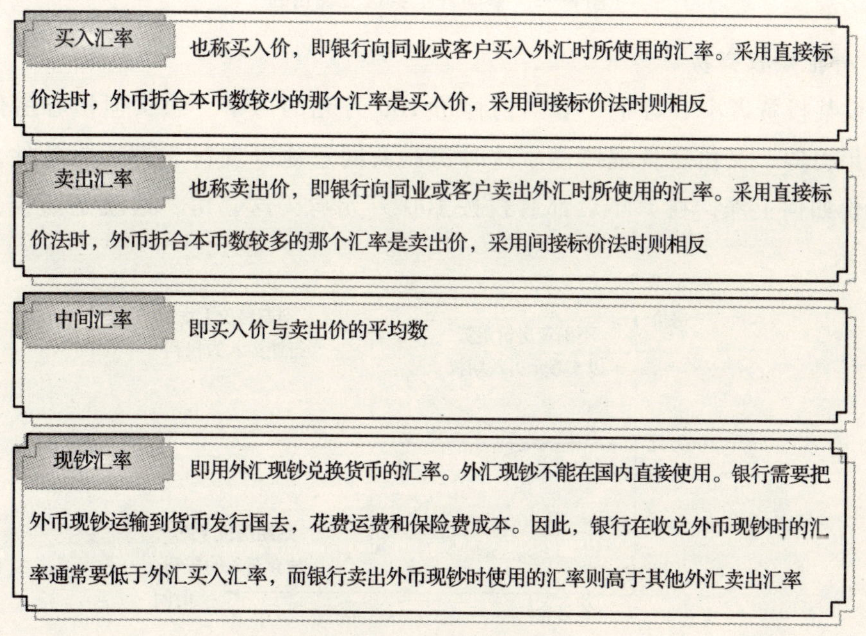

图 8—4　多种汇率形式

三、国内各种外汇投资渠道

目前人民币不能自由兑换成外币，所以国内投资者投资外汇的渠道有限。目前国内已有的涉及外汇的投资渠道主要有 6 种。

1. 个人实盘外汇交易

个人实盘外汇交易俗称“外汇宝”，是由国内银行面向个人推出的，以个人所持外汇自由兑换其他种类外汇的交易方式。实盘外汇交易没有卖空机制，也没有保证金交易的放大效应，属于比较稳定的投资品种。目前国内大多数外汇投资者参与的是实盘交易。

目前国内参与实盘外汇交易的投资者主要有 3 个目的，如图 8—5 所示。

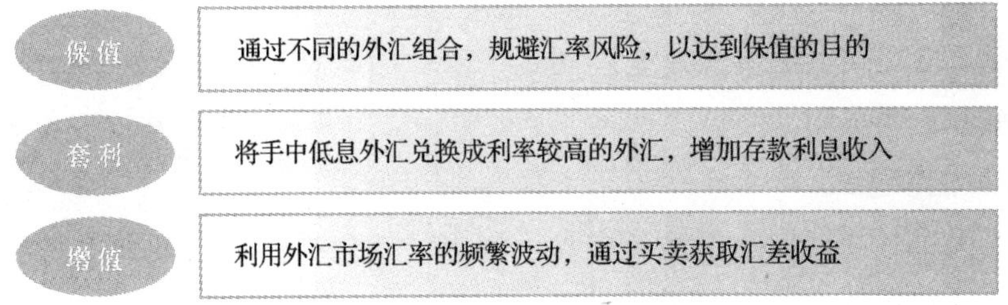

图 8—5　参与外汇实盘交易目的

2. 外汇期权交易

假设某投资者小 L 看中一套当前标价 100 万元的房子，想买但担心房价会下跌，如果再等，又怕房价继续涨。这时房产商同意他以支付 5 万元为条件，无论未来房价如何上涨，在 1 年后都有权按 100 万元购买这套房，这就是期权，如图 8—6 所示。

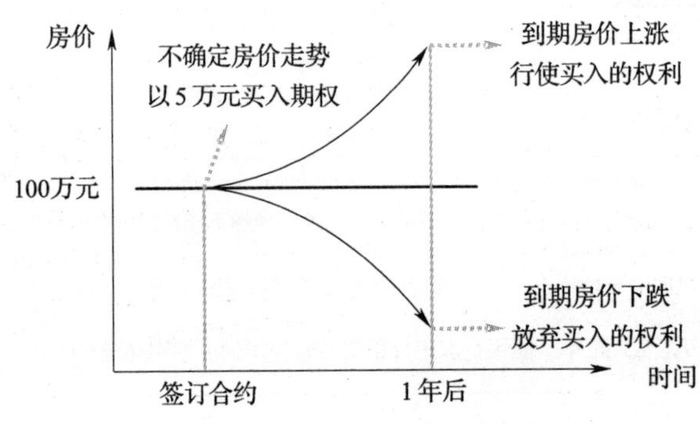

图 8—6　小 L 的购房期权

期权是指期权合约的买方具有在未来某一特定日期或未来一段时间内，以约定的价格向期权合约的卖方购买或出售约定数量的特定标的物的权利。买方拥有的是权利而不是义务，他可以使用这项权利，也可以放弃这项权利。

在上例中，如果3个月后的房价上涨，假设涨到110万元，小L可以100万元的价格买入，110万元的市价卖出，扣除5万元的支出，净赚5万元。

如果3个月后房价虽然上涨，但是不足105万元，例如上涨到103万元。这时小L还是应该使用买入权利，以100万元价格买入，103万元市价卖出，合计亏损2万元。

如果3个月后房价下跌，例如跌到90万元，小L就可以放弃买入权利，按90万元的市价买入，加上5万元的费用，总支出95万元，损失5万元。

可以看出，无论房价怎样下跌，小L的最大损失就是5万元；而如果房价上涨，小L获得的收益却可能是无限大的，如图8—7所示。

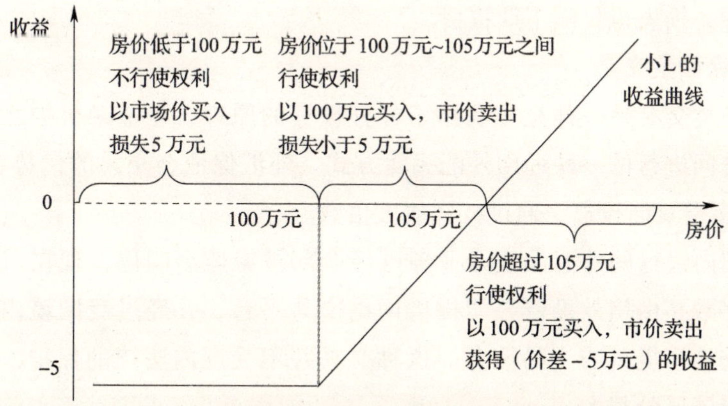

图8—7　小L的收益曲线

在上例中，小L拥有的是“购买”房产的权利，房价越涨获利越多，这称为看涨期权。如果另一位投资者小J，在支付5万元后，获得3个月以100万元卖出房产的权利，那么在房价下跌时他可以从市场上以低价买入，按100万元价格出售，获得价差收益。房价越跌获利越多，这种期权称为看跌期权。因为交易方向不同，小J的收益曲线与小L完全相反，如图8—8所示。

上边例子中小L和小J的交易都属于期权交易。如果把他们买卖的标的物换成外汇汇率，那就是外汇期权交易。

外汇期权也称为货币期权，指合约购买方在向出售方支付一定期权费后，所获得的在未来约定日期或一定时间内，按照规定汇率买进或者卖出一定数量外汇资产的选择权。

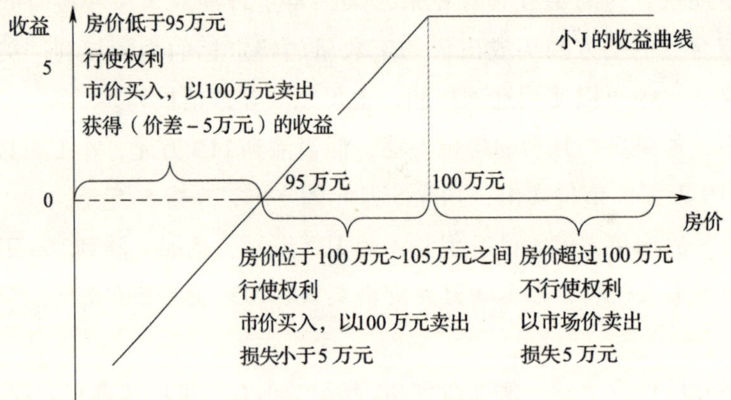

图 8—8　小 J 的收益曲线

外汇期权业务的优点在于可锁定未来汇率，提供外汇保值，投资者有灵活的选择性，在汇率变动向有利方向发展时，可从中获得盈利的机会，即使汇率变动向不利的方向发展，损失也仅限于期权费。

3. 外汇保证金交易

外汇保证金交易是一种充分利用了杠杆投资的原理，在金融机构之间或金融机构与投资者之间进行的一种远期外汇买卖方式。外汇保证金交易的优势在于 24 小时 T+0 交易、多空双向投资、通过杠杆放大倍数。

目前，国内银行的外汇保证金业务已经全部被银监会叫停。现在市场上的外汇保证金交易多数是由境外投资公司提供网络交易平台，并经过我国境内中介公司或称作投资咨询公司提供的交易服务。这种交易并不受国内法律的保护，交易渠道得不到保证，投资风险很大。

4. 银行外汇理财产品

银行外汇理财产品是指银行推出针对外汇的理财产品。其中既有风险较低、收益稳定的保守型外汇理财产品，也有风险较大、预期收益较高的激进型外汇理财产品。投资者可以根据自己的需要选择产品投资。

5. QDII（合格的境内机构投资者）

QDII 是 Qualified Domestic Institutional Investor（合格的境内机构投资者）的首字缩写。它是在一国境内设立，经该国有关部门批准从事境外证券市场的股票、债券等有价证券业务的证券投资基金。

QDII 的最大意义是打开了投资海外市场的有效渠道，从而增加了一条有效分散 A 股市场投资风险的新渠道。按照发行机构不同，可以将 QDII 分为保险系 QDII、银行系 QDII 和基金系 QDII。这三类 QDII 各有特点，如表 8—2 所示。

表 8—2 三大类 QDII

保险系 QDII	负责运作保险公司在海外的自有资产，一般不对个人投资者开放
银行系 QDII	风险收益适中，但认购门槛较高，一般为 5 万元 ~30 万元人民币左右
基金系 QDII	投资不受限制，可以拿 100% 的资金投资于境外股票，因此其风险和收益都比银行系 QDII 高得多。相应认购门槛也远低于银行系 QDII，1 000 元人民币即可认购

6. B 股（人民币特种股票）投资

B 股的正式名称是人民币特种股票。它是以人民币标明面值，以外币认购和买卖，在境内证券交易所上市交易的外资股。其中上证 B 股以美元买卖结算，深证 B 股以港币买卖结算。

B 股公司的注册地和上市地都在境内，只不过投资者在境外或在中国香港、澳门及台湾。2001 年我国开放境内个人居民可以投资 B 股。

与 A 股市场相比，B 股的交易十分冷淡。另外，汇率风险也是投资 B 股要考虑的重要风险。如果人民币升值，会造成以美元和港币表示的 B 股贬值，投资者要承担一定的汇兑损失。

四、汇率受多种因素共同影响

一个国家的汇率水平会受到多种因素的共同影响，这些因素既有经济领域的，也有非经济领域的。而各个因素之间又有相互联系、相互制约，甚至相互抵消的关系。因此，汇率变动的原因极其错综复杂。

1. 影响汇率变动的经济因素

❍ 影响汇率变动的经济因素 1：国际收支

国际收支是一国对外进出口活动的综合反映，它对一国货币汇率的变动有直接的影响。而且，从外汇市场的交易来看，国际商品和劳务的贸易构成外汇交易的基础，因此它们也决定了汇率的基本走势。

当一国进口增加时，需要用外币购买商品，该国对外国货币产生额外的需求，这时，在外汇市场就会引起外汇升值，本币贬值，反之，当一国的经常项目出现顺差时，就会引起外国对该国货币需求的增加与外汇供给的增长，本币升值，如图 8—9 所示。

图 8—9　国际收支对汇率影响

例如，自 20 世纪 80 年代中后期开始，美元在国际经济市场上长期处于下降的状况，而日元正好相反，一直不断升值，其主要原因就是美国长期以来出现国际收支逆差，而日本持续出现巨额顺差。

❍ 影响汇率变动的经济因素 2：通货膨胀

通货膨胀是影响汇率变动的一个长期、重要而又有规律性的因素。在纸币流通条件下，两国货币之间的比率，从根本上说是根据其所代表的价值量的对比关系来决定的。

在一国发生通货膨胀的情况下，该国货币所代表的价值量就会减少，其实际购买力也就下降，于是其对外比价也会下跌。当然如果对方国家也发生了通货膨胀，并且幅度恰好一致，两者就会相互抵消，两国货币间的名义汇率可以不受影响，然而这种情况毕竟少见，一般来说，两国通货膨胀率是不一样的，通货膨胀率高的国家货币汇率下跌，通货膨胀率低的国家货币汇率上升，如图 8—10 所示。

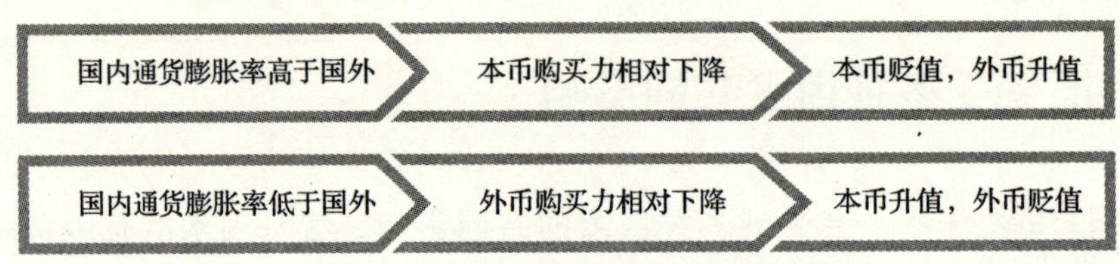

图 8—10　通货膨胀对汇率影响

❍ 影响汇率变动的经济因素 3：经济增长

在其他条件不变的情况下，一国实际经济增长率相对别国来说上升较快，会使该国对外国商品和劳务的需求增加，需要更多的外币购买这些商品和劳务。对外币需求增加，导致该国货币汇率下跌，如图 8—11 所示。

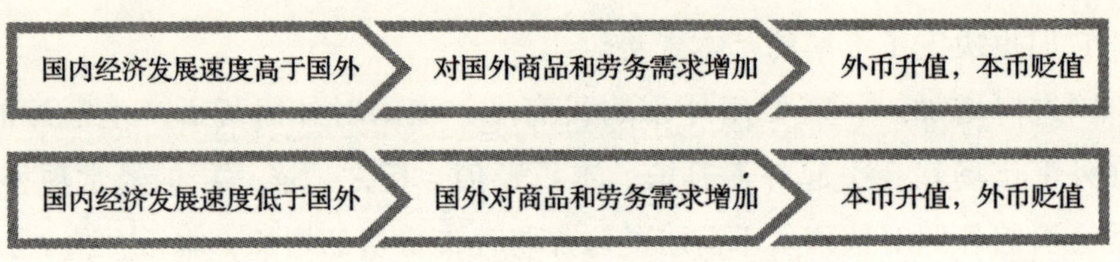

图 8—11　经济增长对汇率影响

不过在这里要注意两种特殊情形：

一是对于出口导向型国家来说，经济增长是由于出口增加而推动的，那么经济较快增长必然伴随着出口的高速增长，此时出口增加往往超过进口增加，其汇率不跌反而会上升；

二是如果国内外投资者把该国经济增长率较高看成是经济前景看好，资本收益率提高的反映，那么就可能扩大对该国的投资。这时，该国汇率亦可能不是下跌而是上升。

我国就同时存在着这两种情况，虽然近几十年来国内经济一直高速增长，但是人民币一直有巨大的升值压力。

❍ 影响汇率变动的经济因素 4：利率

利率高低，会影响一国金融资产的吸引力。

一国利率的上调，会使该国的金融资产对本国和外国的投资者来说更有吸引力，从而导致资本流入国内兑换本币，本币升值。相反，如果一国利率下调，则会造成本币贬值，如图 8—12 所示。

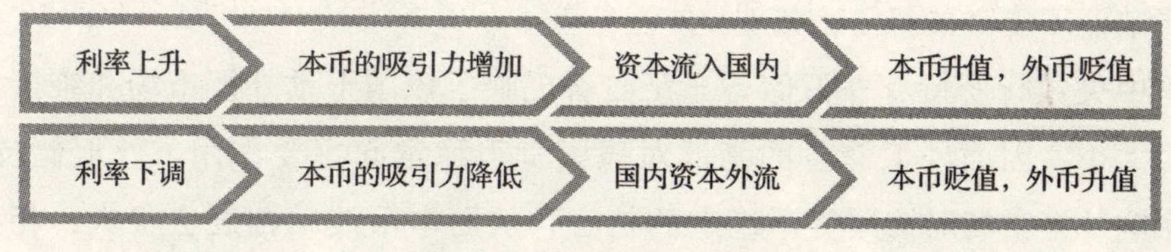

图 8—12 利率对汇率影响

例如，20 世纪 80 年代初期，里根入主白宫以后，为了缓和通货膨胀，促进经济复苏，采取了紧缩性的货币政策，大幅度提高利率，其结果使美元在 20 世纪 80 年代上半期持续上扬，但是 1985 年，伴随美国经济的不景气，美元高估的现象已经非常明显，从而引发了 1985 年秋天美元开始大幅度贬值的风潮。

❍ 影响汇率变动的经济因素 5：财政收支

政府的财政收支状况常常也被作为该国货币汇率预测的主要指标。

当一国出现财政赤字，其货币汇率是升还是降主要取决于该国政府所选择的弥补财政赤字的措施。一般来说，为弥补财政赤字一国政府可采取 4 种措施，如图 8—13 所示。

在这 4 种措施中，各国政府选用最多的是后两种，尤其是最后一种，因为发行国债最不容易在本国居民中带来对抗情绪，相反由于国债素有“金边债券”之称，收益高，风险低，为投资者提供了一种较好的投资机会，深受各国人民的欢迎，因此在各国财政出现赤字时，其货币汇率往往会有贬值趋势。

第 1 种措施：通过提高税率来增加财政收入

如果这样，会降低个人的可支配收入水平，个人消费需求减少。同时税率提高会降低企业投资利润率，导致投资积极性下降，投资需求减少。整个社会的消费品、资本品进口减少，本币升值

第 2 种措施：减少政府公共支出

这样会造成整个国家的国民收入减少，进口需求减少，促使本币升值

第 3 种措施：增发货币

这样将引发通货膨胀，导致本币贬值

第 4 种措施：发行国债

从长期看，这将导致更大幅度的物价上涨，也会引起本币贬值

图 8—13　弥补财政赤字的措施

❍ 影响汇率变动的经济因素 6：外汇储备

一国中央银行所持有外汇储备充足与否反映了该国干预外汇市场和维持汇价稳定的能力大小，因而外汇储备的高低对该国货币稳定起主要作用。外汇储备太少，往往会影响外汇市场对该国货币稳定的信心，从而本币波动幅度会很大；相反，如果外汇储备充足，当汇率出现波动时，就可以利用外汇储备干预汇率，使之趋于稳定。

例如；1995 年 3 月到 4 月中旬，国际外汇市场爆发美元危机，很重要的原因就是当时克林顿政府为缓和墨西哥金融危机动用了 200 亿美元的总统外汇平准基金，动摇了外汇市场对美国政府干预外汇市场能力的信心。

2. 影响汇率变动的其他因素

❍ 影响汇率变动的其他因素 1：心理预期

在外汇市场上，人们买进还是卖出某种货币，同交易者对今后情况的看法有很大关系。

当交易者预期某种货币的汇率在今后可能下跌时，他们为了避免损失或获取额外的好处，便会大量地抛出这种货币；而当他们预料某种货币今后可能上涨时，则会大量地买进这种货币。这种大量的买卖交易如果积累到一定规模，就会引起该货币币值的剧烈波动。

由于外汇交易者预期心理的形成大体上取决于一国的经济增长率、货币供应量、

利率、国际收支、外汇储备状况、政府经济改革、国际政治形势及一些突发事件等很复杂的因素。因此，预期心理不但对汇率的变动有很大影响，而且还带有捉摸不定，十分易变的特点。

❍ 影响汇率变动的其他因素 2：信息因素

现代外汇市场由于通讯设施高度发达，各国金融市场的紧密连接和交易技术的日益完善，已逐渐发展成为一个高效率的市场，因此，市场上出现的任何微小的盈利机会，都会立刻引起资金大规模的国际移动，因而会迅速使这种盈利机会归于消失。

在这种情况下，谁最先获得有关能影响外汇市场供求关系和预期心理的“新闻”或信息，谁就有可能趁其他市场参加者尚未了解实情之前立即作出反应从而获得盈利。

❍ 影响汇率变动的其他因素 3：政府干预

汇率波动对一国经济会产生重要影响，目前各国政府（中央银行）为稳定外汇市场，维护经济的健康发展，经常对外汇市场进行干预。干预的途径主要有 4 种，如图 8—14 所示。

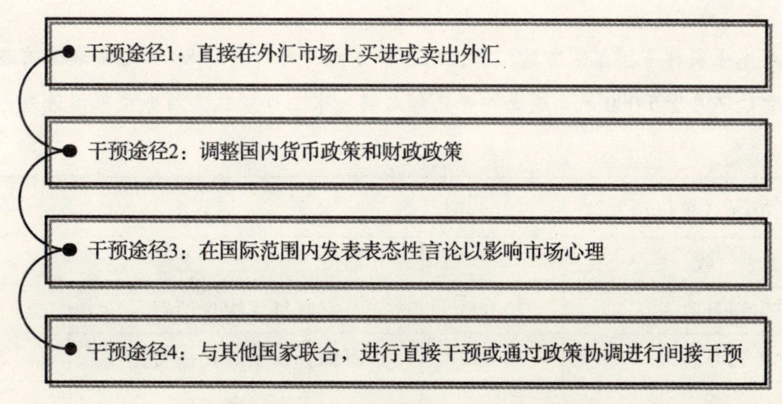

图 8—14 国家干预外汇市场途径

国家对外汇市场的干预有时规模和声势很大，往往几天内就有可能向市场投入数十亿美元的资金。虽然相比较目前日交易规模超过 1.5 万亿美元的外汇市场来说，这些资金仅仅是杯水车薪。但在某种程度上，政府干预尤其是国际联合干预可影响整个市场的心理预期，进而使汇率走势发生逆转。

因此，政府虽然不能从根本上改变汇率的长期趋势，但在不少情况下，它对汇率的短期波动有很大影响。

第二节　不同家庭的外汇投资方案规划

一、海归家庭的外汇投资方案规划

家庭财务状况

家庭基本情况

生活城市：北京

家庭成员：

丈夫：刘先生，39 岁，在硅谷工作 10 年。两年前回国，在一家民营公司担任软件工程师，月薪 2 万元，年终奖约 8 万元。

妻子：郭女士，36 岁，外企管理人员，月薪 1 万元，年终奖约 2 万元。

儿子：7 岁，目前在上小学。

住房情况：刘先生家有一套自住房屋，市值约 300 万元，目前还有 80 万元贷款没有还清。刘先生家庭每月需偿还房贷 5 000 元。这套房子已经足够一家三口居住，刘先生家庭近期内没有购房或换房打算。

家庭收支情况（单位：元）

收　入		支　出	
刘先生每月收入	20 000	家庭每月饮食消费	3 000
郭女士每月收入	10 000	服饰、娱乐等其他费用	5 000
		子女教育支出	2 000
		雇用保姆支出	2 000
		汽车保养、油费	3 000
		房屋贷款	5 000
月收入合计	30 000	月支出合计	20 000
月度性结余（月收入合计 - 月支出合计）	**10 000**		
刘先生年终奖金	80 000	年度旅游支出	20 000
郭女士年终奖金	20 000	孝敬双方父母支出	50 000
		夫妻保费支出	30 000

年收入合计	460 000	年支出合计	340 000
年度性结余（年收入合计 – 年支出合计）	**120 000**		
家庭资产负债情况（单位：万元）			
家庭资产		家庭负债	
现金及活期存款	10	房屋贷款	80
定期存款	40		
美元存款（折合成人民币）	50		
夫妻保险现金价值	20		
自用汽车现值	20		
自住房屋市值	300		
资产合计	440	负债合计	80
家庭财产净值（资产合计 – 负债合计）	**360**		

家庭理财目标

- 希望在1~2年内为郭女士购买一辆汽车，价值20万元~25万元。
- 刘先生想自己创业，2~3年内与朋友合开一家公司，需要启动资金50万元~100万元。

家庭财务状况分析

刘先生家庭属于城市中产家庭，收入高，消费支出也很高。目前刘先生家庭年结余占总收入比例大约 26%，结余比例较低。但考虑到每年偿还房贷和保费支出有 9 万元，这样的结余比例还是可以接受的。

刘先生家庭有两个理财目标。这两个目标均需要不少的资金支持。而刘先生家庭可用的资产包括 10 万元现金和活期存款、40 万元定期存款、价值 50 万元的美元存款，还有家庭结余每年约 10 万元左右。如何利用这些资产、收入去应对家庭资金需要，是刘先生家庭需要考虑的重点问题。

在刘先生家庭资产中：10 万元现金和活期存款收益不理想，40 万元定期存款占用资金太多，价值 50 万元的美元存款会因为人民币升值有很大贬值压力。这些资产在制订理财计划时都应该重新规划。

☆ 家庭理财规划设计

按照刘先生家庭目前的财务状况，完全可以从容支付郭女士买车的花费。现在家庭需要解决的几个主要问题包括：盘活外汇存款、筹集创业基金和筹备创业后家庭的风险保障。

☆ 减少活期存款，适度即可

刘先生家庭有 10 万元现金和活期存款：刘先生这部分资产占有资金较多，收益率也不理想。建议留出 5 万元作为家庭生活备用金。另外 5 万元投资一只低风险的债券型基金，为郭女士购车做准备。

☆ 改善投资结构，筹集买车资金

刘先生家有 40 万元定期存款，这样占用资金太多。因为刘先生家庭收入很高，对风险承受能力强，所以没有必要留这么多无风险的产品。

可以在其中拿出 20 万元购买债券型基金，补足郭女士的购车资金。剩余 20 万元可以选择有一定风险的品种投资，例如股票型基金或指数型基金，寻求家庭资产增值。

☆ 寻求外币资产保值，筹集创业启动金

刘先生家庭有价值 50 万元人民币的美元存款。这笔资金在需要时可以拿出来作为刘先生以后创业的启动资金，但投资渠道需要调整。

现在国内银行的美元存款年利率只有 1% 左右，而且人民币兑美元有很大升值压力。刘先生这笔存款不仅难以获得理想收益，还面临缩水的风险。

所以，如果刘先生近期没有出国打算，最好先将美元兑换成人民币，在国内市场上投资。如果不想兑换也可以考虑购买银行外汇理财产品，寻求有效保值。

☆ 每年结余，为创业失败留下退路

刘先生需要注意，辞职创业不一定能马上获利，但是会马上失去工资收入。如果自己的创业项目不能在短期内获得理想收益，单凭陈女士的收入难以支付家庭高水平的日常消费。在筹备创业项目时刘先生一定要为自己留下退路。

刘先生可以每月拿出 1 万元做基金定投，寻找一只风险较低、收益稳定的债券型基金投资，把这笔资金作为家庭风险备用金。万一刘先生创业受阻，无法及时盈利时，可以把这笔资金拿出，应对家庭日常生活的需要。

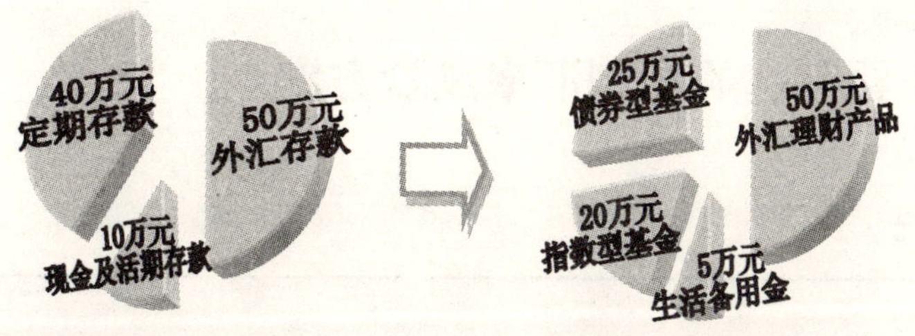

对刘先生家庭资产配置调整的具体建议（单位：万元）

家庭理财项目	理财现状	目标状态
现金及活期存款	10	5
定期存款	40	0
美元存款（折合成人民币）	50	0
债券型基金	0	25
债券型基金定投	0	每月投入 1 万元
指数型基金	0	20
银行外汇理财产品	0	50

理财经验总结

在美元利率很低，人民币又面临巨大升值压力的情况下，持有大量的美元资产不仅难以获得理想收益，还将临缩水的风险。所以建议刘先生，如果不急需使用美元，最好先将美元兑换成人民币。

另外，购买银行针对外汇的理财产品也是不错的选择。但是考虑到汇率波动对理财产品收益的影响，在购买银行外汇理财产品时应该以短线投资为主，充分关注国际汇率的波动趋势。在操作过程中尽量避免因为汇率波动造成的损失。

二、赚洋钱家庭的控制汇率风险方案

家庭财务状况

家庭基本情况

生活城市：昆明

家庭成员：

丈夫：张先生，32 岁，航空公司飞行员，月收入 2 万元。

妻子：姜女士，29 岁，航空公司地勤人员，月收入 5 000 元。

住房情况：张先生家庭在两年前贷款购买了一套商品房，购买时价值 50 万元，现在已经升值到 80 万元。这套房屋用于夫妻两人自住。贷款还差 8 年还清，每月需要偿还贷款 2 500 元，总共要偿还约 24 万元。

家庭收支情况（单位：元）

收　入		支　出	
张先生每月收入	20 000	家庭每月饮食消费	2 000
陈女士每月收入	5 000	服饰、娱乐等其他费用	3 000
		雇用保姆支出	1 500
		汽车保养、油费	2 000
		房屋贷款	2500
月收入合计	25 000	月支出合计	11 000
月度性结余（月收入合计 - 月支出合计）	**14 000**		
		年度旅游支出	20 000
		孝敬双方父母支出	50 000
		夫妻保费支出	5 000
年收入合计	300 000	年支出合计	207 000
年度性结余（年收入合计 - 年支出合计）	**93 000**		

家庭资产负债情况（单位：万元）

家庭资产		家庭负债	
现金及活期存款	5	房屋贷款	24
定期存款	5		
外汇投资（折合成人民币）	50		
自用汽车现值	20		
自住房屋市值	80		
资产合计	160	负债合计	24
家庭财产净值（资产合计 - 负债合计）	**136**		

家庭理财目标

- 张先生夫妻的工资多数以美元形式发放，需要合理规划这部分资产。
- 准备1年内要孩子，需要筹备一份宝宝基金。
- 张先生家庭结余比例较低，生育宝宝后家庭支出会增加，需要控制家庭支出水平。

❖ 家庭财务状况分析

张先生家庭每年的收入有 30 万元，能结余近 10 万元，在昆明这样的城市属于高收入、高结余的家庭。这样的家庭抵御风险能力较强，在实现各种家庭目标时也可以比较从容的应对。目前张先生家庭的主要理财目标有 3 个。

❍ 夫妻每月工资都以美元形式发放，所以张先生家庭的大部分资产都用于外汇投资。但是这种单一的投资方式使家庭投资风险过于集中，一旦汇率大幅波动将会使家庭财务陷入困境。希望张先生将一部分资金转为投资国内市场，购买一定数量的股票或基金，回避汇率波动的风险。

❍ 生育宝宝是张先生家庭近期内最重要的计划。养育孩子需要一定资金。按照张先生家庭的财务状况，筹集这部分资金并不困难。

❍ 张先生家庭年度结余 10 万元左右，结余比例为 30%，等生育宝宝后这个比例还会降低。为了应对这种变化，张先生需要从现在开始就逐渐控制家庭支出水平，将家庭每月支出控制在 8 000 元左右，使年结余达到 13 万元，结余比例达到 40% 以上。

☆ 家庭理财规划设计

张先生家庭正处于成长期，有生育宝宝的计划，同时家庭收入在生育宝宝期间会减少。为此，建议张先生适当注意家庭资产保值，改变现有风险集中的投资方式。

☆ 留出适量准备金

张先生家庭有 5 万元活期存款，这相当于家庭 5 个月左右的生活支出。可以把这笔资金作为生活备用金。

另外张先生家庭还有 5 万元定期存款，这笔资金收益不高，也没有特定用途。建议张先生等存款到期后取出，作为投资资金。

☆ 减少外汇投资

张先生每月工资以美元形式发放，所以有大量资金投资在外汇市场上。这样风险过于集中。建议张先生拿出一半兑换成 25 万元人民币和 5 万元定期存款一起投资 2 ~ 3 只国内的股票型基金或者指数型基金，分散汇率波动的风险。

另外一半，约合 25 万元资金可以继续投资外汇市场。这些资金可以购买一些收益稳定的银行理财产品，也可以在各国货币之间灵活兑换，利用汇率波动和各国利率差异，赚取差价和额外的利息收入。

股票型基金投资风险较大，但受汇率波动影响较小；外汇投资收益比较稳定，但有较大汇率波动风险。用这两类产品搭配投资，可以有效分散投资风险。

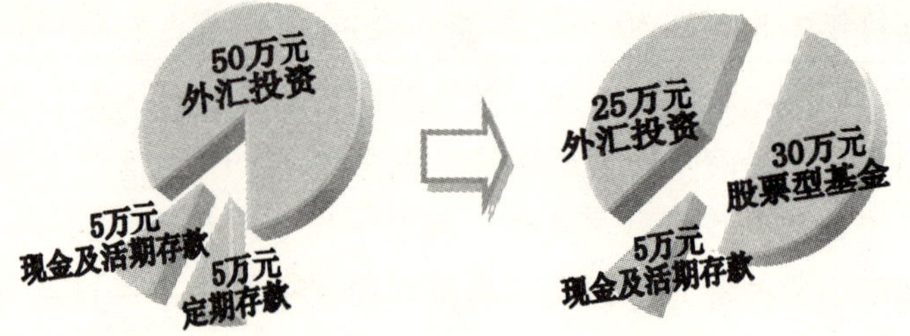

☆ 合理分配每月收入，筹集“宝宝基金”

张先生夫妻每月有 1.4 万元结余。如果能有效削减支出，应该很容易让家庭每月结余资金增加到 1.5 万元以上。

在家庭收入结余中，可以每月拿出 5 000 元，每月定投基金，建立一个“宝宝基金”。其中 3 000 元定投一只低风险的货币市场基金，用于支付宝宝在日常生活中的需要。另外 2 000 元定投一只指数型基金，利用“长期投资、摊匀成本”的方式为孩子筹集以后上学需要的资金。

剩余 1 万元左右的结余可以追加投资到外汇市场上，等积累一定数量后，再兑换成人民币，投资国内股票型基金。为了分散投资风险，建议张先生最好将外汇投资和人民币投资的比例保持在 1∶1 左右。

对张先生家庭资产配置调整的具体建议（单位：万元）

家庭理财项目	理财现状	目标状态
现金及活期存款	5	5
定期存款	5	0

美元投资（折合成人民币）	50	25
股票型基金	0	30
货币市场基金定投	0	每月投入3 000元
指数型基金定投	0	每月投入2 000元

理财经验总结

外汇投资是一种很好的投资方式。投资者可以选择购买银行理财产品，也可以在各国货币之间灵活兑换，利用汇率波动和各国利率差异，赚取差价和额外的利息收入。

外汇投资最大的风险是汇率波动风险，特别是人民币对美元汇率波动。如果投资者将大量资金都投入外汇市场，一旦人民币大幅升值，外汇资产将面临贬值风险。所以建议张先生在投资外汇资产的同时也购买一些国内证券品种，分散汇率波动带来的投资风险。

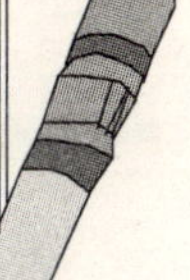

第九章

储蓄投资理财方案规划

储蓄是一种良好的生活习惯，同时，也是一种投资。

第一节　每个家庭必备的储蓄投资技巧

一、储蓄是一种投资

储蓄是城乡居民将暂时不用或结余的货币收入，存入银行或其他金融机构的一种存款活动。

1. 储蓄投资

储蓄具有低风险、低收益的特点。国内的银行储蓄完全没有本金损失风险，而且利息在储蓄时就是确定的，因此，储蓄是众多家庭投资品种中最稳妥可靠的工具。风险和收益对等，储蓄的投资风险虽然很小，但收益水平也非常低。

储蓄可以被当做一种家庭投资方式。家庭通过投入一定的本金，在未来可以获得确定的本金和利息。在家庭储蓄时，需要有投资的观念，需要全面考虑自己有多少钱、能储蓄多长时间等因素，选取最适当的储蓄种类，追求收益最大化。

2. 多种储蓄方式

在很多人眼里，储蓄就是老一代人“攒”字诀的代名词。其实，现在的银行储蓄早已不是简单的“定期、活期”，也不是将闲置资金放进银行然后被动地等待了。如今去银行存款，完全可以通过一些新方式的组合，一边实现稳健生财，一边保持高度的资金灵活性。目前银行储蓄的方式主要有几种。

❍ 活期储蓄

活期储蓄存款是指银行不规定存期，储户随时可以存取款，存取金额不限的一种储蓄方式。活期储蓄的优点主要有4点，如图9—1所示。

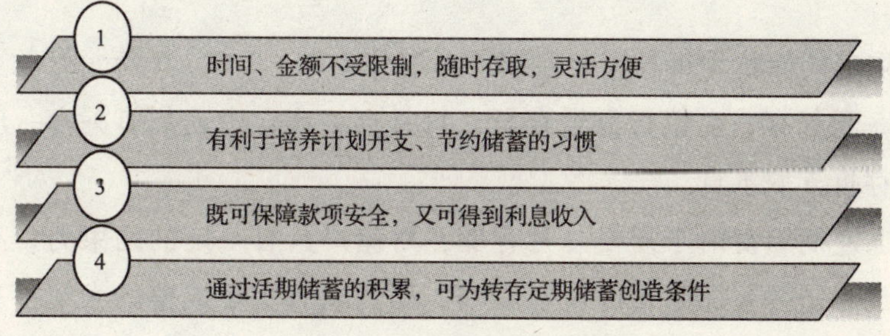

图9—1　活期存款的优点

活期储蓄的存取方式一般 1 元起存，多存不限，由银行发给存折，凭折支取，存折记名，可以挂失；利息每季度结算一次，并入本金起息。

❍ 整存整取定期储蓄

整存整取定期储蓄是指银行和储户约定存期，整笔存入，到期一次支取本息的一种储蓄。

整存整取定期储蓄的特点是手续简便，保密性好，稳定性高。它适合于较长期不用的款项，较大的生活节余款以及个人积累款的存储。整存整取定期储蓄一般 50 元起存，多存不限，存期分为 3 个月、6 个月、1 年、2 年、3 年、5 年，由储蓄机构发给存单，到期凭存单支取本息。

❍ 定活两便储蓄

定活两便储蓄是银行为那些存款数额较大，又需要频繁支出的储户而设置的特殊储蓄方式。定活两便储蓄的特点是既可以在存期较长的情况下按照规定获得较多的利息收入，又可以享受活期储蓄的支取之便。储户在存款时不必约定存期，银行根据储户存款的实际存期按规定计算。

定活两便储蓄由储蓄机构发给存单，存单一般有记名和不记名两种，记名式可以挂失，不记名式不挂失。按照存款期限不同，定活两便储蓄的计息方式也有所不同，如表 9—1 所示。

表 9—1　　定活两便储蓄计息方式

存款期限	计息方式
存期在 3 个月以内	按活期利率计息
存期在 3 个月以上，1 年以内	按同档次整存整取定期存款利率的 60% 计息
存期在 1 年以上（含 1 年）	按 1 年期整存整取定期存款利率的 60% 计息

❍ 零存整取定期储蓄

零存整取定期储蓄是银行为适应储户将零星小额节余款积零成整的需要而设置的储蓄方式。

零存整取定期储蓄为每月固定存款，存期分 1 年、3 年、5 年，存款金额由储户自定，一般 5 元起存，由银行发给存折，每月存一次，中途如有漏存，应在次月补齐，到期凭存折支取本息。

零存整取定期储蓄由于需要月月存储，对储户具有一定的约束力，有利于培养储户勤俭节约，坚持参加储蓄的良好习惯；而到期后积零成整的大笔存款既可以解决特定用途的需要如购买大件电器，又能转存为整存整取定期储蓄，追求更高的利息率。

❍ 存本取息定期储蓄

存本取息定期储蓄是指约定存期，整笔存入，分次取息，到期还本的储蓄方式。

存本取息定期储蓄方式存期一般分为1年、3年、5年，由储蓄机构发给存款凭证，到期一次支取本金，利息凭存单分期支取，具体支取时间由储户和储蓄机构协商确定，1个月或几个月均可。如果储户需要提前支取本金，则要按定期存款提前支取的规定计算存期内利息，并扣除多支付的利息。

❍ 个人通知存款

个人通知存款是指存款人在存入款项时，不约定存期，支取时需提前通知金融机构，约定支取存款日期和金额方能支取的存款。通知存款的存款品种分为一天通知存款和七天通知存款两个档次，两个档次的利率不同。

个人通知存款一次存入，一次或分次支取，利随本清，存单记名式。

二、储蓄也有技巧

作为普通家庭来说，不论选择何种的理财方式，储蓄都是一个必不可少的内容。它既是众多家庭最早接触到的理财品种，又是每个家庭投资理财的坚实后盾。同时，家庭在储蓄的时候，也需要掌握一定的储蓄技巧，使家庭储蓄获得的收益最大化。普通家庭可以灵活使用的储蓄技巧有5种。

❍ 储蓄技巧1：定期存款

一笔存款简单地放在银行工资卡里，只能享受很低的活期存款利率，而如果相同的存款改为定期存款将会获得更多的收益，短期看起来似乎差别不大，一般也就几十上百元的出入，但是如果时间一长，再加上“利滚利”的复利因素，这两者的收益差距可就不是一星半点了。

例如，假设本金是10万元，复利计算，存款20年后不同储蓄方式的差别如表9—2所示。

表9—2 不同储蓄方式的差别

存款期限	年利率	20年后本利和
活期	0.36%	10.7万元
1年定期储蓄	2.25%	15.6万元
5年定期储蓄	3.6%	19.4万元

可以看到，1 年定期储蓄的利息是活期存款的 8 倍，而存 5 年定期储蓄，坚持 20 年后本金几乎可以翻倍，每个月花一点时间到银行改变一下储蓄方式，将能轻松获得更多的收益。

❍ 储蓄技巧 2："12 存单" 法

"12 存单" 法是从每月家庭收入中提取 10% ~15% 去银行办理 1 年定期存款，每月都这么做，那一年下来将会有 12 张定期存单。从第二年起，每月都会有一张存单到期，如果有急用，就可以使用，也不会损失存款利息；如果没有急用的话，这些存单可以自动续存，而且从第二年起可以把每月要存的钱添加到当月到期的这张存单中，重新做一张存款单，继续滚动存款。

如果用 "12 存单" 法管理家庭储蓄，既能比较灵活的使用存款，又可以得到定期的存款利息。如果能这样坚持下去，每个家庭就能攒下一笔不小的存款。在实行 "12 存单" 法时，每张存单最好都设定到期自动续存，这样就可以免去多跑银行之苦了。

当然，如果家庭近期没有重大消费计划，同时又有足够耐心的话，还可以尝试 "24 存单" 法、"36 存单" 法。

❍ 储蓄技巧 3：阶梯存款法

阶梯存款法是一种与 "12 存单" 法相类似的存款方法，这种方法比较适合与 "12 存单" 法配合使用。适合家庭在领到年终奖金或者其他大笔收入时使用。

假如家庭刚刚领到年终奖金 3 万元，又不急于使用。就可以把这 3 万元奖金分为均等 3 份，各按 1、2、3 年定期存这 3 份存款。一年后，再把到期的 1 年定期存单续存并改为 3 年定期，第二年过后，则把到期的两年定期存单续存并改为 3 年定期，三年后这 3 张定期存单就都变成 3 年期的定期存单，同时每年都会有一张存单到期。

这种储蓄方式既方便使用，又可以享受三年定期的高利息，是一种非常适合于一大笔现金的存款方式。

❍ 储蓄技巧 4：巧用通知存款

通知存款很适合手头有大笔资金准备用于 3 个月内开支的情况。

例如，家庭现在有 10 万元元现金，拟在近期首付住房贷款，但是又不想把 10 万元简简单单存个活期损失利息，这时就可以存 7 天通知存款。这样既保证了用款时的需要，又可享受高于活期存款的利息。

在家庭将资金存为通知存款时，存款的支取时间、方式和金额都要与事先的约定一致，才能保证预期利息不会遭到损失。有几种情况会被银行视为违约，如图9—2所示。

1. 储户向银行发出支取通知后，未满7天即前往支取，支取金额的利息按照活期存款利率计算

2. 办理通知手续后逾期支取的，支取部分也要按活期存款利率计息

3. 支取金额不足或超过约定金额的，不足或超过部分按活期存款利率计息

4. 支取金额不足最低支取金额的，按活期存款利率计息

5. 办理通知手续而不支取或在通知期限内取消通知的，通知期限内不计息

图9—2 通知存款可能被视为违约的形式

❍ 储蓄技巧5：利滚利存款法

所谓的利滚利存款法，是存本取息与零存整取两种方法完美结合的一种储蓄方法。

比如你有一笔5万元的存款，可以考虑把这5万元用存本取息方法存入，在一个月后取出其中的利息，把这一个月的利息再开一个零存整取的账户，以后每月把存本取息账户中的利息取出并存入零存整取的账户。

这样做的好处就是能获得二次利息，即存本取息的利息在零存整取中又获得利息，缺点是要经常去银行办理业务。如果有大量空闲时间的家庭可以尝试这个方法。

三、银行理财产品

继股票、基金、保险等投资产品之后，银行理财产品也进入了家庭理财的投资空间。银行理财产品是商业银行为发展理财业务而针对投资者推出的一种投资产品。

银行理财产品与银行代卖的基金、保险不同。前者的发行主体是银行，是银行替投资者管理资金，追求收益的方式。后者的发行主体分别是基金公司和保险公司，虽然也会在银行销售，但银行只是中介，最终资金会交给基金公司或保险公司管理。

1. 多种银行理财产品

目前的银行理财产品可以分为4类，分别是固定收益理财产品、最低收益理财

产品、保本浮动收益理财产品和非保本浮动收益理财产品，如图 9—3 所示。

固定收益理财产品	投资者获取的收益固定，风险完全由银行承担，若是理财资金经营不善造成了损失，完全由银行承担，当然，如果收益很好，超过固定收益部分也全由银行获得。为了吸引投资者，这种产品提供的固定收益都会高于同期存款利率
最低收益理财产品	银行向客户承诺支付最低收益，其他投资收益由银行和客户按照合同约定分配。一般情况下，这一最低收益以同期存款利率为下限。这种产品的风险大于固定收益理财计划，但是它有获得较高收益的机会
保本浮动收益理财产品	银行保证客户本金的安全，收益则按照约定在银行与客户之间进行分配。在这种情况下，银行为了获得较高收益往往投资于风险较高的投资工具，投资人有可能获得较高收益，如果造成了损失，银行仍会保证客户本金的安全
非保本浮动收益理财产品	银行不对客户提供任何本金与收益的保障，风险完全由客户承担，而收益则按照约定在客户与银行之间分配

图 9—3　4 类不同理财产品

从投资者的角度考虑，上述四种产品的风险是依次提高的。当然，获得更高收益的可能性也依次增加。在目前国内市场上，最低收益类理财产品和保本浮动收益类理财产品较多，而另外两类银行理财产品较少。

2．谨慎投资银行理财产品

银行理财产品与股票、开放式基金等相比，风险较小；而与存款比，它的收益较高。因此银行理财产品比较适合希望获得较高收益又不愿承担过多风险的家庭。

虽然银行理财产品有许多明显的优势，已经受到很多投资者的关注。但是从整体上看，银行理财产品在国内仍属于新生事物，投资者在购买时应该谨慎。有几个问题是每个家庭在购买银行理财产品时都应该注意的，如图 9—4 所示。

合理安排资金	银行理财产品封闭运行，也没有二级市场，投资者一旦购买后不能提前变现，家庭要合理安排资金，不能过多地投资银行理财产品
寻找适合自己的投资	不同银行理财产品的风险收益水平、变现能力都会有一定差异。投资者应该根据自己家庭的实际情况选择合适的银行理财产品。另外，在选择投资品种时不应该过分依赖银行销售人员和理财顾问的推荐，自己要有一定鉴别能力
必要时向专家咨询	尽管银监会已经对银行理财产品进行了分类并对银行提出了要求个别银行仍可能会利用保护条款或用语推卸自己应承担的责任或义务。因此，投资者在遇到困难时，向律师、投资专家等专业人士咨询是非常有必要的

图 9—4　购买银行理财产品注意要点

第二节　不同家庭的储蓄投资方案规划

一、月光族的储蓄脱贫方案

家庭财务状况

家庭基本情况

生活城市：北京

家庭成员：

董小姐，25岁，2年前毕业于北京一所著名高校，之后一直在一家私企工作，月薪4 000元，没有男朋友。

住房情况：董小姐和朋友一起租房居住，每月房租800元。

家庭收支情况（单位：元）

收入		支出	
董小姐每月收入	4 000	每月饮食消费	500
		电话费、交通费	200
		买衣服、朋友聚会	2500
		房租	800
月收入合计	4 000	月支出合计	4 000
月度性结余（月收入合计－月支出合计）	**0**		
年终奖金	5 000	孝敬父母	3 000
		旅游支出	2 000
年收入合计	53 000	年支出合计	53 000
年度性结余（年收入合计－年支出合计）	**0**		

家庭资产负债情况（单位：万元）

家庭资产		家庭负债	
		信用卡透支	0.3
资产合计	0	负债合计	0.3
家庭财产净值（资产合计－负债合计）	**－0.3**		

家庭理财目标

脱贫，摆脱工资“月月光”的状态。

几年内要找男朋友结婚，要为自己准备一笔“嫁妆”。

❖ 家庭财务状况分析

董小姐是“月光族”的代表。对于现在的年轻人，“月光”一词已经不再陌生。许多人都标榜自己是“月光族”。这些“月光族”有一些共同的特点：

❍ 往往是30岁以下的单身，一个人吃饱全家不饿，没有经济负担；

❍ 缺少生活磨炼，不知道赚钱的辛苦；

❍ 缺少理财经验，不会管理开支；

❍ 以花钱来填补感情空白，很多还是蛰居族；

❍ 由于年少时父母在零花钱上管制过严，一朝有钱，尽使手中财。

反过来看，成家的人就很少会沦为“月光族”。并不是因为他们收入增加了多少，而是一旦有了家庭、孩子后，就会有风险意识。所以导致“月光”的最主要原因，并不是收入太少的问题，而是观念上的问题，花钱大手大脚，支出太多。

董小姐想要“脱贫”，摆脱“月光”状态，首先应该改变自己的消费习惯，强制自己每月储蓄。即使每月储蓄的钱不多，经过这样长期坚持，日积月累，最终也能有一笔不小的积蓄，可以应对以后恋爱结婚的需要。

☆ 家庭理财规划设计

董小姐的月工资是4 000元，虽然不少，但除去必须的生活费用后也不会有太多结余，因此可以暂时不必考虑过多的投资，先攒够自己的“脱贫基金”再做其他打算。在分配每月收入时，董小姐可以做如下组合。

☆ 保持基本消费水平不变

根据董小姐的收入和消费水平，可以将总收入的40%也就是1 600元左右用于支付基本生活费。其中包括每月的房租、水电费、通信费、柴米油盐等基本生活费用。董小姐原来的消费结构中这部分花费资金为 1 500 元，处于合理范围内，应该继续保持。

☆ 大幅削减额外消费支出

额外消费是指董小姐用于购置衣服、朋友聚会、短途旅行等消费项目。虽然这些花费是难免的，但是在董小姐原来的消费计划中，这部分占用了总收入的 60% 以上，显然过高。而她沦为“月光族”的原因也在于此。

一般来说，年轻人追求时尚，可以将总收入的 30% 用于这部分额外消费，也就是大约 1 200 元。为了节省这部分开支，董小姐可以减少买衣服的次数，趁打折的时候购买衣服，尽量减少不必要的朋友聚会。总之，一定要有计划的消费，花钱时做到心中有数。

☆ 建立储蓄资金

建议董小姐在缩减消费后可以把剩余大约 1 200 元资金办理银行零存整取或者定投货币市场基金。需要注意，董小姐的这笔资金最好是每月发放工资后就自动划转，防止自己“忍不住”挪用。

这部分资金可以作为董小姐的备用资金，以备突发性的资金需求。当备用金规模达到 2 万元时，足以支付自己半年的生活费时，董小姐就具备了一定的风险承受能力，成功实现了自己的“脱贫计划”。这时可以适当减少储蓄比例，用剩余资金购买保险，完善自己的保障体系，或者是购买股票，追求资金增值。

对董小姐收入配置调整的具体建议

家庭理财项目	理财现状	目标状态
房租、饮食、通信费等基本支出	1 500 元/月	1 600 元/月
购置衣服、朋友聚会等额外支出	2 500 元/月	1 200 元/月
银行储蓄	0	1 200 元/月

理财经验总结

现在像董小姐一样“月光”的年轻人不在少数。“月光族”的收入并不一定很低，但是因为缺乏储蓄的观念，花钱大手大脚，使自己工资月月花光，有些甚至沦为“负翁”。

每个家庭，特别是年轻家庭，在筹备自己的理财计划时应该清楚，在理财中应该是“收入－储蓄＝支出”而不是“收入－支出＝储蓄”。每月收入中扣除储蓄的部分才是可以消费的，永远不应该以工资太少为借口，放弃家庭的储蓄计划。

二、传统家庭的储蓄盘活方案

家庭财务状况

家庭基本情况

生活城市：南京

家庭成员：

丈夫：黄先生，35 岁，在政府机构工作，月收入 6 000 元，年终奖金约 5 000 元。

妻子：陈女士，30 岁，某大厦物业经理，月收入 8 000 元，年终奖金 2 万元。

儿子：4 岁，上幼儿园。

住房情况：黄先生家已有自住房屋一套，市场价 100 万元。这套房产已经足够一家人居住。近期内黄先生并没有买房、换房打算。

家庭收支情况（单位：元）

收　　入		支　　出	
黄先生每月收入	6 000	每月饮食消费	1500
陈女士每月收入	8 000	服饰、娱乐等其他费用	2 000
		汽车保养、油费	1 000

		子女教育费用	2 000
月收入合计	14 000	月支出合计	6 500
月度性结余（月收入合计－月支出合计）	**7 500**		
年终奖金	25 000	孝敬双方父母	20 000
		保费支出	10 000
年收入合计	193 000	年支出合计	108 000
年度性结余（年收入合计－年支出合计）	**85 000**		

家庭资产负债情况（单位：万元）

家庭资产		家庭负债	
现金及活期存款	8		
定期存款	10		
股票型基金	8		
保险合同现值	2		
汽车现值	15		
房产价值	100		
资产合计	143	负债合计	0
家庭财产净值（资产合计－负债合计）	**143**		

家庭理财目标

- 黄先生认为家庭资产中储蓄所占比重过大，希望作出调整。
- 黄先生陆续投入基金市场5万元，现已经增值到8万元。他不知道是否应该趁获利套现。
- 儿子2年后上小学，要预留10万元教育经费。

❖ 家庭财务状况分析

黄先生夫妻工作稳定、有房有车、年收入 19 万元，属于城市白领家庭。如果进行合理的理财规划，可以保证家庭幸福无忧。

黄先生家庭的财务现状中最大的问题是储蓄比例过大。目前黄先生已经意识到这个问题。家庭财产中除去保险、汽车和房产之后的可用资产有 26 万元。其中18 万元是银行存款，而且还包括 8 万元活期存款，这十分不利于家庭财产的有效增值。

☆ 家庭理财规划设计

黄先生家庭属于典型的传统家庭，现金、活期存款和定期存款在家庭资产中所占比例很高。这样的资产配置容易受通货膨胀影响而贬值。所以合理规划家庭存款结构是黄先生家庭理财的重点。

☆ 留出生活备用金

黄先生夫妻工作稳定，只要留出 3 个月的生活备用金就足够应对突发事件。按照家庭月支出 6 500 元计算，这笔资金大约需要 2 万元。

黄先生家庭有现金和活期存款共 8 万元，其中可以留下 2 万元做家庭生活备用金。其余 6 万元可以考虑购买国债，追求较高收益。

☆ 分批卖出基金

黄先生陆续向基金市场投入 5 万元。现在这部分投资已经增值到 8 万元，说明黄先生对基金市场有一定分析能力。

在已经盈利 60% 的情况下，如果黄先生认为后市行情不明朗，可以采用分批卖出的方法。先卖出一半，也就是 4 万元，确定收益，另外 4 万元继续持仓。如果行情好转，这 4 万元可以继续盈利。如果行情继续恶化，就将剩余资金全部撤离。

在卖出时，黄先生可以选择基金转换方式，将股票型基金转换成同一公司的货币市场基金，等行情转好时再将基金转换回去。这样可以省下不少申购赎回费用。同时持有货币市场基金期间还能获得一定收益。

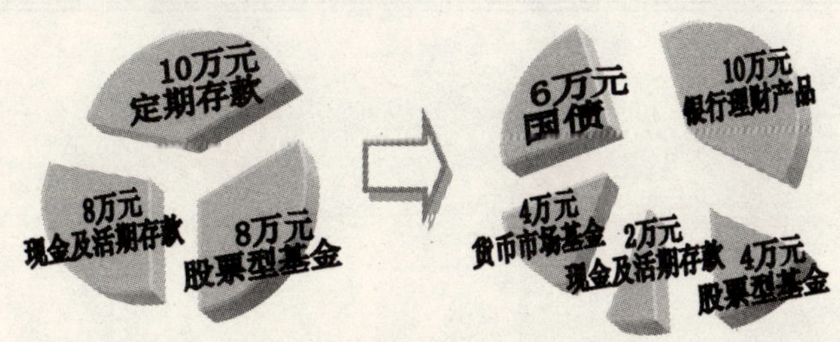

☆ 规划固定存款，筹集子女教育金

黄先生家庭现有固定存款 10 万元，其中 1 年定期 4 万元，两年定期 6 万元。这部分存款可以作为儿子的教育经费。等定期存款到期后，为了避免资金闲置，可以选择一些短期银行理财产品投资，或者存为银行通知存款。

对黄先生家庭资产配置调整的具体建议（单位：万元）

家庭理财项目	理财现状	目标状态
现金及活期存款	8	2
定期存款	10	0
股票型基金	8	4
国债	0	6
银行理财产品	0	10
货币市场基金	0	4

理财经验总结

在家里留有过多银行存款，特别是活期存款，不利于家庭财产的增值。在这样的情况下，家庭可以考虑用国债投资替代银行存款。如果将家庭暂时不用的资产购买国债，可以在不承担额外风险的基础上获得更高的收益。

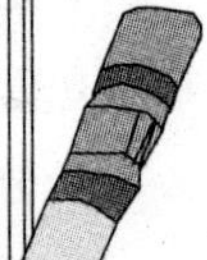

对于子女教育之类的未来确定性支出，可以投资有固定期限的银行理财产品。不过在购买银行理财产品需要注意，这些产品很多都是封闭的，在到期之前不能变现。在购买时应该将自己购买银行理财产品的到期日控制在资金使用日之前。

三、"负翁"家庭的强制储蓄方案

家庭财务状况

家庭基本情况

生活城市：福州

家庭成员：

丈夫：吴先生，43岁，政府机关干部，月收入1万元，年底有奖金约1万元，另有公积金收入每年约1.5万元。

妻子：孙女士，39岁，事业单位财务人员，月收入3 000元，年终奖金约6 000元，公积金收入每年约5 000元。

女儿：15岁，上初中三年级，马上要上高中，还有3年上大学。

住房情况：

吴先生家庭原有单位分房一套，市值50万元。现在出租，年租金2万元。另外吴先生刚刚购买商品房一套，用于自住，市值约100万元。这套房屋的首付及装修费用几乎花光吴先生家里积蓄，还欠下了银行贷款。现在吴先生家庭每月需要还房贷6 000元，5年还清，总共欠银行36万元。

家庭收支情况（单位：元）

收　入		支　出	
吴先生每月收入	10 000	每月饮食消费	1 000
孙女士每月收入	3 000	服饰、娱乐等其他费用	2 000
		子女教育费用	1 000
		偿还房贷	6 000
月收入合计	13 000	月支出合计	10 000
月度性结余（月收入合计－月支出合计）	**3 000**		
吴先生年终奖金	10 000	孝敬双方父母	20 000
孙女士年终奖金	6 000	保费支出	2 000
公积金收入	20 000		
房屋租金	20 000		
年收入合计	212 000	年支出合计	142 000

年度性结余（年收入合计 - 年支出合计）	**70 000**

家庭资产负债情况（单位：万元）

家庭资产		家庭负债	
现金及活期存款	1	房屋贷款	36
股票投资	2		
国债	3		
自住房产价值	100		
投资性房产价值	50		
资产合计	156	负债合计	36
家庭财产净值（资产合计 - 负债合计）	**120**		

家庭理财目标

- 购房和装修已经几乎花光了家里储蓄，希望尽快建立储蓄计划。
- 希望在3~5年内购买一辆15万~20万元的中档汽车。
- 为女儿筹备3年后上大学的资金。

家庭财务状况分析

吴先生夫妻收入较高，但家庭储蓄不足。1 万元现金和活期存款的储备刚刚能够支付家庭 1 个月的支出。2 万元股票投资和 3 万元国债是为了保证家庭资产保值增值，并不能随时提现，家庭财务处在极大地风险之下。吴先生应该尽快建立家庭储蓄计划，将家庭的储备金规模增加到 3 万元左右。

另外，吴先生家庭在 5 年内每月需要偿还贷款。在这样的情况下再同时筹集买车和子女上学的资金会有一定压力，这需要吴先生精打细算。

☆ 家庭理财规划设计

吴先生家庭现在两大问题，一是家庭储蓄不足，而且有巨大的还款压力。但是，吴先生夫妻收入较高，而且工作十分稳定，工作单位也为他们提供了很好的风险保障。只要吴先生家庭能合理规划收入支出，完全能解决短暂的资金短缺问题，实现家庭理财目标。

☆ 每月强制存款，攒足生活备用金

吴先生家庭收入稳定，每月消费约 1 万元，这样需要留出 3 万 ~5 万元生活备用金比较合理。

建议吴先生先将将每月 3 000 元结余全部存成活期存款，连续存两个月。这样可以攒下大约 1.5 万元活期存款。之后再用这些资金定投货币市场基金，定投 10 个月后停止，攒下 3 万元货币市场基金。这样 1 年后就有 4.5 万元可以随时提取的存款，可以作为家庭生活备用金。

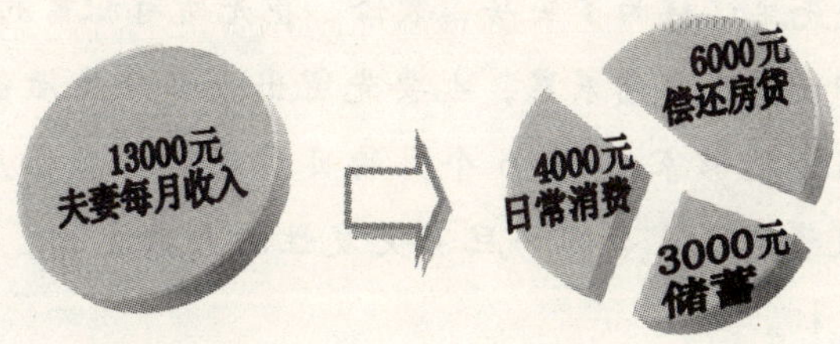

☆ 债券基金定投，筹集购车资金

在连续存款 1 年，筹集足够的生活备用金后，吴先生可以开始筹集购车资金。每月用 3 000 元定投一只风险收益比较均衡的债券型基金，假设年收益 3%，4 年后可以积攒 15 万元。再加上原有 2 万元股票投资，足够买车的需要。

☆ 储蓄年终奖金，筹集子女教育金

吴先生家庭每年的年终奖金、公积金、房租收入有 5.6 万元，孝敬父母 2 万元；因为夫妻单位都提供了很好的风险保障，所以每年的保费支出只有 0.2 万元。这样每年可以结余 3.4 万元。如果用这笔资金作为子女教育金，连续储备 3 年，足够女儿上大学的需要。

在投资时，吴先生可以尽量购买期限合适的国债品种。如果国债不合适，也可以考虑购买保底的银行理财产品或者直接存成银行定期。

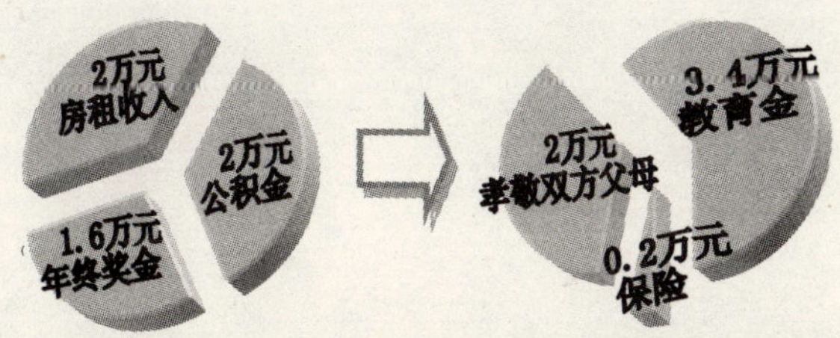

对吴先生家庭资产配置调整的具体建议（单位：万元）		
家庭理财项目	理财现状	1 年后目标状态
现金及活期存款	1	1.5
股票投资	2	2
国债	3	3
货币市场基金	0	3
债券型基金	0	每月定投 3 000 元
银行理财产品	0	每年投入 3 400 元

理财经验总结

现在像吴先生这样为了买房、装修，花光所有积蓄的家庭并不少见。但即使家庭负债累累，也要先留出一部分生活备用金。等这部分备用金足够家庭 3～6 个月的日常花销和房屋月供后，再考虑其他投资方式。否则一旦有突发性的大额支出，家庭财务将会陷入危机。

另外，在筹备买房、买车这类大额支出前，一定要合理规划家庭现金流。像吴先生这样不仅花光积蓄、还背上 36 万元贷款，已经十分勉强。如果不顾家庭实际能力再增加开销或者缩短还款期限，最终很可能导致家庭无力偿还贷款。

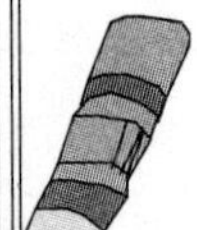

第十章

信用卡投资理财方案规划

信用卡是一种先消费、后付款、借款不收利息的理财工具。

第一节　每个家庭必备的信用卡投资技巧

一、透支消费的信用卡

1. 借记卡和信用卡

国内的银行卡包括借记卡、贷记卡和准贷记卡三大类，如图 10—1 所示。

借记卡：借记卡相当于一种储蓄卡，是指先存款后消费、取现，没有透支功能的银行卡

贷记卡：贷记卡就是常说的信用卡。持卡人不必在账户上预先存款就可以透支消费，之后再按银行规定还款。从透支消费到还款之间可以享受一定期限的免息期

准贷记卡：准贷记卡是在社会诚信体系不完善的环境下，通过某种担保或预存保证金才可以有条件、有限度透支消费的信用卡，这种信用卡正在退出金融领域

图 10—1　各种银行卡

与借记卡相比，信用卡具有先消费、后还款、免息还款期等优点，是家庭理财过程中的重要工具。但是因为信用卡具备透支功能，银行只将信用卡发放给他们认为有资信的人使用，而不同资信状况的人能获得的透支额度也不相同。

2. 轻松申请信用卡

现在，随着银行风险意识的加强和风险控制的提高，信用卡的审批越来越严格。很多人在申请信用卡时都会被银行拒批，或者只被授予很小的透支额度。其实，在申请人提交的众多信息中有几项是银行特别重视的，如果认真填写这几项，可以使自己办卡成功的几率大幅增加，如图 10—2 所示。

原信用卡	良好的消费信用和还款信用是银行最看重的。一般来说，只要申请人已经拥有了一张或更多的信用卡，并且还款记录良好，那么再办理新信用卡时会容易很多
固定电话号码	申请人拥有本市固定电话号码表示居住地点稳定，这样可以增加银行对自己的信用评估得分
婚姻状况	银行认为，已婚比未婚更加稳定，信用状况也会更好
本地户口	申请人是本市户口要比非本市户口资信状况更好
住房状况	有住房的申请人资信状况更好，申请人自己居住要比和父母同住资信状况更好
文化程度	申请人文化程度越高，资信状况越好
工作单位	如果申请人的工作单位是机关事业单位、大型国企或者世界500强的企业，资信状况会比较好
职务	职务越高，资信状况越好

图 10—2　影响资信状况的因素

二、家庭必知的信用卡知识

最近几年，信用卡在家庭理财中的地位越来越重要。曾经被视为身份象征的信用卡已经不再高贵，已经开始走向了平民化。一般有固定工作、收入比较稳定的人都可以轻松申请到各种各样的信用卡。

但是在信用卡使用普及的同时，信用卡相关知识却没能同步普及。很多人对信用卡的基本使用知识都不了解，等出了问题就埋怨银行。其实出问题最大的原因还是在于持卡人自己，因为自己在办卡之前并没有真正了解自己的需求和信用卡的各种功能。持卡人在办理、使用信用卡时，有几个知识是必须清楚的。

❍ 知识 1：信用卡不是越多越好

许多人都会被信用卡的美丽外表和办卡赠品迷惑，办理很多银行的信用卡，最终导致财务混乱，不知道哪张卡上欠钱，哪张卡上又有余额。其实，对一般人来说办理两张借记卡和一张信用卡就足够了，如表 10—1 所示。

表 10—1 生活中需要的三张银行卡

借记卡 1：储蓄卡	每月在收入中拿出固定金额定期存款，筹集以后的大额支出
借记卡 2：投资卡	和股票、基金等投资账户关联，利用资金投资，寻求资本升值
信用卡：消费卡	刷卡消费，每月偿还透支金额

这样搭配完全可以满足一般人的生活需要。如果持有卡片太多，不仅不利于资金管理，还可能要付出额外的年费。

❍ 知识 2：信用卡绝对不会免费

很多人把信用卡当成无息贷款，认为用信用卡消费就赚到了银行的利息。但银行不是慈善机构，他们大力推荐的信用卡业务绝对不会是“免费的午餐”。

细算一下就可以知道，现在活期存款的年利率只有 0.36%，但信用卡日利率就有 0.05%，按月计算复利，合每年 20% 左右。如果信用卡额度是 5 000，而且天天用满 5 000 的额度，这样一年也就赚了银行 18 块钱利息。但使用信用卡的人都会有体会，一年下来因为还款延误的罚息、提现手续费，甚至挂失、补卡等支出绝对不会少于几百元。这样算下来，银行和持卡人谁赚谁亏就很明显了。

❍ 知识 3：按时全额还款

在信用卡的免息期内，持卡人全额还款不必支付任何利息。但如果持卡人在免息还款期内不能偿还全部透支款项，即使只差 1 分钱，银行也会按全部贷款计息。

另外，持卡人应该尽量提早几天还款。因为多数银行信用卡账务处理只在工作日期间进行，如果持卡人的最后还款期恰逢休息日，那么资金到账可能出现滞后；另外持卡人如在异地还款，则还有一个上账的“时间差”。

❍ 知识 4：多种还款方式

不少人觉得信用卡还款比较麻烦，希望找离家近的银行办理信用卡。实际上，现在信用卡还款的方式有很多种。

除了最基本的柜台还款、自动存款机存款外，网络、电话转账也可以做到足不出户、轻松还款；一卡通关联自动还款更方便，用发卡银行的借记卡与信用卡连接，每到还款日便会从指定的借记卡账户上自动扣款，只要借记卡内余额充足，就不用担心忘记还款。

如能利用好多种还款方式，就完全不用受自己居住地或者工作地点的拘束，选择更加合适的银行办理信用卡。

❍ 知识 5：存钱也要收费

每月还清透支金额后卡里难免会有一些剩余的零钱。这些剩余的钱银行不但不会给加计利息，还会收取管理费。所以在还款后最好尽快将这些钱花掉，让自己的信用卡一直处在合理的负债状态下。

❍ 知识 6：密码认证更加安全

信用卡消费凭证有两种，签名和密码。以签名作为信用卡的消费凭证是国际银行业的主流，但是在国内，密码可能比签名更安全。

虽然以签名作为信用卡的消费凭证，使用签名、核对签名的责任在商家，而且有些银行也会承担挂失前 48 小时被盗用损失的赔偿。但是目前国内消费场所的收银员大都没有笔迹鉴定的专业技能，因此，他们也不会认真核对签名。所以，把签名用作认证身份的最重要的一道“关口”实际上不起作用。

如果持卡人向商家或银行索赔信用卡的盗用损失，经过长时间的笔迹鉴定和协调后，最可能获得的结果是：由银行、商家和持卡人各承担一部分损失。银行和商家会认为，“持卡人有妥善保管和正确使用银行信用卡的义务”，持卡人不慎导致信用卡丢失，没有尽到“妥善保管”义务，所以应该承担一定责任。

如果使用密码作为消费凭证，就不会有这些麻烦，持卡人只要保管好自己的交易密码，避免被“偷窥”，即使卡片丢失，别人没有密码也无法盗用。

❍ 知识 7：补办不如重新办理

卡片丢失后马上挂失是很多人的第一反应。其实，如果挂失可能会使自己白白损失挂失、补办费用。目前国内银行这项收费都在 60 元左右。

省钱的办法应该是先查一下有没有被人盗刷，如果被盗刷，自然要挂失并尽量追回损失。如果没有被盗刷，就直接销卡。再重新到同一家银行办理一张与以前卡种不同的信用卡。申请新卡是免费的，拿到新卡后，可以打电话给客服要求恢复额度。

❍ 知识 8：没用的 ATM 取款功能

信用卡可以在 ATM 机器上取款，但取款需要很高的手续费，而且如果经常用信用卡取现金，持卡人会被银行怀疑自己经济上有问题，影响资信状况。

所以一般情况下持卡人不应该用信用卡取现金，最好办卡时就不开通 ATM 取款功能。这样还可以降低卡片丢失后可能出现的风险。

三、不要被信用卡“卡”住

信用卡在家庭生活中已经占据有越来越重要的位置。对于有些家庭来说，信用卡使用便捷、方便；但在另外一些人的眼里，信用卡却是助长“败家”、随意消费的“罪魁祸首”。同样的信用卡，可以让一些人变成“卡神”，也可以让某些人沦为“卡奴”。由此可见，掌握信用卡的使用技巧非常重要。

❍ 技巧1：严禁“拆东墙难补西墙”

案例：80后的李小姐，梦想成为“卡神”，享受银行免费的午餐。她不仅自己一口气办下多张信用卡，还从亲戚朋友手中圈来大量信用卡。通过持有的几十张信用卡循环套现，用一张信用卡填补另一张信用卡的“亏空”。在不到3年的时间里，她的所有信用卡总共累积了几十万元的巨额债务。

无奈之下，李小姐的父母拿出全部积蓄并向亲戚朋友举债偿还债务，最终一家人不得不卖掉家中房产，偿还信用卡欠款。

“以卡养卡、借卡套现……”目前在网上流行着许多看似非常新颖的用卡秘笈。然而天下没有免费的午餐，借钱迟早是要还的。“拆东墙难补西墙”，只能让自己的债务越滚越多。

❍ 技巧2：信用卡免息不免费

案例：现在很多银行都有“刷信用卡买电脑，可申请免息分期付款”的活动。赵先生在买冰箱时，就是选择的信用卡刷卡消费。他的刷卡消费总额为3 600元，申请分3期还款。赵先生本以为每月还1 200元就可以。但是当他收到第一期账单时，却发现应还款金额在1 200元的基础上额外增加了75.6元。到银行咨询后才知道，这是信用卡贷款的手续费。

信用卡在免息的同时并不免费。虽然持卡人的分期付款可以免交利息，但必须支付一定手续费。虽然“利息”与“手续费”是两个完全不同的概念，但细算起来，信用卡消费的手续费可能比银行贷款利息还高。

❍ 技巧3：最长免息期

案例：丁女士刚刚办理了一张信用卡。在办卡时，销售人员一再向丁女士强调，该信用卡可以享受56天的超长免息期。但是当丁女士在刷卡消费后的第50天去还款时，却发现自己已经被罚息了。

通常所说的信用卡免息期，一般是最长的免息期，但不是任何一笔消费都可以获得最长免息期。

每张信用卡都有一个账单日、一个还款日，持卡人应在还款日当天或之前偿还账单日显示的账单金额，而持卡人每笔消费都会被计入下一个最近的账单日，因此，离账单日越近消费，享受的免息还款期越短。在选择信用卡时，不仅要了解最长的免息期有多久，还必须知道这账单日与还款日之间相隔几天。

假设，丁女士的账单日是每月 1 日，而还款日是每月 25 日，如果丁女士在 8 月 2 日消费了 5 000 元，那么这笔 5 000 元透支消费会被记到 9 月 1 日的账单上，9 月 25 日偿还，这就是最长 56 天免息期。但如果丁女士在 7 月 31 日消费，这笔支出会被记录在 8 月 1 日账单上，8 月 25 日之前就要偿还，免息期就只有 25 天。

❍ 技巧 4：炒股赚钱还款，不可靠

案例：孙小姐一直想用炒股赚的钱给家里换一台大电视。但是市场行情不好，孙小姐持有的万科 A 深度套牢，孙小姐的梦想也一直没有实现。

最近几个月，市场行情有转暖趋势，孙小姐的万科 A 也“蠢蠢欲动”，她再也忍不住了，想好了一个透支买电视，炒股赚钱还款的办法。利用信用卡免息期，先透支购买了一台 1.3 万元的大电视。之后等待股票上涨，希望等手中的股票赚钱后偿还透支消费金额。

刚刚透支消费，孙小姐就后悔了，原本“蠢蠢欲动”的万科 A 再次下跌。为了不在银行留下信用不良记录，孙小姐只能忍痛“割肉”了。

信用卡有透支功能，确实可以起到“借鸡生蛋”的作用。但指望信用卡透支来进行投机，并且用炒股收入等不确定的经济来源偿还透支金额是非常危险的，如果市场行情不佳，就可能要忍痛“割肉”，甚至影响到自己的信用状况。

❍ 技巧 5：理性看待信用卡积分

案例：刘小姐在办理信用卡时就是看中了银行开卡送礼品、再送 20 000 积分的活动。办卡后，为了攒足积分，她一度每天都刷卡，大量透支交易。但等到她欣然准备收获战利品时才发现，她辛苦赚来积分，却只能换得一些玩偶、餐具之类的礼品，而自己却为此背上了一大笔需要偿还的债务。

目前所有银行的信用卡都有积分送礼品的活动。从日用品到机票，用各种各样的礼品都能用信用卡积分换取，甚至有银行推出信用卡积分换帕萨特的活动。许多消费者刷卡消费就是为了积分，获得礼品，甚至会为了礼品而过度消费。细算下来，这十分不值。

按照各大银行给出的礼品价格计算，现在国内信用卡每消费 1 元的积分的平均价值只有 0.002 元，相当于使用信用卡可以享受 9.98 折优惠。

所以，作为普通消费者使用信用卡的目的，绝对不应该是为了赚积分、换礼品，而是需要根据自己的实际需要来决定是否使用信用卡，或者使用哪张信用卡。赚取小礼品仅是使用信用卡附带的一点意外好处罢了。

第二节 不同家庭的信用卡投资方案规划

一、80后家庭的信用卡积分方案

家庭财务状况

家庭基本情况

生活城市：大连

家庭成员：

妻子：周女士，28岁，公司前台，月收入1 800元。

丈夫：王先生，29岁，公司职员，月收入3 000元。

女儿：3岁，跟王先生父母老王先生一家居住。

住房情况：

周女士的丈夫王先生祖居大连，家中有多套住房。

老王先生夫妻有单位福利分房一套，现在老两口带着周女士的女儿一起居住。

另外王先生家因为旧村改造获得了多套住房。除王先生和周女士两人居住的一套住房外，还有两套出租，总租金每年5万元左右，租金都归老王夫妇保管。

周女士家庭并没有买房换房打算。

家庭收支情况（单位：元）

收入		支出	
周女士每月收入	1 800	每月饮食消费	800
王先生每月收入	3 000	服饰、娱乐等其他费用	1 000
月收入合计	4 800	月支出合计	1 800
月度性结余（月收入合计－月支出合计）		**3000**	
		孝敬父母、子女教育	20 000
		保险保费支出	10 000
年收入合计	57 600	年支出合计	51 600
年度性结余（年收入合计－年支出合计）		**6000**	

家庭资产负债情况（单位：万元）

家庭资产		家庭负债	
现金及活期存款	1		
国债投资	5		
资产合计	6	负债合计	0
家庭财产净值（资产合计－负债合计）		6	

家庭理财目标

适当投资，寻求资产增值。

家庭财务状况分析

周女士家庭虽然结余不多，但住房较多，每年 5 万元房租都交给父母，另外每年还会给父母 2 万元。老年人理财都十分谨慎，钱在他们手中虽然不能明显增值，但几年攒下来足够老人的养老金和小女儿的教育金。所以对赡养老人和养育子女的需求，周女士并不用担心。家庭结余比例较低并没有什么问题。

家庭理财规划设计

针对投资和“赚外快”的理财目标，周女士可以利用信用卡实现，核心方法就是透支消费，赚取积分。

☆用工资投资，信用卡透支消费

每月将工资大部分购买没有申购赎回费用、也没有亏本风险的货币市场基金，在日常消费时尽量使用信用卡。等信用卡还款期到来时就将基金赎回，偿还贷款。剩余的资金可以继续留在基金账户中投资。

使用这样的方法虽然一年下来赚不了多少钱，但周女士能够充分享受信用卡自动记账的便利，合理规划日常支出。现在一些基金公司开始与银行联合发行信用卡。货币市场基金可以设定在固定日期自动赎回转入信用卡还款账户。这样的“套利”行为已经十分方便。

理财经验总结

“用工资投资，信用卡透支消费”和“刷卡消费攒积分”等都是网上十分流行的信用卡使用“秘笈”，在利用这些“秘笈”时，需要注意：(1) 办理多张信用卡时一定要将每张卡的额度、账单日、缴款日列一个详细的Excel表格。万一管理混乱导致逾期，将得不偿失。(2) 信用卡积分可能有有效期，用信用卡积分时应该注意。

二、单身“卡奴”的独立方案

家庭财务状况

家庭基本情况

生活城市：成都

家庭成员：

唐小姐，26岁，公司文员，月收入3 000元，年终奖金约5 000元。

住房情况：

唐小姐单身，而且跟父母分开住。她现在住在一套父亲单位以前的福利分房里。在找到男朋友、结婚之前，唐小姐没有买房打算。

家庭收支情况（单位：元）

收入		支出	
唐小姐每月收入	3 000	每月饮食消费	500
		服饰、娱乐等其他费用	1 500

		电话费、交通费	200
月收入合计	3 000	月支出合计	2 200
月度性结余（月收入合计－月支出合计）		**800**	
年终奖金	5 000	孝敬父母	5 000
年收入合计	41 000	年支出合计	31 400
年度性结余（年收入合计－年支出合计）		**9600**	

家庭资产负债情况（单位：万元）

家庭资产		家庭负债	
现金及活期存款	0.2	信用卡贷款	2
基金投资	1		
资产合计	1.2	负债合计	2
家庭财产净值（资产合计－负债合计）		**－0.8**	

家庭理财目标

- 偿还信用卡欠款，摆脱“卡奴”身份。
- 唐小姐喜欢精打细算，希望寻找合适的投资方式，给自己筹备嫁妆。

❖ 家庭财务状况分析

唐小姐有个“不良嗜好”，喜欢许多银行卡放在大钱包里的感觉。唐小姐在毕业三年后工资虽然见涨，但各种银行借记卡和信用卡也是大幅增加。每月所有信用卡的额度加起来，足够一套房子的首付了。

唐小姐经常研究网上的信用卡使用“技巧”：通过网上购物将信用卡资金提现，用提现的钱弥补其他卡的亏空，以卡养卡。最终唐小姐的信用卡越来越多、信用额度越来越高，她的负债规模也向滚雪球一样越来越大。当了解到自己已经背负 2 万元的债务时，唐小姐开始害怕这种“卡奴”生活了。

俗话说“买的没有卖的精”“天下没有免费的午餐”，信用卡透支迟早是要还的。向唐小姐这样，与其在不同信用卡之间反复套现、拆东墙补西墙，不如尽快筹集资金还清欠款，之后将多余的信用卡全部销卡。

另外唐小姐每月支出过多也是她现在沦为“卡奴”的重要原因。如果想在几年内为自己筹备一份像样的嫁妆，唐小姐从现在开始就需要削减支出，增加自己的储蓄规模。

☆ 家庭理财规划设计

针对唐小姐的现状，要达到自己的理财目标需要先节流，再还债，最后适当投资。

☆ 削减支出，每月强制储存备用金

唐小姐每月结余只有800元，占收入总额的27%。活期存款2 000元，不够一个月的支出。这都是很危险的比例。唐小姐需要对自己的支出进行调整。

首先，唐小姐需要削减支出。将每月支出控制在1 500元以内，这样可以结余1 500元，用于储蓄。在储蓄时，唐小姐最好使用一张与自己工资卡在同一银行的储蓄卡，每月自动划转资金，达到强制储蓄的目的。

其次，储蓄资金可以暂时存为活期存款，用于偿还信用卡欠款并建立自己生活备用金。按照备用金规模满足3～6个月生活需要的比例，唐小姐在还清所有欠款并筹集5 000元左右活期存款后，再筹备其他投资计划。

☆ 卖出股票，尽快还款

2万元信用卡欠款是唐小姐最大的麻烦。为了偿还欠款，唐小姐可以从两方面入手。

首先，将股票投资1万元变现，全部偿还信用卡贷款。卖出股票可能只是损失短期收益，但信用卡逾期不仅会被征收高达20%的年利率，还会影响到唐小姐的信用水平。

其次，在银行申请将另外1万元欠款转成分期付款，分12个月还清。分期付款虽然会被加收手续费，但总比信用卡逾期要合算。这样每月从储蓄中拿出850元左右，就可以在一年后还清欠款了。

☆ 减少信用卡数量，控制额度

在还清欠款的同时，唐小姐还需要对“罪魁祸首”进行一次清理，留下1～2张经常使用的信用卡，其余的卡全部销卡。销卡后卡片还可以保留，完全能满足唐小姐的收藏需要。

剩下的1～2张信用卡用于唐小姐日常消费。用信用卡消费能帮助自己详细记账；月底可以看到账单，对花出去的钱心中有数。但使用信用卡的前提是唐小姐应该将信用卡额度主动调低到 3 000 元以下，防止以后再冲动消费。

对唐小姐资产配置调整的具体建议（单位：万元）

家庭理财项目	理财现状	目标状态
现金及活期存款	0.2	0.5
股票投资	1	0
信用卡欠款	-2	0

理财经验总结

现在有很多像唐小姐这样，希望利用多张信用卡循环套现的人最终都把自己套在里边。无数人的教训证明，银行信用卡的“免费午餐”并不是谁都能随便得到的。所以对多数人来说，千万不要梦想自己能成为玩转银行的“卡神”。

持卡人在欠银行的钱后，绝不能拆东墙补西墙，而是应该尽快想办法还钱。这时需要时刻提醒自己：银行卡一旦逾期就会被加收高达20%的年利率，而且还会影响自己的信用状况。

第十一章

房产投资理财方案规划

每个家庭都有对房地产的需求，要么买、要么租，都会成为房产的消费者。

第一节　每个家庭必备的房产投资技巧

一、认识房地产投资

自 1998 年房改以后，房地产行业进入飞速发展时期。在供需两旺的状态下，房地产价格一路攀升，越来越多的人进入房地产投资市场，拥有几套房的家庭比比皆是。房地产投资有三大特点。

❍ 特点 1：占用资金多、变现慢、风险高

与其他投资品种相比，房地产投资有占用资金多、变现慢、风险高的特点，如图 11—1 所示。

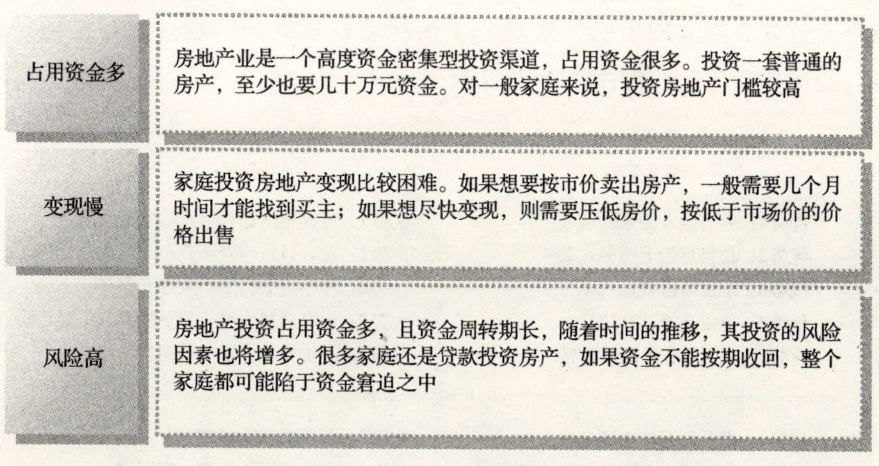

占用资金多	房地产业是一个高度资金密集型投资渠道，占用资金很多。投资一套普通的房产，至少也要几十万元资金。对一般家庭来说，投资房地产门槛较高
变现慢	家庭投资房地产变现比较困难。如果想要按市价卖出房产，一般需要几个月时间才能找到买主；如果想尽快变现，则需要压低房价，按低于市场价的价格出售
风险高	房地产投资占用资金多，且资金周转期长，随着时间的推移，其投资的风险因素也将增多。很多家庭还是贷款投资房产，如果资金不能按期收回，整个家庭都可能陷于资金窘迫之中

图 11—1　房地产投资特点

❍ 特点 2：高收益

尽管投资房地产占用资金多、变现慢、风险高，但仍然有很多家庭会投资房地产市场，这主要是因为他们看中了房地产投资的高收益性。近年来，总体来看，国内房价一直保持高速上涨，造成这种持续上涨因素主要有 4 个，如图 11—2 所示。

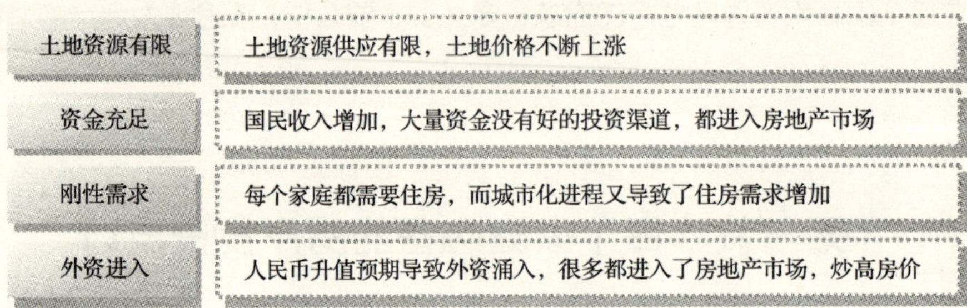

图 11—2　造成房价上涨的因素

❍ 特点 3：可以出租

与股票等其他投资相比，房地产投资还有一个重要优势就是可以出租，获得租金收入。股票基金一旦套牢，只能死等，或者忍痛“割肉”。但如果房地产投资不能马上变现，还可以将房产出租，获得一定租金收入。

二、房产居住规划

1. 买房和租房各有优势

是省吃俭用，用 20 ~ 30 年的收入来还贷买一套房子；还是一直花小钱租房，腾出大量资金过着有质量的生活，这是一个困扰着许多人的问题。选择这两种生活方式有各自的优势和劣势，如图 11—3 所示。

买房居住	租房居住
优势 1：免去经常搬家的麻烦 优势 2：获得房价上涨的收益 优势 3：子女可以就近入学 优势 4：自由选择装修风格 优势 5：满足所有者的自豪感	优势 1：可以灵活选择更喜欢的地方居住 优势 2：没有过重的经济负担 优势 3：不用担心折旧、维修和保养 优势 4：用剩余资金能寻找更多投资机会 优势 5：不用担心国家宏观调控
劣势 1：背负每月按揭还款压力 劣势 2：可能因房价下跌而遭受损失 劣势 3：不能轻易改变生活地点	劣势 1：可能要经常搬家 劣势 2：子女就近入学有一定困难 劣势 3：没有归属感

图 11—3　买房和租房居住的优劣势

2. 买房还是租房的参考指标

按照目前国内情况，如果按个人喜好来选择买房还是租房，恐怕大多数家庭会选择买房居住；但如果按照自己的情况客观选择，可能很多家庭选择租房会更合算。

一个家庭要想知道自己更加适合买房还是租房，可以参考两个指标。

❍ 指标 1：收入比——家庭能不能买得起房子

中国人在传统的观念上都偏向于追求稳定的生活，拥有属于自己的住房。但是，国内现状可能是不尽如人意的。在北京、上海等大城市，有一部分低收入家庭是买不起房子的；另外还有部分家庭虽然能勉强凑够首付，但接下来的装修款、家具和每月的房屋月供会影响到整个家庭的生活质量。

衡量家庭是否能买得起房子的指标是“收入比”：

收入比＝房价/家庭年收入

房价中应该包括购房、税费、装修、家具所需资金总额。用收入比衡量家庭买房能力的方法如表 11—1 所示。

表 11—1　　收入比衡量购房能力

收入比小于 5 倍	家庭买房不会造成什么财务负担
收入比大于 5 倍，但小于 10 倍	家庭有能力买房，但可能会比较困难
收入比超过 10 倍	家庭买房会相当吃力

例如，Z 先生家庭一年的工资、奖金、各种投资性收入的总额是 10 万元。那 Z 先生家庭可以购买房子的合理价值应该在 100 万元以内。如果 Z 先生想购买价值 120 万元的房子，就会十分吃力。

按照上述收入比来衡量家庭房屋购买力，比较适合“白手起家”的家庭。如果家庭有大量积蓄或者还有很多负债，具体的标准还要再做浮动。

例如上面的 Z 先生家庭，如果父母可以资助 50 万元做首付，那购买 120 万元的房子也可以接受。但如果家庭已经背负了 50 万元贷款，那再购买 50 万元的房子都不会很轻松了。

❍ 指标 2：租售比——房产市场泡沫有多大

即使家庭有足够的资金，在有些情况下买房居住也不是很好的选择。其中最主要的情况是，当房地产价格受到炒作，价格虚高时，买房居住不如租房合算。

正常情况下，房屋出租价格能比较正常的反映出市场上的房屋供求状况，会一直处在一个比较平稳的区间内运行。而房屋买卖价格容易受到投机者炒作，造成价格虚高的现象。所以用同一地区房屋买卖价格和出租价格比较，可以反映出这个地区的房地产泡沫情况。这样的指标叫做租售比。

租售比＝房屋买卖价格/房屋每个月的租金

用租售比衡量房地产市场泡沫的方法如表 11—2 所示。

表 11—2 收入比衡量购房能力

租售比小于 200	房地产价格处于洼地，应该尽快购买，买入后将房产出租就能获利
租售比大于 200，但小于 300	房地产价格处于合理区间，买房居住或租房居住都可以
租售比超过 300	租房居住更加合算，但是可以考虑买房投机

例如，C 先生想在某小区买一套房子，现在这个小区一套住房租金是每月2 000元。如果房价在 30 万元左右，C 先生买入就会十分合算。即使 C 先生不自己住，贷款买入后再出租，用租金偿还贷款也是合算的。

如果房价涨到 50 万元，买房和租房的实际成本是差不多的。C 先生就需要考虑自己的实际需要，选择买房还是租房了。

如果房价超过 60 万元，C 先生买房就不如租房合算了。用 60 万元买房还不如购买国债，每年 3% ~4% 的利息足够支付房租。而且 C 先生还不用担心房屋折旧、家具损耗等因素。

C 先生最好选择租房居住不表示该房屋没有投资价值。如果 C 先生看好房价以后的走势，完全可以买入房子，等待升值。租售比小于 300 只是一个合理区间，如果房地产市场陷入疯狂，房屋租售比超过 300，甚至超过 1 000 都是有可能的。

三、买房投资决策

购买房产对每个家庭都不是小事。在购买房产时，家庭需要进行周密的规划。家庭买房规划可以包括以下 7 个要点。

❍ 要点 1：确定买房目标

家庭在确定买房目标时应该坚持两个原则：理性和有规划。

每个家庭都应该根据家庭的现有资产、收入、支出等实际情况来确定适合自己的楼盘。并不是所有家庭都需要三室两厅，而是要从家庭实际情况出发，进行规划。住房只要能满足基本的居住需求就可以。家庭在买房时应该尽量避免不必要的额外负担，而培养理性的消费观很重要。

❍ 要点 2：积累首付款

积累首付款是买房的关键。家庭在有买房计划时，首先要定一个目标。例如，在两年内支付首付款。那为了实现自己这个目标，家庭就要合理的分配收入。

利用强制性的储蓄计划来存足首付是很好的办法。每个月固定提出一笔资金，点点滴滴的积累就是一笔财富。另外，年轻家庭也可先向父母借首付款，日后陆续偿还，缩短积累时间和降低潜在的涨价成本。

❍ 要点 3：学习买房常识

学习买房常识是很容易被家庭忽视的一个重要因素。

买房可能需要花费掉几十年的积蓄，而购买房产又是一个很专业的行为。国内的房屋经纪人还很不规范，难以向购房家庭提供专业的咨询和服务。所以在买房前，家庭成员努力学习一些房地产的专业知识是十分必要的。

❍ 要点 4：筛选买房范围

家庭购房时要根据自己的实际情况量力而行。资金不多的年轻人更加适合购买面积小、总价低、首付少的楼盘。另外也可以在市中心买二手房居住。二手房的优势是交通便利、配套方面成熟、价格相对优惠。另外，年轻人的工作流动性可能会比较大，年轻家庭在购房时还应该考虑选择交通便利的地方。即使工作地点变换，自己出行还能依旧方便。

❍ 要点 5：计算出行时间成本

购房前还应考虑出行的时间成本。如果每天花费 2 小时在交通上，那么每个月就是 60 小时，合 2.5 天；1 年下来就是 730 小时，合 30 天。也就是一年中有一个月的时间在坐车或开车。如果把这些时间放到每个家庭成员身上，时间成本的价值就相当可怕了。

因此，建议家庭在买房时把握 5 公里生活圈。就是在家庭收入不变或以后增加幅度不大的情况下，家庭成员的日常工作、生活都应该集中在 5 公里为半径的生活圈内，这样才能最大限度地节约“生活成本”。

❍ 要点 6：了解购房费用

家庭在买房时除了要准备首付款外，还需要准备一定数量的税费。这些费用虽然表面看起来似乎不多，但是与以后的房屋总价结合起来计算的话，还是一笔不小的支出。各种具体费用如表 11—3 所示。

表 11—3　　购房相关税费

交易费用	契税	144 平方米以上：房价 ×3% 写字楼、商铺、车位：房价 ×3% 普通住宅 144 平方米以下：房价 ×1.5% 首次购房且购房面积 90 平方米以下：房价 ×1%
	印花税	房价 ×0.05%
	交易管理费	3 元/平方米
	权属登记费	100 ~ 200 元/套

* 注：以上费率仅供参考，具体应以房管局规定为准。

❍ 要点 7：知道浮动利率

国内住房贷款实行浮动利率政策：当利率变动时，从第二年初开始，实行新利率。

浮动利率政策是很多人在买房时容易忽略的一个因素。2008 年底人民币贷款基准利率是 5.31%，而且大部分银行还实行 7 折或者 8.5 折的利率优惠。但是买房者应该知道，现行的利率水平是 1990 年以来最低的。从 1990 年至今，人民币贷款基准利率的算术平均值是 7.5%，最高在 1995 年曾达到 12.06%。

如果以后利率重新回到高位，购房者房贷中的利息金额可能要成倍增长。表 11—4 是不同利率水平下，贷款 100 万元、20 年偿还、按等额本息还款法，每月需要偿还的月供金额。

表 11—4　　不同利率水平下贷款利率成倍增加

利率水平	贷款金额	每月还贷	还款总额	利息总额
5%	100 万元	6 600	158 万元	58 万元
6%	100 万元	7 164	172 万元	72 万元
7%	100 万元	7 753	186 万元	86 万元
8%	100 万元	8 364	201 万元	101 万元
9%	100 万元	8 997	216 万元	116 万元
10%	100 万元	9 650	232 万元	132 万元
12%	100 万元	11 011	264 万元	164 万元

在表 11—4 中可以看到，利息率每增加 1%，购房者所需偿还的利息总额会大幅增加。所以，买房人在购买房产时需要充分考虑到利率波动风险，为家庭买房计划留下退路。

四、住房公积金的福利

1. 住房公积金制度

住房公积金是单位及其在职职工缴存的长期住房储金，是住房分配货币化、社会化和法制化的主要形式。住房公积金制度是国家法律规定的重要的住房社会保障制度，具有强制性、互助性、保障性、长期性的特点，如图 11—4 所示。

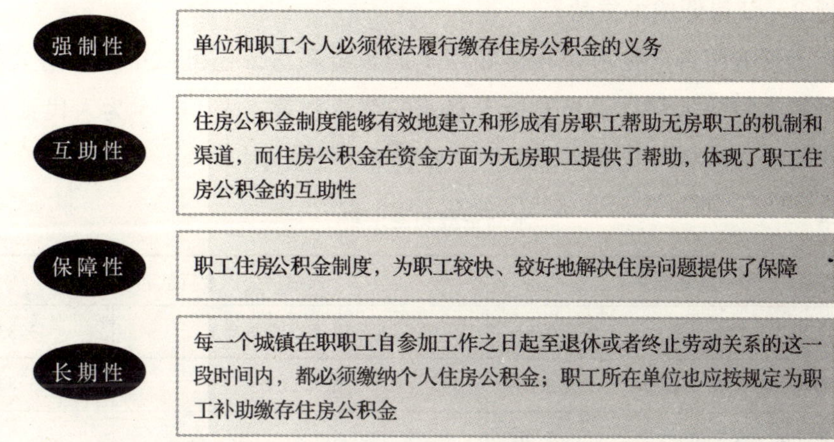

图 11—4　住房公积金制度的特点

计划经济时期，住房实行实物分配，能否分到房子以及能分到多大的房子主要取决于单位效益的好坏，那时人们的工资里没有专门用于住房消费的组成，人们也没有以工资积累去购买住房的消费习惯。

住房制度改革取消了实物分房。单位不再给职工分配住房，转而实行货币化分配，即在工资里体现单位对职工购买住房的支持，这样一来，职工从依赖单位转变为“自住其力”，单位由全包全揽变成发放住房资金，也就是发放住房公积金。住房公积金由单位和个人按同等比例缴存，所谓“个人缴一块，单位贴一块”。

2. 住房公积金的作用

对家庭理财来说，住房公积金主要有四大功能。

❍ 功能 1：获得储蓄和财富

住房公积金制度采用的是“个人积累制”模式，即个人账户所积累的资金，完全归个人所有，强调“以自己的积累解决自身的住房需求”，与养老、失业等社会保障基金采用以社会统筹为主、个人账户为辅的做法形成鲜明对比。

劳动者在缴存住房公积金的同时，也拥有一个住房公积金账户。这个账户相当于在银行的“存折账户”。无论个人缴存还是单位缴存的部分，都会计入这个账户，归劳动者所有。这笔资金日积月累，就能形成一笔可观的“储蓄”。按国家的有关规定，这笔“储蓄”自存入账户之日起就可以获得利息，并且按年复利计算，不交利息所得税。

因此，国家强制要求缴交住房公积金，实际上是以法定强制储蓄的形式为劳动者营造一笔个人财富，这笔个人财富可以用来购买住房，也可以留在银行获得收益。当劳动者退休时，可以把住房公积金本息全部取出，作为退休资金。

❍ 功能 2：获得低成本贷款

劳动者不仅能用自己住房公积金账户上的资金买房，还可以申请住房公积金贷款。住房公积金贷款的利息水平要低于普通的商业贷款。表 11—5 为人民银行 2008 年 12 月 23 日公布的各种贷款利率水平。如表 11—5 所示。

表 11—5　　不同贷款利率水平

金融机构人民币贷款基准利率（%）		个人住房公积金贷款利率（%）	
六个月以内（含六个月）	4.86	五年以下（含五年）	3.33
六个月至一年（含一年）	5.31	五年以上	3.87
一至三年（含三年）	5.40		
三至五年（含五年）	5.76		
五年以上	5.94		

当然，获得住房公积金贷款也要符合规定的条件。例如上海市公积金管理中心就曾在 2010 年初下发了当年的住房公积金贷款政策：对于首次购买普通自住房，且有两个或两个以上家庭成员有住房公积金的贷款家庭，每户家庭最高贷款限额为 60 万元；只有一个人交纳公积金的家庭，使用公积金贷款的最高限额为 30 万元。

❍ 功能 3：放心的偿还贷款

家庭在贷款购买房产后，可以考虑用住房公积金偿还贷款。公积金账户所有者只要带好材料到贷款银行，签订《使用住房公积金归还住房贷款委托书》后，银行就会根据委托，定期从相应的账户中扣款，用于偿还住房公积金贷款或者商业性住房贷款。用住房公积金归还房贷这种方式只需一次委托，即长期有效。之后，银行就可以根据委托书，直接从住房公积金账户中扣款。

使用住房公积金归还住房贷款主要有两种方式，如表 11—6 所示。

表 11—6　　住房公积金偿还贷款方法

一次性还款法	一年一次提取住房公积金偿还贷款本金	相当于每年办理一次提前还贷，节省利息支出，降低以后的月还款额
按月还款法	每月提取住房公积金偿还当月贷款本息	减少借款人的月现金支出，减轻现金流的财务压力

两种还款方式没有优劣之分，需要借款人按照自己的情况加以选择。不管哪种方式，都可以帮助家庭尽量用活住房公积金，持续提高家庭的还贷能力，方便家庭规划其财务安排和还款计划。利用住房公积金偿还贷款，实际上也是一种提高家庭还款能力和住房消费水平的方式。

❍ 功能 4：应对特殊需要

住房公积金是专项的住房储蓄金，其使用有严格的限制。正常情况下，劳动者只能在购买住房或者达到退休年龄时才能动用这笔资金。但住房公积金制度也有人性化的一面，如果劳动者失业，或者家庭遭到变故导致生活困难时，可以申请提取住房公积金用于支付房租、维修基金、物业管理费等。

第二节 不同家庭的房产投资方案规划

一、"房奴"家庭的还贷方案

家庭财务状况

家庭基本情况

生活城市：青岛

家庭成员：

丈夫：金先生，32 岁，外企职员，月收入 7 500 元，年终奖金约 1.2 万元，住房公积金每月约 800 元。

妻子：谭女士，30 岁，公司财务，月收入 2 000 元，年终奖金约 3 000 元，住房公积金每年约 200 元。

女儿：2 岁。

住房情况：

金先生夫妻刚刚购买了一套住房，市值 120 万元。首付加税费、装修、家具共 50 万元几乎花光家里多年的积蓄。同时家庭还背上了每月 5 000 元的银行贷款，共需要偿还 20 年，算下来总共欠银行 120 万元。

家庭收支情况（单位：元）

收　　入		支　　出	
金先生每月收入	7 500	每月饮食消费	1 000
谭女士每月收入	2 000	服饰、娱乐等其他费用	1 500
住房公积金收入	1 000	子女教育费	1 000
		房屋贷款	5 000
月收入合计	10 500	月支出合计	8 500
月度性结余（月收入合计 - 月支出合计）		**2 000**	
年终奖金	15 000		
年收入合计	141 000	年支出合计	102 000
年度性结余（年收入合计 - 年支出合计）		**39 000**	

家庭资产负债情况（单位：万元）

家庭资产		家庭负债	
现金及活期存款	2	房屋贷款	120
定期存款	3		
股票投资	10		
房产市值	120		
资产合计	135	负债合计	120
家庭财产净值（资产合计－负债合计）	**15**		

家庭理财目标

- 家庭每月偿还贷款压力巨大，希望减轻这种压力。
- 为女儿上小学筹备资金。

家庭财务状况分析

金先生家庭属于典型的“房奴”家庭：为买房不仅花光积蓄，还背负了巨额债务。现在家庭已经处在“资不抵债”的边缘，而且每月的收入要拿出一半来偿还贷款。可以说，金先生这次买房行动是十分不理性的。这种不理性的买房导致家庭财务处在危机边缘。

既然买房的事实已经发生，金先生现在只能是尽量优化家庭收支计划，减轻还贷压力。减轻压力的方法可以从节流、开源、保障三方面考虑。

第一，家庭需要减少日常支出，进一步节流；

第二，寻找合适的投资方法，保证家庭资产稳定增值；

第三，金先生作为家庭收入的主要来源，需要有一份完善的保险规划。

女儿上小学还要 5 年。金先生可以选择指数基金定投，每月投资少量资金，这样积少成多，5 年后可以攒足女儿的教育费。

☆ 家庭理财规划设计

金先生家庭现在最重要的是制定一份完善的偿还房贷计划，在保证偿还贷款的同时，慢慢筹集女儿教育金。而金先生作为家庭支柱，他的保险计划要比女儿教育金更重要，需要尽快筹备建立。

☆ 留出备用金

金先生家每月大部分收入都要偿还贷款，财务风险较高。因此应该留出更多资金作为家庭生活备用金。建议留出相当于6个月家庭总支出的备用金，约5万元。

金先生家庭目前的活期存款和定期存款正好5万元，可以作为生活备用金。定期存款的变现能力较差。因此建议金先生等存款到期后，用这笔资金购买货币市场基金，保持资金的安全性和流动性。

☆ 坚持股票投资

金先生家庭有10万元股票投资，这笔资金是金先生家庭资产中可以增值的部分，建议金先生继续坚持。金先生在股票投资时，最好以长线投资为主，坚持安全稳健的投资策略。

☆ 规划结余，筹集教育金

金先生每月结余有2 000元，这笔资金虽然不多，但也需要仔细规划。可以拿出1 000元购买指数基金，作为子女教育金，等5年后逢高卖出。假设这份基金的年收益率为6%，5年后可以有6.8万元。

如果金先生认为6.8万元不够女儿上学的需要，或者基金投资不顺利，没有达到预期收益，可以等家庭收入增加后再适当追加投资规模。

另外1 000元可以作为浮动资金，应对家庭可能出现的小幅收支变化。如果用不到，可以继续追加到股票投资中，寻求资产增值。

☆ 购买保险

金先生是家庭收入的主要来源，但他只有社保，没有其他保障，这是十分危险的。建议金先生尽快构建一个完善的风险保障，其中应该包括足够的重大疾病险、意外伤害险和寿险。如果有余力，金先生还可以购买一份养老保险。

另外，谭女士虽然不是家庭经济支柱，但也是家庭幸福的保障。在筹备家庭保险计划时也应该为谭女士购买商业保险作为社保的补充。

夫妻二人各种保险的年花费总额应该控制在1.5万元以内，总保额在150万元左右。金先生夫妻的年终奖金可以全部用来缴纳保费。

对金先生家庭资产配置调整的具体建议（单位：万元）		
家庭理财项目	理财现状	目标状态
现金及活期存款	2	2
定期存款	3	0
货币市场基金	0	3
股票投资	10	继续坚持，每月追加1 000元
指数型基金定投	0	每月定投1 000元
商业保险	0	每年投保15 000元

理财经验总结

如果一个家庭的房贷月供超过家庭月收入的40%，那这个家庭就被称为“房奴”家庭。“房奴”家庭会承受巨大压力，正常家庭消费会受到影响，导致生活质量下降。所以在买房前就应该对家庭收支做合理估算，尽量不要让月供超过月收入的40%。

万一家庭已经成为“房奴”，也不用过分担心。对“房奴”家庭最重要的是风险保障。这包括两方面：一是风险准备金，要至少保证家庭半年的消费、月供需要；二是商业保险，减少意外风险对家庭造成的影响。

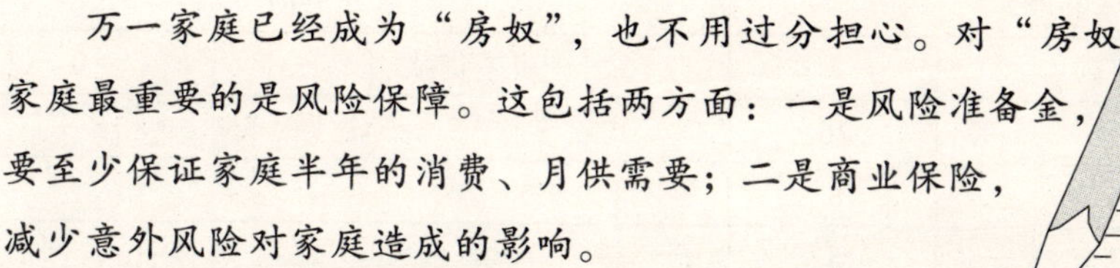

二、工薪家庭的二套房产投资方案

家庭财务状况

家庭基本情况

生活城市：合肥

家庭成员：

妻子：田女士，39岁，医院护士，月收入4 000元，年终奖金约6 000元。

丈夫：杨先生，36岁，机关公务员，月收入5 000元，年终奖金约1万元。

女儿：12岁，小学6年级。

住房情况：

田女士家庭有自有住房一套，是丈夫单位的福利分房，只能自住，不能出售。另外田女士计划再购买一套房屋投资。夫妻共有未提取公积金 5 万元，可以申请公积金贷款 35 万元。如果贷款购买房产后，夫妻每月还有约 1 000 元公积金可以拿出来偿还房贷。

家庭收支情况（单位：元）

收入		支出	
田女士每月收入	4 000	每月饮食消费	500
杨先生每月收入	5 000	服饰、娱乐等其他费用	1 500
住房公积金收入	1 000	子女教育费	1 000
月收入合计	10 000	月支出合计	3 000
月度性结余（月收入合计 - 月支出合计）	**7 000**		
年终奖金	16 000		
年收入合计	136 000	年支出合计	36 000
年度性结余（年收入合计 - 年支出合计）	**100 000**		

家庭资产负债情况（单位：万元）

家庭资产		家庭负债	
现金及活期存款	2	房屋贷款	0
定期存款	20		
股票投资	8		
未提住房公积金	5		
资产合计	35	负债合计	0
家庭财产净值（资产合计 - 负债合计）	**35**		

家庭理财目标

- 希望投资房产，盘活住房公积金，获得额外收益。
- 股票投资大量亏损，希望更换投资方式。
- 为女儿筹集上大学、出国留学的教育金。

❖ 家庭财务状况分析

田女士家庭属于收入稳定、结余比例较高的家庭，家庭积攒资产速度较快，对风险抵御能力较强。对田女士来说，如何有效利用结余来投资增值是一大问题。

购买房产盘活公积金的想法对田女士家庭十分可行。利用住房公积金和部分存款支付首付，同时申请低利率的住房公积金贷款，之后再利用房租和住房公积金偿还房贷，等贷款还完，就可以获得稳定的房租收入。

☆ 家庭理财规划设计

田女士家庭结余比例很高，需要将这些资产进行合理配置。

☆ 留出备用金

建议田女士准备够6个月日常支出的资金作为备用金，即2万元。这2万元可以选择银行活期存款，也可选择货币市场基金。另外田女士夫妻可以每人办一张信用卡，在需要的时候刷卡消费。

☆ 充分利用公积金贷款，购买房产

住房公积金贷款的年利率只有3.87%，这个利率水平甚至要低于一些固定收益类的银行理财产品。所以建议田女士最大限度的使用公积金贷款，完成自己的买房计划。

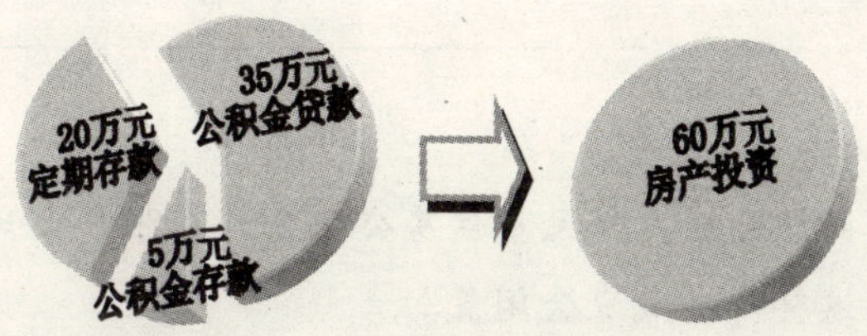

按照田女士家庭目前的经济状况，可以购买60万元左右的房屋，其中包括5万元税费和简单装修需要的资金。这60万元资金可以用20万元定期存款、5万元公积金缴存余额和35万元公积金贷款一起支付。

☆ 房产出租，获得长期稳定收益

田女士的20万元定期存款中，可以拿出15万元支付购房首付，另外5万元支付购房的各类税费，对房屋进行简单装修，够买部分家具，方便出租。

35万元公积金贷款，期限20年，按年利率3.87%计算，每月需要偿还贷款本息约2 100元。其中用住房公积金冲抵1 000元，剩余部分用房租偿还。价值60万元的房子，月租金大约2 000元（按租售比300计算）。这样每月可以赚900元。

☆ 改变投资策略

田女士家庭的股票投资大幅亏损，现在有市值 8 万元。如果夫妻二人都不愿再投资股市，可以将这部分资金从股票市场中撤出，选择股票型基金或者风险较低的债券型基金投资。

☆ 定投基金，筹集子女教育金

田女士家庭结余较多，可以每月从结余中拿出 5 000 元进行基金定投，坚持 6 年。投资时可以选择指数型基金和债券型基金组合。假设组合年收益率 5%，6 年后可以有 40 万元资金供女儿上学使用。

对田女士家庭资产配置调整的具体建议（单位：万元）

家庭理财项目	理财现状	目标状态
现金及活期存款	2	2
定期存款	20	0
股票投资	8	0
未提取住房公积金	5	0
房产投资	0	60
债券型基金投资	0	8
指数型基金和债券型基金组合定投	0	每月定投 5 000 元

理财经验总结

如果家庭没有买房计划，将大量住房公积金放在账户上只能拿到不多的利息，这样会造成资金闲置。

像田女士这样购买房产，将资金盘活是很好的选择：用积累的住房公积金支付首付，并且充分利用公积金贷款额度获得低息贷款，每月偿还房贷时再用公积金和房租冲抵，获得租金差价。

在买房出租时应该重点考虑房屋的区位因素，位于市中心、交通便利的房子要比市郊的房子更好出租，租金也可能更高。

三、全职太太的房产激活方案

家庭财务状况

家庭基本情况

生活城市：重庆

家庭成员：

妻子：沈女士，31 岁，全职太太。

丈夫：刘先生，35 岁，与朋友合伙做生意，按年分红。每年收入多则 30 万元左右，少则 10 万元左右。

女儿：7 岁，刚上小学。

住房情况：

沈女士家庭有自住商品房一套，房贷已经还清。这套房屋市价约 120 万元。另外沈女士在结婚前还自己购买了一套小户型公寓，已经闲置多年。这套房子市价大约 30 万元，虽然位于市中心，但因为多年没有保养，现在并不容易出租。

家庭收支情况（单位：元）

收　　入		支　　出	
		每月饮食消费	2 000
		服饰、娱乐等其他费用	1 500
		子女教育费	1 000
		雇佣保姆支出	1 500
月收入合计	0	月支出合计	6 000
月度性结余（月收入合计 - 月支出合计）		**-6 000**	
刘先生生意分红	100 000 ~ 300 000	保险费用	20 000
		孝敬父母	30 000
年收入合计	100 000 ~ 300 000	年支出合计	122 000
年度性结余（年收入合计 - 年支出合计）		**-22 000 ~ 178 000**	

家庭资产负债情况（单位：万元）

家庭资产		家庭负债	
现金及活期存款	2		
定期存款	10		
国债投资	8		
股票投资	30		
自住房产	120		
投资性房产	30		
资产合计	200	负债合计	0
家庭财产净值（资产合计－负债合计）	**200**		

家庭理财目标

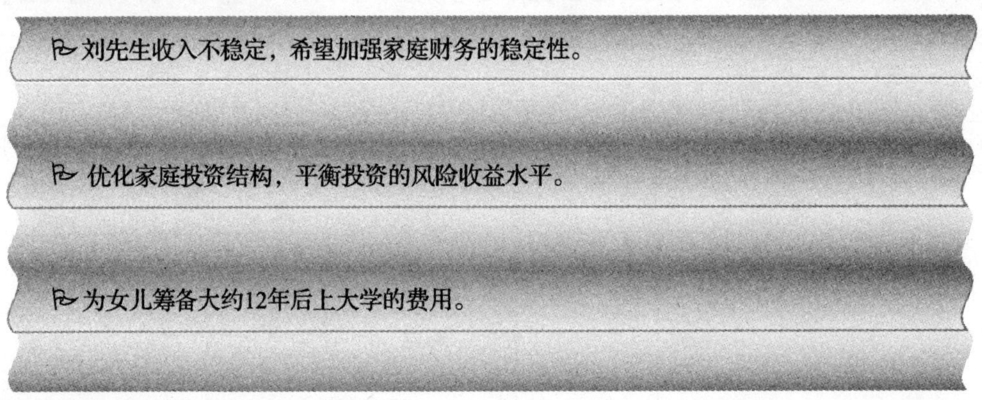

❖ 家庭财务状况分析

沈女士家庭收入波动较大，需要加强财务稳定性。解决这个问题最直接的办法是留出足够的生活准备金，收入少时拿出准备金消费，收入多时再补足准备金。这样可以平衡不同年份收入的差异。

沈女士要为女儿筹集上大学的费用，最好的办法是进行指数型基金定投，利用长期投资来摊匀成本。基金定投需要一份稳定的收入来源。为了获得稳定的收入，沈女士可以将其小户型公寓出租。

☆家庭理财规划设计

沈女士家庭收入不稳定，在制定家庭理财计划时需要以稳定为主，减少高风险投资比例增加稳定的低风险投资数量。

☆留出备用金

沈女士家庭最低收入水平与支出的差额大约2.2万元，建议她留出6万元做风险准备金。收入少时拿出准备金消费，收入多时再补足准备金。这样即使连续3年家庭收入都处在最低水平上，也不会影响到家庭消费水平。

除了2万元银行活期存款外，沈女士还可以卖出4万元股票补足这6万元资金。卖出股票的4万元可以购买货币市场基金，寻求比活期存款更多的收益。

☆装修公寓出租，定投女儿教育金

沈女士可以将原有小户型公寓装修出租，用租金来购买指数型基金定投，作为女儿教育金。

这套房屋虽然“年久失修”，但位于市中心，交通便利。沈女上可以卖出3万元股票，将房屋作简单装修，再添置部分家具。装修好后这套房子每月租1 000元应该没有问题。用这1 000元基金定投，长期坚持，假设年收益率6%，12年后可以有20万元。

☆减少股票投资，转投低风险品种

沈女士家庭有股票投资30万元，除去备用金和教育金共使用7万元外，还有23万元。这笔投资风险较高，建议再卖出15万元，转投低风险的国债或者债券型基金。剩余8万元继续留在股市中，寻求高收益。

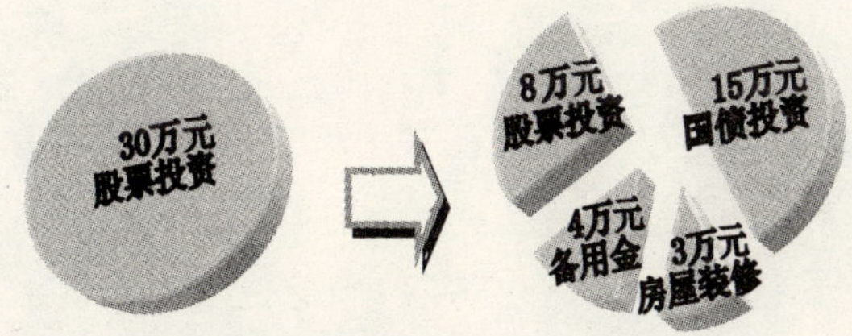

☆坚持定期存款，合理配置存款期限

沈女士家庭有定期存款10万元。这些存款虽然占用资金多，收益不高，但没有风险，可以对家庭财务状况起到稳定作用，所以沈女士最好保持现状。

在选择定存期限时，沈女士可以灵活配置。将存款期限集中在1年短期存款和5年长期存款上，既能应对短期可能出现的消费需求，又可以获得长期存款的高利息收益。

对沈女士家庭资产配置调整的具体建议（单位：万元）

家庭理财项目	理财现状	目标状态
现金及活期存款	2	2
货币市场基金	0	4
定期存款	10	10
国债投资	8	23
股票投资	30	8
投资性房产	30	33

理财经验总结

如果家庭收入波动较大，在制定家庭理财计划时应该以稳定为主，过高比例的股票投资不利于家庭财务稳定，而债券、定期存款和房地产投资都是稳定家庭财务状况的有效工具。

房产闲置是很不明智的行为。沈女士只要花不多的资金装修闲置房产、购买少量家具，就可以将房产顺利出租。房屋出租后每个月都可以获得一笔稳定的收益。用不了几年，租金就可以将小额装修投入完全收回。

第十二章

教育投资理财方案规划

教育投资是所有投资中，回报最为丰厚、意义最为重大的投资。

第一节　每个家庭必备的教育投资技巧

一、“重金成城”的教育投资

对于越来越多的父母来说，养育孩子已经不再是多一副碗筷那么简单的事了，而是“重金成城”的教育投资。没有哪位父母不希望自己的孩子“成龙成凤”。只要有一定的经济条件，每个家庭都会花费“重金”，让自己的孩子读最好的学校，受最好的教育。

同时，养育子女是一个长达十几年的过程。作为家长，应该大致了解子女在不同成长阶段的消费需求，早作打算。培养一个孩子具体可以分为 5 个阶段。

❍ 婴儿阶段：0 周岁 ~2 周岁

这个阶段有两年，孩子的各种支出大约需要 4 万元，如表 12—1 所示。

表 12—1　　**婴儿阶段各项支出**

奶粉：**17 000** 元	奶粉是一笔较大的开支。一罐 900 克的奶粉，一般婴儿大约每周就需要一罐。按一罐奶粉 150 ~200 元计算，每月需要 700 元左右。这笔费用每年要 8 400 元，到 2 岁之前大约要 17 000 元。如果母乳喂养，可以节省不少资金
生活用品：**7 000** 元	这个时期孩子的生活用品包括：尿不湿、婴儿床、衣服、婴儿被、奶瓶、爽身粉、玩具等。这笔费用平均每月至少要 300 元，每年 3 600 元
医疗费：**5 000** 元	现在医疗费用高昂，即使孩子身体好，也难免要打针吃药，保守估计每年打针、吃药、住院费 2 000 元；各种收费疫苗的费用每年大约要 500 元，合计每年 2 500 元
早期教育班：**10 000** 元	谁都不想让自己的孩子输在起跑线上。现在的早教班、亲子班覆盖了从孩子出生到幼儿园前的两年，每周可能有 1 ~2 次课，每次课 100 ~150 元。这样算下来每年大约 5 000 元，两年大约要 10 000 元

❍ 幼儿园阶段：3 周岁～6 周岁

这个阶段总共 4 年，孩子的各种支出大约需要超过 15 万元，如表 12—2 所示。

表 12—2　　幼儿园阶段各项支出

幼儿园学费：**10** 万元	幼儿园一般分为婴班、小班、中班、大班四学年。不同幼儿园学费会有较大差异，每个月大概 1 000～3 000 元不等，按平均每月 2 000 元计算，4 年约 10 万元
食品：**10 000** 元	这个时期孩子食品花费会减少，主要包括：零食、牛奶、鸡蛋等，而且幼儿园大都提供三餐，所以每月食品费用大约 200 元，每年 2 500 元
衣服：**8 000** 元	这个时候的孩子长个儿块，几乎一天一个模样，每年都要更换新衣服，所以衣服支出较多，每年大约要 2 000 元
玩具娱乐：**4 000** 元	孩子的玩具支出每年至少要 500 元；另外，带孩子外出旅游、逛公园，保守估计每年要额外花去大约 500 元，两项加起来每年总共 1 000 元
兴趣班：**2.5** 万元	从 4～5 岁开始，就需要培养孩子的各种兴趣了。参加各种兴趣班学习每月大约需要 1 000 元。按学习两年计算，总共需要 2.5 万元
医疗费：**6 000** 元	这个时期的孩子虽然抵抗力有所增强，但感冒发烧是难免的，而且小孩贪玩好动，很可能会磕伤碰伤。每年住院看病费用至少 1 500 元，4 年是 6 000 元

❍ 义务教育阶段：7 周岁～15 周岁

这个阶段总共 9 年，孩子的各种支出大约需要 17 万元，如表 12—3 所示。

表 12—3　　义务教育阶段各项支出

书籍、资料：**5 000** 元	在义务教育阶段，只要孩子上公办学校费用会比较低。主要是购买书籍和各种资料的费用。这些费用每年大约 500 多元，9 年大约 5 000 元
食品：**3** 万元	这个时期孩子虽然和父母一起吃饭，但也需要一些零食、营养品等，平均每月 300 元，9 年大约需要 3 万元
衣服：**2** 万元	这个时期的衣服消费和幼儿园相比并不会有太大变化，每年约 2 000 元，9 年大约 2 万元
玩具娱乐：**1** 万元	这个时期的玩具娱乐费用和幼儿园相比也不会有太大变化，每年约 1 000 元，9 年大约 1 万元
课外兴趣班：**10** 万元	课外辅导班是义务教育阶段的主要消费。按每月 1 000 元来算，9 年总共需要约 10 万元
住院看病：**5 000** 元	这个时期孩子的医疗费用会有所减少，但每年至少也需要 500 元，9 年大约 5 000 元

❍ 高中阶段：16 周岁 ~18 周岁

这个阶段总共 3 年，孩子的各种支出大约需要 10 万元以上，如表 12—4 所示。

表 12—4　　高中阶段各项支出

学费：3 000 元	高中开始要缴纳学费，不同学校的学费会有所不同，普遍在每年 1 000 元左右
食品、营养品：1.8 万元	高中阶段学习压力大，需要一些营养品。孩子每月的食品、营养品支出至少要 500 元，每年 6 000 元
衣服：1 万元	高中的孩子开始逐渐对着装挑剔，但考虑到学校有统一校服，这个时期每年的衣服支出可以控制在 3 000 元左右，3 年总共约 1 万元
家教、补习班：7.2 万元	聘请家教、补习班学费是孩子在高中的主要支出，按每月 2 000 元计算，每年需要 2.4 万元，3 年下来要 7.2 万元左右

❍ 大学阶段：19 周岁 ~23 周岁

这个阶段总共 4 年，孩子的各种支出大约需要 5 万元，如果孩子读艺术、体育类专业，支出大约还要多 2 万元，如表 12—5 所示。

表 12—5　　大学阶段各项支出

学费、住宿费：2 万元	现在大学每年的学费和住宿费大约 5 000 元，这样 4 年总共 2 万元。如果是艺术生、体育生等，这部分支出要翻倍
生活费：3 万元	大学阶段的孩子已经可以独立，每月只需要给他生活费，就不用再管衣服、娱乐等支出。按目前大学消费水平，每月 600 元生活费可以够孩子花费，4 年总共需要大约 3 万元

注：以上四个学习阶段所花费的费用会因为地区以及个人理念等原因有所差异，表中数字仅供参考。

从婴儿、幼儿园、义务教育，到高中、大学 5 个阶段，按照目前消费水平养育一个孩子的总支出至少需要 4 + 15 + 17 + 10 + 5 = 51 万元资金。根据新浪财经调查显示：83% 的家庭认为在孩子的教育费用上感到吃力；54% 的家庭在孩子身上的支出超出了家庭收入的 20%；有的家庭甚至将家庭总收入的 50% 都投入到孩子身上。正因如此，面对沉重的教育负担，每个家庭都需要制定一份详细的理财规划。

二、攒出家庭教育金

对很多家庭来说，子女教育费用是仅次于购房的一项支出。作为父母，在保证家庭日常开支的前提下应该尽可能早地开始筹集子女的教育金。越早开始准备，教育金对家庭财务的压力就会越小。家庭在筹集教育金时可以考虑以下 5 种方法。

○ 方法 1：教育储蓄

教育储蓄是个人居民为其子女接受非义务教育（指九年义务教育之外的全日制高中、大中专、大学本科、硕士和博士）而每月定额存款、到期支取本息的储蓄。教育储蓄的特点和作用，如图 12—1 所示。

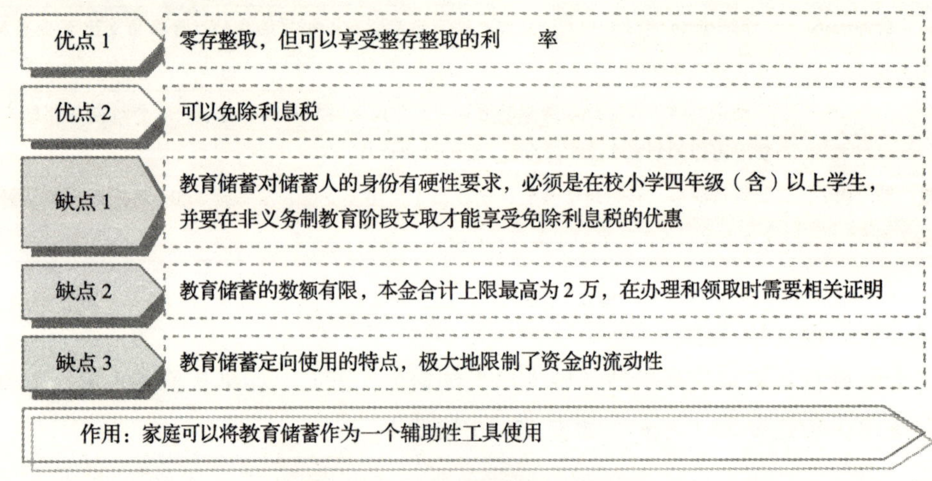

图 12—1　教育储蓄的特点和作用

○ 方法 2：教育保险

教育保险又称教育金保险、子女教育保险、孩子教育保险，是以为孩子准备教育基金为目的的保险。孩子从出生到十四五岁都有资格投保教育保险，然后从上中学开始，保险公司分阶段给付现金。教育保险的特点和作用如图 12—2 所示。

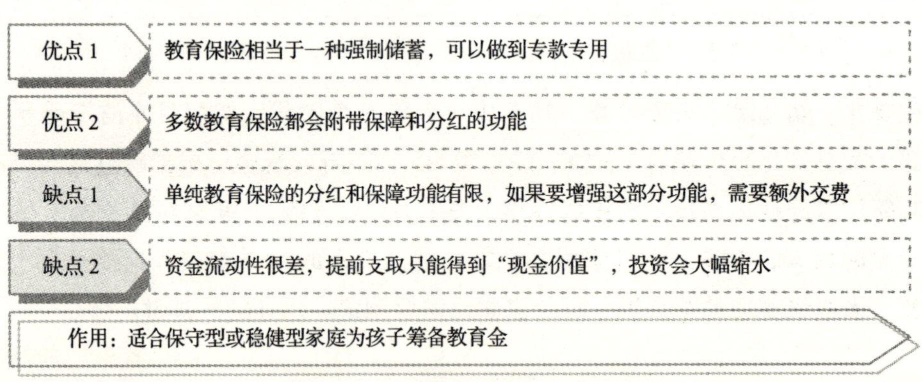

图 12—2　教育保险的特点和作用

○ 方法 3：银行教育理财产品

银行教育理财产品是银行推出的教育理财类产品。这类理财产品主要是通过本、外币市场和货币市场，利用债券、票据以及其他衍生工具进行投资获益。银行教育理财产品的特点和作用，如图 12—3 所示。

优点 1　教育理财产品对购买者没有身份限制

优点 2　购买金额没有上限，还可以一次性购买，但每一期理财产品的发行总量会有限制

优点 3　教育理财产品收益率要比固定存款利息高，安全性也很高

缺点 1　教育理财产品可供选择的产品种类较少

缺点 2　教育理财产品在期限上可能偏向于中长期，未到期可能无法赎回，即使有的产品能赎回也会有违约罚息，所以这类产品的流动性很差

缺点 3　银行对教育理财产品大多有单方面提前终止的权利

作用：适合风险偏好保守，有长期投资打算的家庭为孩子筹备教育金

图 12—3　银行教育理财产品的特点和作用

❍ 方法 4：基金定投

基金定投是定期定额投资基金的简称，是指在固定的时间以固定的金额投资指定开放式基金的方式。投资者通过基金定投，可以每月固定投资一定金额，等孩子上学时赎回使用。基金定投的特点和作用，如图 12—4 所示。

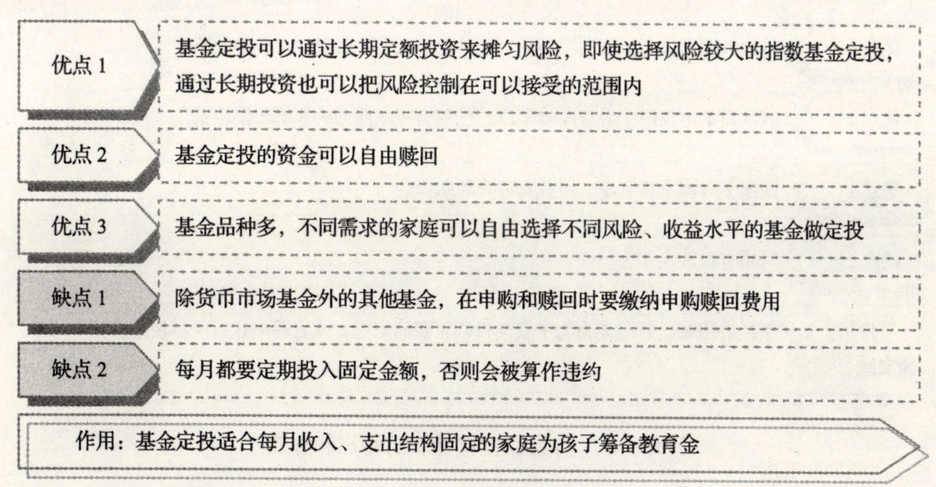

图 12—4　基金定投的特点和作用

❍ 方法 5：教育贷款

我国的教育贷款分为国家助学贷款和商业性教育贷款两种。

国家助学贷款是由政府主导、财政贴息，银行、教育行政部门与高校共同操作的，专门帮助高校贫困家庭学生的银行贷款。借款学生通过学校向银行申请贷款，

用于弥补在校学习期间学费、住宿费和生活费的不足，毕业后分期偿还。

国家助学贷款的特点和作用，如图 12—5 所示。

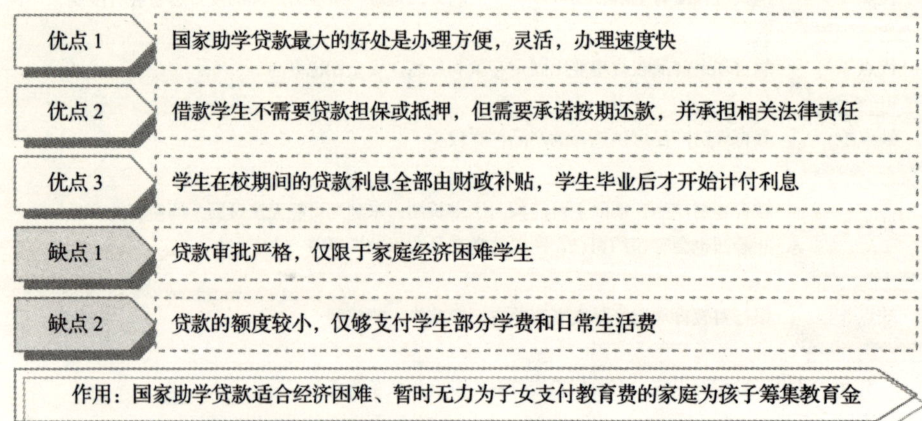

图 12—5　国家助学贷款的特点和作用

商业性教育贷款是指商业银行向学生或学生父母、配偶和其他监护人发放，用于支付银行指定学校的学费、杂费、生活费、住宿费、社会实践费等费用的贷款。

商业性教育贷款的特点和作用，如图 12—6 所示。

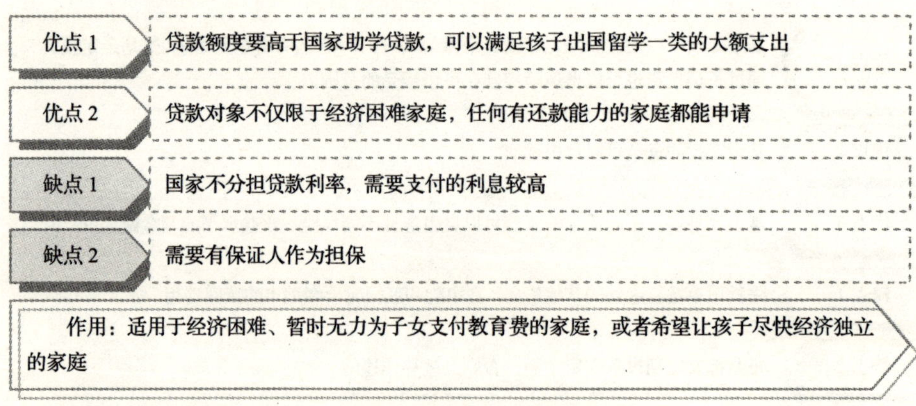

图 12—6　商业性教育贷款的特点和作用

三、花钱也有大学问

合理的花钱要比攒钱更难。很多家庭在将资金投入到孩子教育上时，都存在着不同程度的非理性行为，容易走入一些误区。

❍ 误区 1：学习也跟风

案例：一天周女士去同事家串门，发现同事的女儿在学钢琴。同事在聊天中讲了学钢琴的许多好处。周女士心血来潮，回家就为自家女儿也买了钢琴并且请来老师。女儿开始几天还有些好奇，但不到两个月就心生烦躁，不愿再学。周女士百般劝说都没有效果，最后只好放弃，买钢琴和请老师的 2 万元都“打了水漂”。

有道是“术业有专攻”，家长在教育子女时跟着“潮流”走不如让孩子专心学习自己喜欢的东西。家长为孩子选择课外兴趣班时，首先应该尊重孩子的兴趣，不能根据自己的意愿代替孩子做选择。

另外，孩子的兴趣很不稳定，容易改变。父母在咨询孩子意见后，应该向他充分说明这件事情的难度。如果孩子仍然表现出浓厚的兴趣，父母才可以最终决定。经过这样一番过程作出的选择，孩子会很欢迎，他之后的学习的过程会很快乐。而且在学习过程中遇到困难时，他也会积极克服，最终取得好的结果。

❍ 误区 2：忽视感情投资

案例：小学生甜甜在作文中写道“爸爸妈妈都是大忙人，每天早出晚归，没有一点空闲时间。每次学校开家长会，都是奶奶带我去。老师在家长会上表扬我，他们都不知道”。

现在，很多家庭都有一种共识：要赶快赚钱，赚更多的钱让孩子上更好的学校。家庭必须具有一定的经济能力，才能供孩子上学、报昂贵的辅导班等，因此许多家庭重视金钱的积累和投入是无可厚非的。

但是，许多家长忙于工作，很少有空陪孩子，甚至有些家长对子女的思想、认识、情感需求不闻不问、听之任之。因此，在父母和孩子之间，沟通越来越少，隔阂越来越多，代沟越来越深，感情也越来越疏远。

❍ 误区 3：投入过多，给孩子太大压力

案例：郑先生为了让儿子上重点高中，支付了巨额“赞助费”，几乎花光家里积蓄。儿子小郑在知道这个事情后，背负了巨大的心理压力。本来学习成绩还可以的小郑成绩开始下滑，而越学不会自己就越愧疚，压力也越来越大。

有的父母自己小的时候，由于经济条件、社会背景等原因没有受到良好的教育，就把全部希望寄托在孩子身上。为了孩子，在教育投资上非常慷慨，宁可自己受苦受累，也要孩子多学点东西。这些父母的心情固然可以理解，但是，在父母的高期望下，孩子的负担会越来越重。在子女教育投资时，一定要量力而行，避免家庭和子女都背负巨大的心理压力。

四、从小培养孩子的理财观

俗话说“授人以鱼，不如授人以渔”，家长给孩子留下财产，不如教会他们科学的理财方法，这才是长远之计。从小开始学习科学的理财观念，对一个孩子的成长有许多好处。从短期看，孩子不会养成乱花钱的坏习惯；从长期看，科学的理财观念有利于孩子更早具备独立生活能力，对他们以后的发展大有好处。

在孩子成长过程中，家长可以创造条件培养孩子的理财意识，锻炼他们的理财能力。家长在培养孩子的理财能力时，可以参考以下几个方法。

❍ 方法 1：让孩子参与家庭决策

小孩子没有生存压力，对家庭外部的经济环境基本没有了解。为了培养孩子的理财意识，家长可以让孩子参与家庭未来规划，在具体的事务中使他形成直观的感受。例如，与孩子一起规划家庭度假花费、孩子上大学的支出等。

❍ 方法 2：做家务赚钱

有的家庭会让孩子通过做家务来赚取零用钱，让孩子明白钱财来之不易。这是很好的方法，但是在日常生活中，绝对不能让家务报酬成为常态。父母应该让孩子知道，在享受这个家庭带给他的幸福之外，他还应承担对这个家庭的责任和义务，而家务就是他必须要承担的义务之一。

❍ 方法 3：定期给零花钱

很多家长担心孩子乱花钱，每次给孩子的零用钱都很少，用完了再给一点儿，这样做的弊端是：孩子会养成“花钱就伸手要，一有钱就花光”的习惯。对此，家长可以一次性给足孩子一周或半个月的零花钱，让孩子自己安排零花钱的开销。一开始孩子可能管理不善，很快把钱花光，但长久下来，他会意识到用钱必须有度，就能养成规划财务的习惯。

❍ 方法 4：合理的奖金

培养孩子的理财习惯需要鼓励和奖赏。在孩子刚开始学着理财时，家长可以给予他适当的奖励。例如，孩子每一周的零花钱能存下多少，下一周就多发多少。这样坚持一段时间后，孩子就能自己自觉坚持良好的储蓄习惯。

❍ 方法5：高利息的贷款

孩子自制力差，难免有零用钱不够花的情况。这时可以给孩子一定“信贷额度”，发放贷款。但是对贷款要加收高比例的利息，比如每天10%。到再发零用钱时直接从里边扣除。这样可以让孩子知道透支消费的可怕，以后再消费时就会有所克制。

学习理财，跟学习别的东西一样，都要经过失败与尝试才有可能成功。越早开始让孩子学习理财，就越能够让孩子得到更多学习的机会。如果孩子在理财过程中遇到困难或失败，家长也不用担心。小孩子的失败是用小额损失换取宝贵的经验。

例如，一个孩子因为过度消费而“资不抵债”，可能只是几百元的损失。他却能通过这样的教训知道计划消费的重要性。如果等他独立后再犯同样的错误，就绝对不是损失几百元这么简单了，严重的可能会使整个家庭陷入财务危机。

第二节　不同家庭的教育投资方案规划

一、工薪家庭子女留学方案

家庭财务状况

家庭基本情况

生活城市：桂林

家庭成员：

丈夫：陈先生，45 岁，公务员，每月收入 6 000 元，每年年终奖金约 5 万元。

妻子：童女士，41 岁，事业单位会计，每月收入 4 000 元，每年年终奖金约 2 万元。

女儿：13 岁，初中二年级。

住房情况：

陈先生家庭住在单位福利分房里，近期并没有买房、换房打算。

家庭收支情况（单位：元）

收　　入		支　　出	
陈先生每月收入	6 000	每月饮食消费	1 500
童女士每月收入	4 000	服饰、娱乐等其他费用	2 500
		子女教育费	2 000
月收入合计	10 000	月支出合计	6 000
月度性结余（月收入合计－月支出合计）	**4 000**		
陈先生年终奖金	50 000	女儿教育保险	10 000
童女士年终奖金	20 000	旅游支出	10 000
年收入合计	190 000	年支出合计	92 000
年度性结余（年收入合计－年支出合计）	**98 000**		

家庭资产负债情况（单位：万元）

家庭资产		家庭负债	
现金及活期存款	2		
定期存款	30		
教育保险余额	10		
资产合计	42	负债合计	0
家庭财产净值（资产合计－负债合计）	**42**		

家庭理财目标

想让女儿在5年后出国留学，需要筹集大约80万资金。

优化家庭投资结构，寻求资产增值。

家庭财务状况分析

陈先生家庭每年收入 19 万元，结余接近 10 万元，虽然属于工薪家庭，但收入较高，结余比例也比较合理。

陈先生家固定存款有 30 万元，这部分资产占用资金太多，并不利于家庭财产增值，需要适当调整。

陈先生家庭存款和教育保险有 40 多万元，另外每年还能结余 10 万元左右。陈先生要在 5 年后筹集 80 万元子女出国的教育金并不困难。

家庭理财规划设计

陈先生家庭现在最需要解决的问题是要合理规划家庭资产，在保证女儿教育支出的基础上追求家庭资产增值。

☆ 留出备用金

陈先生家庭每月支出有 6 000 元，2 万元现金及活期存款足够家庭 3 个月的生活需要。对陈先生家庭来说，这些资金足够作为生活备用金。

☆筹集子女教育金

陈先生家庭有教育保险余额10万元，每年教育保险支出1万元，这笔资金在女儿5年后上学时总共投入15万元。

陈先生家庭每年的结余中可以拿出8万元作为子女教育金，5年总共投入40万元。另外陈先生家庭现有的资产中也可以留出20万元作为子女教育金。这两部分资金可以继续存成定期存款或者购买国债，等女儿上学时拿出使用。

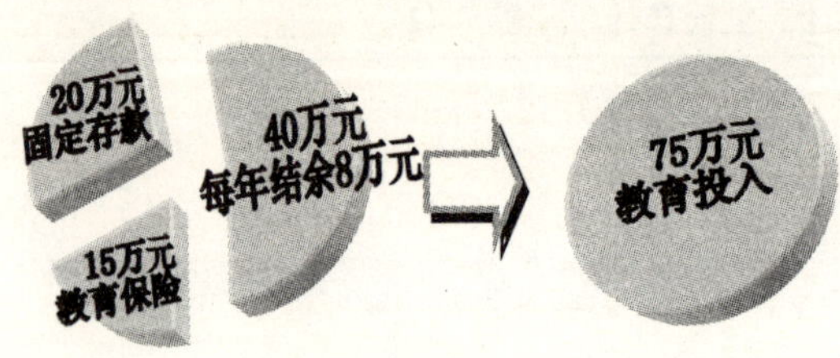

这样先后投入总共75万元，按保险和存款投资平均每年3%的收益率计算，5年后陈先生可以积攒82万元，足够女儿上学的需要。

☆灵活投资，寻求高收益

除了生活备用金和子女教育金的需要外，陈先生家庭还有10万元定期存款和每年1.8万元结余。这些资金并不是家庭生活必需的资金，可以用来灵活投资，追求高收益。

其中10万元定期存款建议陈先生分开投资，分别用5万元购买股票型基金和债券型基金，在分散风险的同时追求高收益。

对每年1.8万元的结余，陈先生可以每月花费1 500元做指数型基金定投，长期坚持。这笔投资可以作为陈先生夫妻的养老金储备，保证夫妻的晚年生活更加幸福。

对陈先生家庭资产配置调整的具体建议（单位：万元）

家庭理财项目	理财现状	目标状态
现金及活期存款	2	2
定期存款	30	20 每年追加8万元
教育保险	10	10 每年投保1万元
股票基金	0	5
债券基金	0	5
指数基金定投	0	每月定投1 500元

理财经验总结

子女出国留学至少需要几十万元资金。这笔钱对大多数家庭都不是小数。为了筹集这笔资金，家庭应该提早做打算。

父母在为子女筹集教育金时，如果筹集时间较长，可以选择基金定投的方式，用长期投资来摊匀成本。如果筹集期间在5年以内，基金定投对投资成本的摊匀效应已经十分有限。这时父母可以选择教育储蓄或者银行教育理财产品的投资方式。如果涉及资金较多，又没有合适的银行理财品种，父母也可以直接将资金存成银行定期存款或者购买国债。

二、小宝宝家庭的教育投资方案

家庭财务状况

家庭基本情况

生活城市：苏州

家庭成员：

丈夫：赵先生，36岁，在私营企业部门经理，月收入1万元元，年终奖金约2.5万元。

妻子：蔡女士，34岁，外企职员，月收入2 500元。

女儿：刚满100天。

住房情况：

赵先生家庭有一套价值50万元的房产，已经购买多年，房贷早已经还清。这套房产足够赵先生一家三口居住。

家庭收支情况（单位：元）

收入		支出	
赵先生每月收入	10 000	每月饮食消费	2 000
蔡女士每月收入	2 500	服饰、娱乐等其他费用	2 500
		子女教育费	1 500
		指数型基金定投	1 000

月收入合计	12 500	月支出合计	7 000
月度性结余（月收入合计－月支出合计）	**5 500**		
赵先生年终奖金	25 000	保险支出	6 000
年收入合计	175 000	年支出合计	90 000
年度性结余（年收入合计－年支出合计）	**85 000**		

家庭资产负债情况（单位：万元）

家庭资产		家庭负债	
现金及活期存款	8		
定期存款	10		
指数型基金	5		
房产市值	50		
资产合计	73	负债合计	0
家庭财产净值（资产合计－负债合计）	**73**		

家庭理财目标

- 为小女儿筹备教育金，希望以基金投资为主。
- 为小女儿筹备一份风险保障。
- 准备在2年后购买一辆汽车，价位大概在10万元~15万元。

❖ 家庭财务状况分析

赵先生家庭富裕，每年结余有 8.5 万元，另外还有 1.2 万元基金投资和 6 000 元保险投资，这样算起来每年的积累有 10 万元左右。只要资产配置恰当，家庭理财的几个目标并不难实现。

赵先生家庭除房产之外的资产共有 23 万元，其中定期存款 10 万元，占 43%。对只有 35 岁左右的赵先生家庭，这样的存款比例较高。赵先生需要进行适当的调整，增强家庭资产的收益能力。

☆ 家庭理财规划设计

赵先生家庭需要合理配置家庭资产，适当增强家庭资产的收益能力。

☆ 留出备用金，剩余资金购买国债

赵先生家庭每月支出7 000元，这样留出4万元备用金就可以满足家庭6个月的支出需要。现在赵先生的8万元活期存款占用资金较多，收益也不高。他可以拿出4万元购买国债，或者投资债券型基金，这样，在保证财务安全的同时，又实现了追求较高收益水平的目标。

☆ 基金定投，筹集子女教育金

赵先生家庭有5万元指数型基金，每月还会定投1 000元，这部分投资可以作为女儿教育金的初始资金。

另外赵先生还可以每月追加一个1 000元的债券型基金定投，也作为女儿教育金储备。这部分投资既能加快教育金积累的速度，又能加强投资的安全性。

有初始投资5万元，每月再定投2 000元，这笔资金足够女儿的教育金储备，赵先生可以在需要的时候取出使用。

☆ 为女儿筹备风险保障

赵先生已经通过基金定投为女儿筹集了教育金，所以在为女儿购买保险时，可以不用考虑教育储蓄性质的保险，而以风险保障型的保险为目标。

赵先生可以为女儿购买重大疾病险和意外伤害险，总保额控制在10万元~20万元。这类保险每年需要的保费不会超过2 000元，以赵先生家庭的财务状况完全可以接受。

☆ 盘活定期存款，筹集买车资金

赵先生家庭有定期存款10万元，这笔资金收益能力较差。赵先生可以将存款取出，转投国债或者银行理财产品。这10万元可以与从活期存款中拿出的4万元一起作为赵先生家庭的买车资金。

对赵先生家庭资产配置调整的具体建议（单位：万元）

家庭理财项目	理财现状	目标状态
现金及活期存款	8	4
定期存款	10	0
指数型基金	5	5
指数型基金定投	0	每月定投1 000元
债券型基金定投	0	每月定投1 000元
国债	0	14

理财经验总结

如果在宝宝刚出生时就开始为他筹备教育金，那么，指数型基金定投是很好的办法。这样可以利用长期投资来摊匀成本：指数高时少买、指数低时多买，长期下来就能将平均成本降到一个比较低的水平。

在筹备教育金的同时，还需要为孩子筹备一份风险保障。目前很多保险都附带教育储蓄和儿童保险的双重功能。但保险投资有一个很大的弊端是无法自由变现。所以，如果家庭已经选择用基金定投方式筹备教育金，只要再搭配一定重大疾病险和意外伤害险就可以了。

三、小康家庭的教育投资盘活方案

家庭财务状况

家庭基本情况

生活城市：深圳

家庭成员：

妻子：林女士，43 岁，中学教师，每月收入 4 500 元。

丈夫：方先生，43 岁，在科研单位工作，每月收入 8 000 元，年底奖金约 3 万元。

女儿：16 岁，高中一年级，3 年后上大学。

住房情况：

方先生单位有福利分房一套，只能自住，不能出售。林女士还希望在深圳市郊购买一套小户型房屋，接父母一起到深圳居住。

家庭收支情况（单位：元）

收入		支出	
林女士每月收入	4 500	每月饮食消费	1 500
方先生每月收入	8 000	服饰、娱乐等其他费用	2 500
		子女教育费	2 000

月收入合计	12 500	月支出合计	6 000
月度性结余（月收入合计－月支出合计）	**6 500**		
方先生年终奖金	30 000	保险保费支出	15 000
		孝敬父母支出	20 000
年收入合计	180 000	年支出合计	107 000
年度性结余（年收入合计－年支出合计）	**73 000**		

家庭资产负债情况（单位：万元）

家庭资产		家庭负债	
现金及活期存款	2		
定期存款	70		
资产合计	72	负债合计	0
家庭财产净值（资产合计－负债合计）	**72**		

家庭理财目标

- 准备让女儿3年后去香港上大学，需要50万元教育金。
- 准备在市郊为父母买一套小户型房子，首付加装修、家具大约需要30万元。

❖ 家庭财务状况分析

林女士家庭年收入 18 万元，属于高收入家庭。但林女士家庭的支出也很高。每年的子女教育和孝敬父母支出有 4.5 万元，再扣去各类其他支出，林女士每年的结余只有 7.3 万元，占收入总额的 40%。因为家庭现在处于“上有老、下有小”的夹心阶段，这样的结余比例还可以接受。但林女士应该适当控制家庭支出规模，保证结余资金不再减少。

70 万元存款是林女士为女儿去香港上学和为父母买房的储备。这些资金存为银行存款虽然安全，但收益率太低，在通货膨胀的情况下会面临贬值风险。林女士需要对这部分资产进行合理配置，在控制风险的基础上尽量追求高收益。

☆ 家庭理财规划设计

林女士家庭 70 万元定期存款十分不利于家庭财产增值，需要适当调整。这是林女士目前需要解决的首要问题。

☆ 留出适当备用金

林女士夫妻工作都十分稳定，收入波动风险较小，所以留出 2 万元活期存款作生活备用金就可以了。这些资金足够林女士家庭 3 个月的生活需要。

☆ 重新分配定期存款

合理分配 70 万元定期存款是林女士目前家庭理财的重点。建议林女士采取以下投资策略。

30 万元银行教育理财产品：这部分资金可以作为女儿上大学的初始资金。如果林女士选择投资银行教育理财产品，可以保证资金安全并获得比定期存款更高的收益率。此外，建议林女士在每年的家庭结余中拿出 7 万元追加投入。按每年收益 3% 计算，这样投资 3 年后的本利合计大约 55 万元，足够女儿上学的需要。

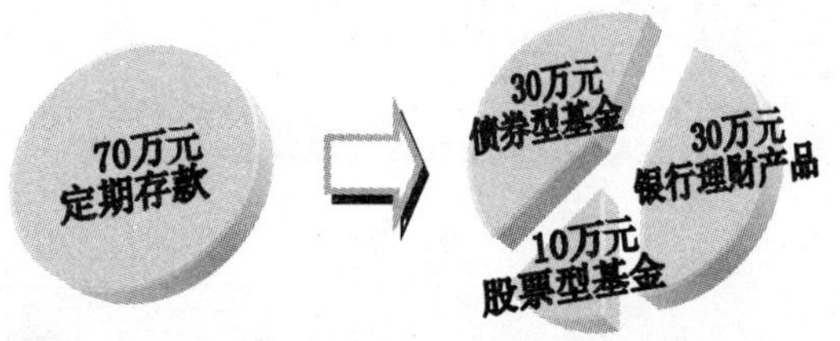

30 万元债券型基金：这部分投资可以作为购买房产的资金。在选择债券型基金时应该尽量挑选低风险品种，等买房时将基金赎回使用。

10 万元股票型基金：这部分投资是为了保证家庭财产增值的需要。如果林女士夫妻有较多空闲时间，也可以选择直接投资股票。

对林女士家庭资产配置调整的具体建议（单位：万元）

家庭理财项目	理财现状	目标状态
现金及活期存款	2	2
定期存款	70	0
银行教育理财	0	30 每年追加 7 万元
债券型基金	0	30
股票型基金	0	10

理财经验总结

为子女攒足教育金是多数家庭必要的理财目标之一。在通货膨胀环境下，孩子的学费、生活费支出会越来越高。很多家庭只是简单地将子女教育金存成银行定期存款。这样做会使家庭财产面临贬值的风险，是很不科学的理财方式。

对于未来有重大教育支出规划的家庭，可以灵活选择教育储蓄、教育保险、银行教育理财产品、基金定投或者教育贷款等筹集资金的方式。在控制风险的基础上尽量追求收益，防止资金因为通货膨胀而贬值。

第十三章

退休投资理财方案规划

退休并不是终点，而是一段生活的起点。

第一节 每个家庭必备的退休投资技巧

每个人都会有生、老、病、死，退休是人生必经的阶段。一个人可以不结婚，不要孩子，但谁都无法回避自己的养老问题。

一、谁来给你养老

从理财的角度上说，养老又叫做“退休规划”，是指“建立和管理退休计划，以筹集养老金和安排退休生活成本的专业行为和活动”。简单地说，就是一个人或一个家庭怎么样在有工作、有收入的时期，合理筹集和管理资金，并进行合理的支付安排，以实现退休后的长期生活收支平衡。

有人以冬眠来比喻退休养老：一个人在春天时学习了所需的技能，在夏天时享受了阳光和冲动，在秋天时积累了足够的粮食，到冬天就可以慢慢享用。至于退休养老到底是享受还是折磨，就要看自己在前三个季节下的工夫了。在目前情况下，家庭在前三个季节可以积累养老金的方式主要有以下 6 种。

❍ 养老保险：最基本的养老保障

养老保险是国家和社会根据一定的法律和法规，为解决劳动者在达到国家规定的解除劳动义务的年龄后，或因年老丧失劳动能力退出劳动岗位后的基本生活而建立的一种社会保险制度。

养老保险是社会保险五大险种中最重要的险种之一，也是家庭最基本的养老保障。但养老保险可以领取的金额有限。即使投保人按最高的标准在上缴养老费，将来能领到的养老保险费最多也只有社会平均工资的 50% 左右。

❍ 企业年金：企业激励方式

企业年金是指企业及其职工在依法参加基本养老保险的基础上，自愿建立的补充养老保险制度。企业年金实行市场化运营，由专业运营机构负责基金的保值增值。企业年金由企业和员工共同承担，单位缴费一般不超过上年度工资总额的1/12，单位和职工合计缴费一般不超过上年度工资总额的 1/6。

企业年金看似“天上掉下的馅饼”，但这“馅饼”不是人人都可以得到的。企业年金是一种属于企业雇主自愿建立的员工福利计划。只有部分绩效好的企业才有企业年金制度。而这些企业的“企业年金”也有可能只向一部分员工提供。如果企业运行不力或倒闭时，这部分资金还有损失的可能。

❍ 商业保险：灵活投保

随着保险产品的日益多样化，我们不仅可以选择一种商业保险来作为社会保险的补充，还可以采用多种商业保险组合购买。目前各大保险公司推出的养老金保险种类也很多，主要有 4 大类：传统型养老保险，分红型养老保险，万能型养老保险，投资连接型保险。

❍ 投资金融资产：种类很多，风险各异

目前国内适合养老投资的金融资产包括：银行存款、国债、基金和股票等。不同金融产品的风险收益状况不同。投资者可以组合投资，灵活选择适合自己的投资产品或者投资组合。需要注意的是，在养老金的投资组合中，股票投资所占的比例不宜过大。

❍ 以房产养老：高成本的养老方式

将房屋出租每月都可以获得稳定的租金收益，为自己养老提供持续的资金保障。但是在房价虚高的情况下，一套房产会占用大量资金，用来出租可能还赶不上把同样资金放在银行的利息收入。所以在考虑这种高成本的养老方式时，投资者需要慎重。

❍ 养儿防老：风险最大的养老方式

孩子历来是父母最大的希望和期盼。父母总是希望孩子能够出人头地，长大了不仅可以自立，还可以赡养老人。但是，总有些孩子不能满足父母的心愿，别说是赡养老人，恐怕是长大了还需要父母养着才能生存。根据中国老龄科研中心调查显示，中国有 65% 以上的家庭存在“老养小”现象，有 30% 左右的成年人基本靠父母供养。

所以，“养儿防老”未来的不确定因素太多，又不好把握，可能是风险最大的养老方式。

二、赚够多少钱能退休

每个人都会退休，但每个人退休后的生活状况却千差万别。产生退休后生活差距的真正原因是退休前是否做了完善的退休规划。已经有完善退休规划并严格执行的家庭，退休后的生活水平与之前相差不会很大，甚至品质会更高，还会有更多的时间享受生活。

所以，对家庭来说在年轻时就应该未雨绸缪，为避免通货膨胀、失业、重大病患等一系列未来可能出现的养老危机，根据家庭情况制定养老规划。在制定养老规划时，首先应该算清楚自己每月要存多少退休金。简单的估算过程如表13—1所示，在计算过程中假设退休金的投资回报率能基本抵消通货膨胀的影响。

表13—1　　每月需要储蓄退休金的计算方法

步骤	说　明	计　算
第1步	计算当前每月日常支出（年度支出分摊到每个月），假设为 A	
第2步	因为退休后很多活动会减少，支出也会降低。把上面的数字乘以80%，计算退休所需要的每月支出数字 B	$B=A\times80\%$
第3步	计算需要的退休金总数 C。只要在退休时筹集 C 数量的资金，退休养老的目标就可以达成	$C=B\times12\times$退休后剩余寿命
第4步	如果已经有保险、存款等养老投资，可以从退休金总数中减去这部分，剩余部分是以后应该继续积累的养老金缺口 D	$D=C-$已准备部分养老金
第5步	根据家庭预计的退休时间，以及养老金缺口 D，就可以确定每月的投资额 E 了。只要每个月投资 E 数量资金，并达到预定投资回报率，就能在预定时间安心退休了	$E=D\div$离退休剩余年份$\div12$

表13—1的计算中涉及了几个数字，需要说明：

1. 退休后剩余寿命：目前国内人均寿命男性为71岁，女性为74岁。在计算退休金时，可以假设自己活到80岁。

2. 已准备部分养老金：是指现在已经缴纳所有养老金，包括养老保险、商业保险、存款的余额。

例如，张先生夫妻都是35岁，希望在55岁退休。现在张先生家庭每月支出是5 000元，夫妻已有养老保险和社会保险的余额是30万元。

假设：张先生夫妻都能活到80岁。那么可以按照前面的计算方法计算现在张先生每月需要积攒的养老金数量，如表13—2所示。

表 13—2　　计算张先生每月需要积攒的养老金

步骤	计 算 方 法
第 1 步	当前每月日常支出 $A=5\ 000$
第 2 步	退休后每月支出 $B=A\times80\%=4\ 000$
第 3 步	退休金总数 $C=B\times12\times$ 退休后剩余寿命 $=4\ 000\times12\times(80-55)=120$ 万元
第 4 步	养老金缺口 $D=C-$ 已准备部分养老金 $=120$ 万元 -30 万元 $=90$ 万元
第 5 步	每月的投资额 $E=D\div$ 离退休剩余年份 $\div12=90$ 万元 $\div(55-35)\div12=3\ 750$

张先生现在需要每月投资 3 750 元到养老金，只要这部分投资能达到与通货膨胀相近的收益率，张先生夫妻就可以在 55 岁时安心退休了。假设张先生夫妻现在每月的社会养老保险和商业养老保险的投入总额是 2 500 元，那每月还要追加投入 1 250 元才能保证退休后的幸福生活。这些投入可以再购买一份商业养老保险，也可以选择基金定投的方式。

三、养老规划越早越轻松

现在社会上“未富先老”的现象越来越严重。人口老龄化和企业基本养老保险长期收不抵支的现状，决定了社保养老只能满足一部分人较低水平的养老需求。而且养老压力在 70 后、80 后这代人身上尤显突出。面对巨大的养老金压力，每个家庭都应该仔细规划自己的养老方案。以下 4 个技巧是在规划家庭养老方案时特别需要注意的。

❍ 技巧 1：越早投入收益越高

对于很多年轻人来讲，养老是几十年后的事情，好像是一个比较遥远的话题。但实际上，养老已经成为一个越来越严峻的社会问题，对于养老理财应尽早规划，越早投入，收益越高。

例如，楚先生现在 30 岁，希望 60 岁退休，假设养老保险投资收益率为 5%，现在有两套保险方案供他选择，如表 13—3 所示。

表 13—3　　不同投资期限的保险方案

方 案 一	方 案 二
从 30 岁开始投资，每年投入 1 万元，60 岁领取保费	从 40 岁开始投资，每年投入 2 万元，60 岁领取保费
总投入 30 万元	总投入 40 万元
60 岁时保险投资余额 66.4 万元	60 岁时保险投资余额 66.1 万元

从表 13—3 中可以看到，同样要在 60 岁时获得 66 万元退休金。从 30 岁开始每年只需要投入 1 万元，到 40 岁时每年就需要投入 2 万元。两项投资的总投入差额有 10 万元，但最终的资金总额相差无几。

❍ 技巧 2：分散投资

合理运用理财工具可以有效地化解养老压力。对于追求低风险的家庭，合理的资产配置可以分散风险，综合各种理财工具的优点，既能为日常生活留出现金流，又能保证中长期有一个不错的收益。

❍ 技巧 3：股票不宜在养老金中占太大比例

股票投资看似收益高，但会面临很大的投资风险。退休家庭收入来源有限，抵御风险能力较差。所以在养老金规划中，股票可以适当投资，但不宜占太大比例。

❍ 技巧 4：为女性多配置养老金

一般女性比男性的退休时间早 3 ~ 5 年，但平均寿命又比男性长 3 年左右。所以在规划家庭退休金时，要考虑女性的这个特点多做准备。可以将女性退休金额度规划在男性的 1.3 倍左右。

四、老年人投资理财技巧

退休家庭的收入来源十分有限，这就更加需要有一份详细的理财规划。而退休后的老年家庭也应该树立理财的新观念，不能仅仅将钱放在银行里使其处于“退休”状态。退休家庭在投资过程中需要特别注意以下 4 个原则。

❍ 原则 1：确保流动性

案例：高先生看到储蓄存款的存期越长利率越高，便把平时不用的钱全存成了三年和五年定期储蓄。前段时间，老伴突然生病住院，高先生手头又没有现款。为了避免利息损失，他只能费尽周折，东借西凑总算凑足了住院款。

老年人因生病、住院等急需用钱的概率相对较高。即使有保险可以报销，自己也要先花钱垫付医药费。这就需要老年家庭在存钱的时候应适当考虑支取的方便性，在选择长期存款的同时也要有一些短期存款或者活期存款，应对家庭可能出现的意外支出。

❍ 原则 2：坚持安全原则

案例：王先生在 5 年前退休。经过多年积累的退休金足够夫妻两人退休后的幸福生活。但是 1 年前，王先生受到股市“赚钱效应”的诱惑，将积累多年的退休金投入股市，最终损失惨重。现在，已经没有工作能力的王先生夫妻只能靠子女给的养老金生活。

养老金是晚年生活的“保命钱”，需要应付日常生活及生病住院等开支。因此，资金安全是退休家庭在投资理财过程中应该坚持的基本原则。

股票、期货等投资方式虽然收益高，但相对风险也大，并且随着年龄的增长，老年人理财的思维和判断力必然下降，对市场跌宕起伏的心理承受能力也相对减弱。因此，退休家庭应该尽量回避炒股、炒期货等高风险投资。国债和储蓄是各种投资渠道中最稳妥的，不用操心费力便会有一笔稳妥的利息收入，比较适合求稳的退休家庭理财。

❍ 原则 3：最大限度寻求增值

案例：何先生在 10 年前退休。按照他当初的退休计划：把自己积攒的钱存在银行，每月取 1 000 元，加上夫妻退休金 1 000 元，共计 2 000 元。2 000 元足够保证夫妻退休后的幸福生活。

但是因为通货膨胀的原因，物价不断上涨。虽然王先生夫妻的退休金已经涨到 2 000 元，但银行存款没有增值。每月 3 000 元只能刚刚满足夫妻的日常生活需要。王先生担心再过 10 年后，自己每月提取的 1 000 元存款和夫妻退休金可能难以满足夫妻日常生活的需要。

按照每年平均 4% 的通货膨胀率计算，物价每 18 年就会翻一番。人在退休后还要生活 20 ~ 30 年，在这段时间里物价可能会大幅上涨。为了不让家庭的生活品质因为通货膨胀受到影响，退休家庭应当在考虑安全和方便的前提下，最大限度地保证现有存款的保值和增值。

退休家庭在追求高收益时可以考虑 3 个途径，如图 13—1 所示。

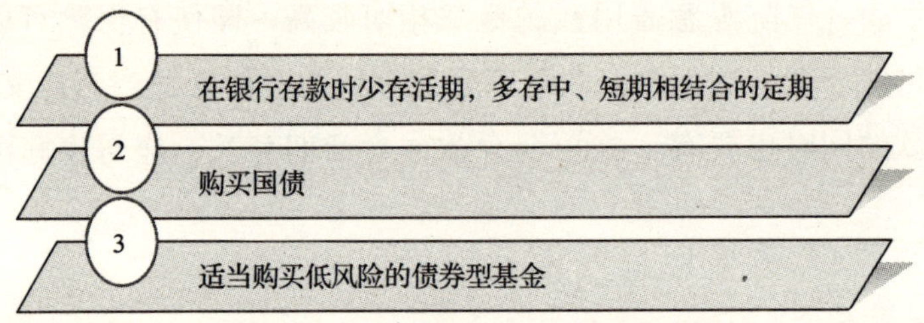

图 13—1 退休家庭追求较高收益的途径

❍ 原则 4：积极为自己消费

案例：陈先生 5 年前退休。经过多年积攒，他在退休前已经攒够了退休金。正常情况下，这些退休金足够陈先生夫妻退休后的生活需要。但是陈先生没能“专款专用”，他不仅用自己的退休金投资孙子教育，还资助儿子买房买车。虽然陈先生夫妻过着节衣缩食的生活，舍不得消费，但他们积攒多年的退休金很快就“见底”了。

俗话说，“儿孙自有儿孙福”。给子女资助也只能满足他们一时的需要，管不了长远，还有可能让子女养成好逸恶劳的不良习惯。所以，老年人在退休后应该改变原有消费习惯，积极将储蓄用于自己的消费。老年人适当的将资金用于改善生活消费、娱乐消费、身体保健消费等，可以使自己的晚年生活更加幸福。

第二节　不同家庭的退休投资方案规划

一、金领家庭的提前退休方案

家庭财务状况

家庭基本情况

生活城市：武汉

家庭成员：

丈夫：刘先生，45 岁，证券公司经理人，每月收入 1.2 万元，年终奖金约 8 万元。

妻子：宋女士，45 岁，中学老师，每月收入 3 000 元。

女儿：19 岁，大学一年级，大学毕业后准备出国留学。

刘先生的父亲：老刘先生，68 岁，老伴已经去世，跟儿子一家居住。

住房情况：

刘先生家有住房两套，一套自住，市值 140 万元。另一套出租，市值 60 万元，年租金 2.5 万元。

家庭收支情况（单位：元）

收　入		支　出	
刘先生每月收入	12 000	每月饮食消费	1 500
宋女士每月收入	3 000	服饰、娱乐等其他费用	3 000
		汽车保养、油费	2 000
		子女教育费（包括学费）	2 500
		老人赡养费	1 000
月收入合计	15 000	月支出合计	10 000
月度性结余（月收入合计－月支出合计）	**5 000**		
方先生年终奖金	80 000	旅游支出	50 000
		保险保费支出	10 000
年收入合计	260 000	年支出合计	180 000
年度性结余（年收入合计－年支出合计）	**80 000**		

家庭资产负债情况（单位：万元）

家庭资产		家庭负债	
现金及活期存款	5		
定期存款	50		
国债投资	10		
股票投资	60		
保险现金价值	40		
自住房产市值	140		
投资房产市值	60		
资产合计	365	负债合计	0
家庭财产净值（资产合计－负债合计）	365		

家庭理财目标

- 5年后夫妻一起退休，退休后希望保持当前消费水平。
- 女儿4年后准备出国留学2年，需要资金大约50万元。
- 赡养刘老先生，每年支出约1.5万元。

❖ 家庭财务状况分析

刘先生家庭有三大理财目标，分别是自己养老、女儿出国和赡养老父亲。

❖ 自己养老目标

刘先生想50岁退休，到时宋女士47岁。同时他还希望在退休后保持现有消费水平，每月支出7 500元（除去女儿教育支出），60岁前每年还需要5万元旅游费用。假设退休后夫妻再活30年，这笔费用总共需要7 500×12×30＋5万元×10＝320万元。

刘先生保险的现金价值为40万元，到60岁时一次性领取60万元。夫妻二人60岁以后每月还可以领取社保金5 000元。这样算下来刘先生已经积攒的养老金为

60 万元 +5 000 ×12 ×20 =180 万元。

刘先生实际的养老金缺口是 140 万元。这笔资金需要通过其他投资方式补足。

❖ 女儿出国目标

刘先生女儿出国需要 50 万元。需要的资金量虽多，但属于一次性支出，以刘先生现在的家庭财务状况完全可以从容应对。

❖ 赡养老父亲目标

刘先生赡养老父亲每年需要 1.5 万元，可以直接用房屋租金收入来支付这部分费用。

☆ 家庭理财规划设计

刘先生属于高收入的金领家庭，除保险和房产外可以动用的资金总共有 125 万元，另外，在刘先生退休前，家庭每年还有 8 万元结余。这些是刘先生可以自由配置，用来支付各项费用的资金。

☆ 留出适当备用金

妻子宋女士的工作稳定，收入波动不大；但丈夫刘先生的工作压力大，且工作收入中有很大一部分奖金收入，可能变化较大。按照这样的家庭状况，刘先生在准备家庭生活备用金时，可以留出供家庭 5 个月左右支出需要的资金，共 5 万元。

刘先生家庭的 5 万元活期存款正好可以作为生活备用金使用。

☆ 组合投资，满足养老金缺口

建议刘先生在 60 万元股票投资中拿出 20 万元，与 50 万元定期存款、10 万元国债投资一起做一个投资组合，初始投入 80 万元。每年再从结余中拿出 8 万元投资一只债券型基金，连续投资 5 年，累计投资 40 万元。

这样先后总共投入 120 万元。只要这个投资组合的年收益率能保证 4%，就可以在 5 年后获得 140 万元，满足刘先生养老金的缺口。

在这个投资组合中，50 万元定期存款是主要部分。这部分投资虽然安全，但收益率低。刘先生可以在新国债发行时购买大约 30 万元国债品种，追求更高的收益。

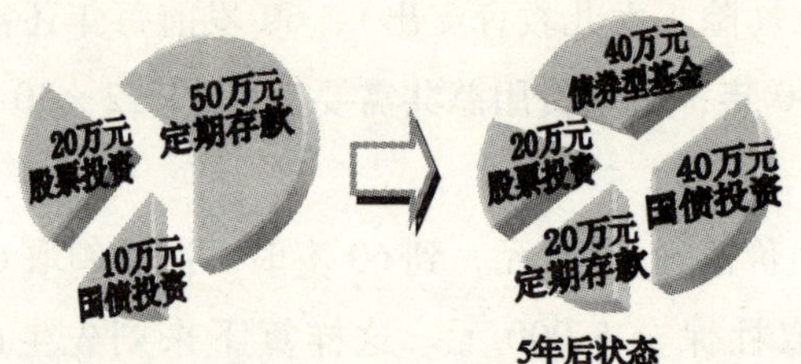

☆调整股票投资，筹集子女教育金

刘先生家庭共有股票投资60万元，其中20万元用于养老金储备，剩余40万元可以作为女儿教育金。这笔资金投资4年，只要年收益率需要达到5%，就能满足女儿的上学需要。

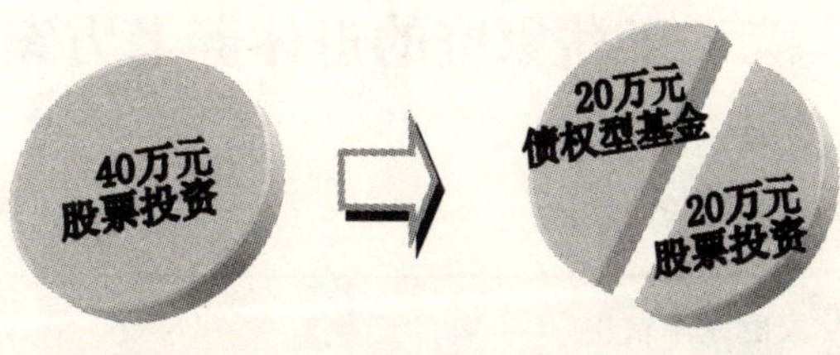

在选择投资品种时，建议刘先生将40万元分开，20万元继续投资股票，股票投资20万元，占投入总额的15%，属于比较合理的水平。刘先生现在可以保持这个比例。等60岁以后再逐渐减少股票投资，保证家庭财务的安全性。另外20万元投资低风险的债权型基金。这样可以在保证安全的基础上寻求高收益。

对刘先生家庭资产配置调整的具体建议（单位：万元）

家庭理财项目	理财现状	目标状态（5年后）
现金及活期存款	5	5
定期存款	50	20
国债投资	10	40
股票投资	60	40
债权型基金	0	60

理财经验总结

因为生活节奏加快，工作压力越来越大。目前很多家庭都准备提前退休。在规划家庭提前退休计划时需要注意两点：

其一，目前社会养老保险和多数商业养老保险都是在55～60岁开始支付养老金。如果打算提前退休，需要重点规划从退休到开始领取养老金这段时间内的家庭支出。

其二，对于多数40岁左右的中年人，可能子女的学业还没有完成，同时还要对父母尽赡养义务。如果选择这时提前退休，需要首先筹备好子女的教育费和父母的养老费用。

二、工薪家庭的退休养老方案

家庭财务状况

家庭基本情况

生活城市：贵阳

家庭成员：

丈夫：方先生，40 岁，私企职员，月收入 3 000 元。

妻子：庄女士，40 岁，国企职工，月收入 3 000 元。

儿子：14 岁，初中二年级。

住房情况：

方先生家庭有自住商品房一套，5 年前购买，市值约 50 万元。房屋贷款还有 5 年能还清，每月需要偿还 2 000 元，余额总共 12 万元。

家庭收支情况（单位：元）

收入		支出	
方先生每月收入	3 000	每月饮食消费	1 000
庄女士每月收入	3 000	服饰、娱乐等其他费用	500
		房屋贷款	2 000
月收入合计	6 000	月支出合计	3 500
月度性结余（月收入合计 - 月支出合计）	**2 500**		
		子女教育费	5 000
年收入合计	72 000	年支出合计	47 000
年度性结余（年收入合计 - 年支出合计）	**25 000**		

家庭资产负债情况（单位：万元）

家庭资产		家庭负债	
现金及活期存款	1	房屋贷款	12
定期存款	10		
自住房产市值	50		
资产合计	61	负债合计	12
家庭财产净值（资产合计 - 负债合计）	**49**		

家庭理财目标

- 一年后提前偿还房贷，减少不必要的利息支出。
- 规划夫妻二人的养老计划。
- 为儿子上大学需要的教育金早做准备，5年后大约每年需要2万。

❖ 家庭财务状况分析

方先生夫妻属于典型的工薪族。家庭收入虽然不多，但夫妻生活节俭，每年收入有7.2万元，在拿出2.4万元偿还贷款的基础上还能结余2.5万元，说明方先生家庭有很强的财富积累能力。

方先生的家庭资产全部是银行存款和自住房产，投资获利的能力很差。方先生需要在投资方面有所考虑，提高家庭资产获利能力。如果暂时没有合适的投资项目，用现有资金提前偿还房贷，减少不必要的房贷利息支出是很好的办法。

方先生夫妻都有基本社会保险，按照目前水平退休后每月总共可以领取养老金3 000元，足够夫妻二人的日常生活需要。但是为了享受更加美满的老年生活，建议方先生再购买一定数量的商业保险作为补充。

☆ 家庭理财规划设计

方先生家庭现在最紧迫的理财目标是提前还贷，减少不必要的利息支出。另外子女教育金和夫妻的养老金虽然不需要马上使用，但也应该尽快积攒。

☆ 留出适当备用金

方先生家庭收入波动不大，而且出现突发性大额支出的可能性较小。因此方先生只要留出3个月左右的备用金支付日常支出就可以了。按照方先生家庭目前的消费水平，活期存款1万元正好可以作为生活备用金使用。

☆ 制定提前还贷计划，减少利息支出

方先生家庭有定期存款10万元，如果暂时找不到合适的投资途径，可以用这笔资金提前偿还房贷，减少不必要的利息支出。

方先生家庭房屋贷款余额 12 万元。如果 1 年后还贷，到时的贷款余额为 9.6 万元。假设提前 4 年还贷可以减少利息支出 1 万元，那么 1 年后需要一次性还款 8.6 万元。

☆ 购买保险，为养老早做打算

方先生家庭有 12 万元贷款的债务，而且还要供儿子读书，财务压力较大。但是，为了夫妻退休后过上更加幸福的生活，建议方先生即使面对巨大压力也要购买一定商业保险，作为社会保险的补充。

按照方先生目前的收入水平，每年可以拿出大约 1 万元购买保险。方先生需要购买的商业保险包括养老保险、重大疾病险、意外伤害险和定期寿险。

因为社保的养老金足够夫妻退休后的日常生活需要，所以方先生只需购买少量商业养老保险做补充就可以了。剩余资金可以重点配置在重大疾病险和意外伤害险上。而定期寿险保费低，保额大，方先生只要将夫妻两人的总保额控制在 80 万元左右就可以了。

☆ 定投基金，筹集子女教育金

方先生儿子在中学阶段的支出不会有太大变化。5 年后儿子上大学，学费和生活费每年需要 2 万元，4 年总共 8 万元。为了筹集这笔资金，方先生可以等还清房贷后每月拿出 1 000 元做债券型基金定投。只要保证 3% 的年收益率，4 年后就可以有 5 万元资金。儿子上大学后再坚持投资，足够儿子大学期间的生活费用。

对方先生家庭资产配置调整的具体建议（单位：万元）

家庭理财项目	理财现状	目标状态
现金及活期存款	1	1
定期存款	10	偿还房贷
商业保险	0	每年投入 1 万元

理财经验总结

40岁左右的家庭多数都“上有老、下有小”，既要赡养父母，又要抚养子女，有的家庭还有较大的房屋贷款压力。

另外，对多数家庭来说，仅凭社会保险很难满足退休后的日常生活和看病需要。所以，家庭在年轻时即使有一定财务压力也要坚持购买一定商业保险，为幸福的老年生活早做准备。

中老年人购买商业保险，有以下两点必须多加注意：

其一，看有没有“保证续保”条款；

其二，事前告知自己的病史，避免未来理赔时出现纠纷。

三、退休家庭的医疗基金方案

家庭财务状况

家庭基本情况

生活城市：哈尔滨

家庭成员：

丈夫：张先生，65岁，退休职工，每月退休金1 500元。

妻子：白女士，62岁，退休职工，每月退休金1 000元。

住房情况：

张先生家有早年单位分房一套，用于自住，市值大约20万元。

家庭收支情况（单位：元）

收入		支出	
张先生每月收入	1 500	每月饮食消费	1 000
白女士每月收入	1 000	服饰、娱乐等其他费用	500
月收入合计	2 500	月支出合计	1 500
月度性结余（月收入合计 - 月支出合计）		**1 000**	
		医疗费用支出	5 000

年收入合计	30 000	年支出合计	23 000
年度性结余（年收入合计 - 年支出合计）		**7 000**	
家庭资产负债情况（单位：万元）			
家庭资产		家庭负债	
现金及活期存款	2		
定期存款	8		
自住房产市值	20		
资产合计	30	负债合计	0
家庭财产净值（资产合计 - 负债合计）		**30**	

家庭理财目标

随着年龄增加，夫妻双方身体越来越差，每年的医疗费用可能增加，希望早做打算。

合理规划家庭现有10万元存款和每月结余。

❖ 家庭财务状况分析

张先生因为资助儿子买房，花掉了自己的大部分积蓄，现在只有 10 万元储蓄。另外张先生夫妻每月的收入不多，同时医疗保险也不完善。随着年龄增加，医疗费用上涨，张先生需要为此早做打算。

按照张先生夫妻目前状况，再购买商业保险已经不可能。但是张先生自己可以建立一个医疗基金，以现有存款为基础，每月投入固定金额，等需要时取出使用。

☆ 家庭理财规划设计

张先生家庭目前的收入足以支付日常支出还略有结余，最重要的是留出一部分资金来应对可能出现的医疗费用支出。

☆ 留出适当备用金

张先生可以将 2 万元活期存款作为生活备用金，随时支取用来应对生活支出。

☆ 建立医疗基金

张先生可以在8万元定期存款中拿出3万元，等存款到期后购买货币市场基金。之后，再用每个月的1 000元结余也购买货币市场基金。

货币市场基金可以在3个工作日左右赎回，没有申购赎回费用，同时能获得与定期存款类似的利息。张先生可以将这笔资金作为家庭医疗基金，用来支付夫妻二人可能出现的大病支出。

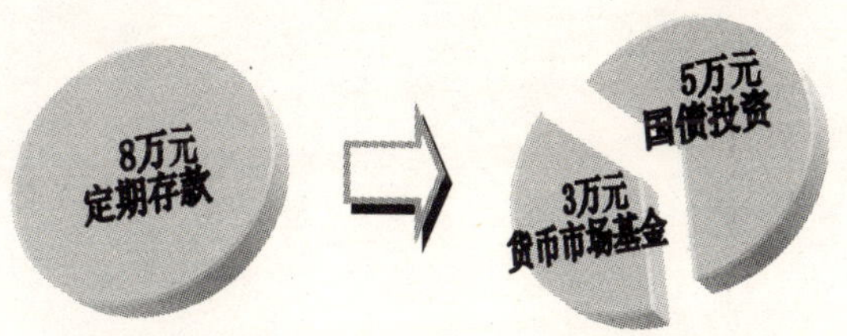

☆ 购买国债，追求高收益

对于8万元定期存款中剩余的5万元，暂时可能用不到。张先生可以拿出来购买国债或者存成3～5年定期存款，这样可以在保证安全的基础上追求高收益。

对张先生家庭资产配置调整的具体建议（单位：万元）

家庭理财项目	理财现状	目标状态
现金及活期存款	2	2
定期存款	8	0
货币市场基金	0	3
国债投资	0	5

理财经验总结

对于老年人来说，如果已有的疾病保障不太健全，没有必要再去购买商业保险。这时可以选择自己建立一个“医疗基金”。每月定期购买一定数量的货币市场基金，等需要支付医疗费用时一次性取出使用。这样可以把重大疾病需要的支出分散到日常投入中，起到分散风险的作用。

另外，如果老年家庭有一定数量的闲置资金，可以购买一定数额国债，或者存成3～5年的定期存款。这两种投资方式可以在保证安全的基础上获得最大化的收益，是比较适合老年家庭的理财品种。

第十四章

打造家庭综合理财方案

家庭理财实质上就是寻求一种风险与收益的平衡。理财的基本思路应该是：先保险，再应急，最后是投资和消费，而不应该反过来。

第一节　年收入8万元小康家庭的综合理财方案

家庭财务状况

家庭基本情况

生活城市：武汉

家庭成员：

丈夫：梁先生，30岁，在市郊开一家服装店，每月纯收入大约5 000元，年底销售旺季可以获得额外收入大约2万元。

妻子：李女士，26岁，与丈夫一起经营服装店，同时带孩子。

儿子：3岁，刚上幼儿园，4年后上小学。

住房情况：

梁先生家在武汉有自住房屋一套，是结婚时双方父母为他们一起购买的，全款支付，现在市价大约50万元。

家庭收支情况（单位：元）

收入		支出	
服装生意每月收入	5 000	每月饮食消费	1 000
		服饰、娱乐等其他费用	1 500
		儿子幼儿园支出	1 000
月收入合计	5 000	月支出合计	3 500
月度性结余（月收入合计 – 月支出合计）	**1 500**		
年底销售旺季收入	20 000	孝敬双方父母	10 000
年收入合计	80 000	年支出合计	52 000
年度性结余（年收入合计 – 年支出合计）	**28 000**		

家庭资产负债情况（单位：万元）

家庭资产		家庭负债	
现金及活期存款	2		
定期存款	15		
股票投资市值	3		
自住房产市值	50		
资产合计	70	负债合计	0
家庭财产净值（资产合计 - 负债合计）	70		

家庭理财目标

- 为儿子筹备一笔教育金，其中包括小学、中学、大学教育费用的支出。
- 夫妻两人现在没有任何养老、疾病保障，需要建立家庭风险保障。
- 股票投资缩水严重，希望改变投资途径。
- 儿子上幼儿园后，李女士有大量空闲时间，希望找点事做，增加家庭收入。

❖ 家庭财务状况分析

梁先生家庭年收入 8 万元，结余 2.8 万元，结余比例为 35%。这个比例略低于 40% 的合理区间。几年后梁先生将面临儿子上学带来的教育支出，夫妻养老压力也很大。为此，梁先生最好尽量削减家庭开支。

梁先生家庭除房产外的可投资资产共有 20 万元，其中定期存款 15 万元，占总投资的 75%。这部分投资占用资金太多，需要适当调整。

在梁先生家庭三大理财目标中，目前最紧迫的是建立夫妻的风险保障，其次是改变投资方式和为李女士寻找适当收入来源。相比之下，儿子教育需要的资金虽然重要，但是以梁先生的家庭收入完全可以从容应对，不必过分担心。

☆ 家庭理财规划设计

梁先生家庭现阶段需要做的是开源节流，尽快积累儿子上学和夫妻退休所需要的资金。

☆ 留出适当备用金

梁先生自己经商，收入的波动幅度可能较大，所以梁先生需要留足应对6个月左右生活花费的资金作为备用金。按照目前的家庭消费水平，这笔资金大约需要2万元。梁先生家庭的2万元活期存款正好可以作此用途。

☆ 节流，合理规划支出

梁先生家庭需要为儿子上学、夫妻养老筹集资金，家庭现在每年积攒2.8万元的速度较慢，难以满足这部分资金需要。为了增加结余，梁先生可以选择的最有效方法是减少支出，将每月支出控制在3 000元左右。这样，每月可以增加结余500元，一年增加结余6 000元。

☆ 基金定投，筹集子女教育金

为了攒足儿子上小学的择校费和以后的教育经费，梁先生可以建立一个教育基金。每月拿出1 000元做基金定投，其中500元购买指数型基金，另外500元购买债券型基金。

假设这个投资的平均年收益率为3%，4年后账户上将有5万元可以用来支付儿子上学的费用。之后继续坚持投资，等十几年后又会有一笔资金支付儿子上大学的费用。

☆ 购买保险，保证夫妻养老需要

为了筹集夫妻两人的养老和医疗保障，梁先生可以每年拿出2万元购买商业保险。

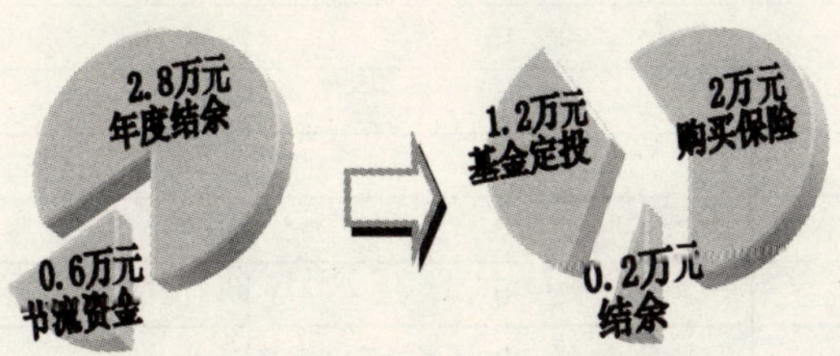

在选择保险品种时，梁先生应该重点关注养老保险和重大疾病险，另外还可以拿出一部分资金购买意外伤害险和定期寿险作为补充。

在夫妻两人的保险品种配置上，梁先生是家庭“顶梁柱”，可以多配置一些重大疾病险、意外伤害险和定期寿险。李女士年龄较小，家庭在购买养老保险时可以适当为李女士多配置一些。

☆投资商铺，可卖、可租、还可以自己经营

梁先生家庭定期存款占用了15万元资金，需要进行调整。在选择新的投资方式时，梁先生可以用5万元购买国债，寻求高收益。另外10万元可以购买一间商铺。

对梁先生家庭来说，商铺投资可谓“一举三得”：

第一，这间商铺可以出租，每月获得稳定收益；

第二，如果不出租，也可以由李女士自己经营，开一家“分店”，扩大原有的经营规模；

第三，等商铺升值后，梁先生还可以选择将商铺卖出，获得投资收益。

☆股票转投基金，省去投资烦恼

对于3万元严重缩水的股票投资，已经影响到梁先生的投资信心，需要适当改变投资方式。梁先生可以将3万元股票卖出，购买一只股票基金。

这笔投资的目的是为了追求家庭资产增值，肯定要承担一定风险。但是因为投入资金不多，梁先生完全没有必要过分关注。放心让专家为自己理财，省去自己投资的烦恼。

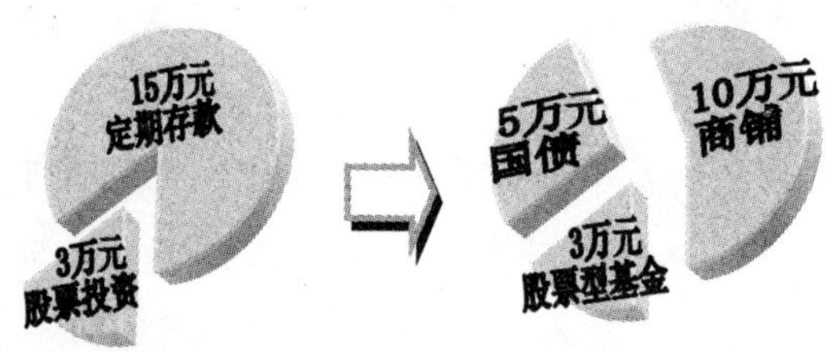

对梁先生家庭资产配置调整的具体建议（单位：万元）

家庭理财项目	理财现状	目标状态
现金及活期存款	2	2
定期存款	15	0
股票投资	3	0
指数型基金定投	0	每月定投500元
债券型基金定投	0	每月定投500元
商业保险	0	每年投保2万元
国债投资	0	5
商铺投资	0	10
股票型基金	0	3

理财经验总结

对年收入8万元左右的小康家庭来说，尽快积累家庭财富是首要任务。在积累家庭财富时，可以有“开源”和“节流”两大手段。

“开源”就是寻找新的家庭收入来源。在“开源”时应该根据家庭状况选择新的投资方式。像梁先生这样的家庭，自己有经商能力，投资商铺就是很好的选择。

“节流”就是合理规划家庭支出。有时候，在家庭理财过程中“节流”比“开源”更加重要。但需要注意的是，“节流”应该适当，为了减少支出而影响到家庭生活幸福就没有必要了。

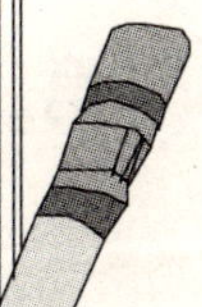

第二节　年收入 15 万元中产家庭的综合理财方案

家庭财务状况

家庭基本情况

生活城市：海口

家庭成员：

妻子：陈女士，30 岁，市属医院大夫，月收入 3 000 元，年终奖金约 1 万元。

丈夫：陆先生，32 岁，国企工程师，月收入 5 000 元，年终奖金 2 万元。

住房情况：

陈女士家有自住房屋一套，市价约 80 万元，贷款已经还清。另外陈女士还贷款购买了一套产权式酒店，市价约 30 万元，月租金收入 2 000 元。陈女士每月需要为这套产权式酒店还贷款 1 500 元，还有 5 年还清，总共欠款 9 万元。

家庭收支情况（单位：元）

收　入		支　出	
陈女士每月收入	3 000	每月饮食消费	1 000
陆先生每月收入	5 000	服饰、娱乐等其他费用	2 000
房屋租金收入	2 000	偿还房贷	1 500
月收入合计	10 000	月支出合计	4 500
月度性结余（月收入合计－月支出合计）	**5 500**		
陈女士年终奖金	10 000	孝敬双方父母	20 000
陆先生年终奖金	20 000	保费支出	10 000
年收入合计	150 000	年支出合计	84 000
年度性结余（年收入合计－年支出合计）	**69 000**		

家庭资产负债情况（单位：万元）

家庭资产		家庭负债	
现金及活期存款	18	房屋贷款	9
定期存款	10		
股票投资市值	6		

保险现金价值	3		
自住房产市值	80		
投资性房产市值	30		
资产合计	147	负债合计	9
家庭财产净值（资产合计－负债合计）	**138**		

家庭理财目标

- 在几个月内买一辆价值在15万元左右的汽车。之后每年的保养、油费大约需要1.5万元。
- 准备1年后养育小孩。从怀孕到生育大概需要3万元资金。
- 为孩子准备教育金。
- 寻找新的投资途径，使家庭资产能更加有效的增值。

❖ 家庭财务状况分析

陈女士家庭年收入 15 万元，属于收入较高的中产家庭。按照陈女士家庭财务现状，主要有两大问题。

❖ 陈女士家庭现在消费水平比较合理，每年能有 8.6 万元结余，结余比例在 40% 以上。这表示家庭有很强的财富积累能力。但是，陈女士在一年内有生育、买车的计划。这两大计划一旦完成，家庭日常支出会大幅增加，会导致结余过少，影响到家庭积累财富的能力。为此，陈女士在生育、买车之前，应该考虑控制家庭支出水平，将家庭结余比例控制在 35% ~40% 。

❖ 陈女士家庭存款共有 28 万元，包括活期存款 18 万元（是为了应对买车需要准备的）和定期存款 10 万元。这两部分存款收益低，占用资金多，需要适当调整。

☆ 家庭理财规划设计

陈女士家庭收入较高，只要能合理规划家庭资产，实现买车和生育子女的计划都不会有太大压力。

☆ 留出适当备用金

陈女士夫妻收入稳定，因此只要留出 2 万元活期存款，相当于家庭 4 ~5 个月的支出就足够应对各种可能出现的意外情况。

☆ 选择通知存款，准备买车资金

除去 2 万元生活准备金外，陈女士家庭还有 16 万元活期存款。这部分资金是陈女士为买车和办理买车后的挂牌、保险等手续准备的。活期存款可以随时提取，但是利息率太低。

为了在保证安全的基础上获得利息收益，陈女士可以将这笔资金存成银行 7 天通知存款。储户电话通知银行后 7 天可以取款，而且可以享受比活期存款更高的利息。

如果按照活期存款 0. 36%，7 天通知存款 1. 35% 的利率水平（人民银行 2008 年规定的利率水平），陈女士 16 万元资金存款半年，利用 7 天通知存款可以比活期存款多获得大约 792 元利息。

☆ 改变投资方式，筹集宝宝基金

陈女士家庭有 10 万元定期存款。这部分资金虽然安全，但对收入稳定的陈女士家庭来说，并没有必要留下这么多低收益、低风险投资。陈女士可以从中拿出 3 万元购买货币市场基金。用这笔资金应对怀孕期间可能出现的各种资金需求。

另外 7 万元可以投资股票市场。陈女士夫妻已经有多年炒股经验，积累了很多投资心得，也小有收益。现在陈女士可以增加股票投资规模，追求更高收益。

☆ 基金定投，准备子女教育金

陈女士家宝宝还没有出生，可以有十分宽裕的时间准备子女教育金。现在陈女士可以从每月结余中拿出 2 000 元做基金定投。其中 1 000 元购买债券型基金，另外 1 000 元购买指数型基金。这两份基金投资需要做到“专款专用”，等宝宝需要时分笔赎回使用。

对陈女士家庭资产配置调整的具体建议（单位：万元）

家庭理财项目	理财现状	目标状态
现金及活期存款	18	2
定期存款	10	0
股票投资	6	13
7 天通知存款	0	16
货币市场基金	0	3
指数型基金定投	0	每月定投 1 000 元
债券型基金投	0	每月定投 1 000 元

理财经验总结

对年收入 15 万元左右的中产家庭来说，只要合理规划好财务收支，家庭收入完全可以满足各种家庭日常需要。

在规划家庭财务收支时，“收入结余比例”指标十分重要。这个指标是指家庭年度结余在年度总收入中所占的比例，可以表示家庭的财富积累能力。对中产家庭来说，应该尽量将这个比例控制在 40% 左右。如果结余比例过低，表示家庭支出太多，已经影响到家庭的财富积累能力，需要适当控制家庭支出。

第三节 年收入 30 万元富足家庭的综合理财方案

家庭财务状况

家庭基本情况

生活城市：石家庄

家庭成员：

丈夫：张先生，37 岁，外企部门经理，月收入 1.3 万元，年终奖金 5 万元。

妻子：赵女士，39 岁，外企文员，月收入 5 000 元，年终奖金 1 万元。

儿子：8 岁，小学二年级。

住房情况：

张先生家庭有两套房产，一套自住，市值约 80 万元。另一套市中心的小户型房产出租，月租金 2 000元，这套房产市值约 50 万元。目前张先生家庭两套房产的贷款均已经还清。

家庭收支情况（单位：元）

收入		支出	
张先生每月收入	13 000	每月饮食消费	1 000
赵女士每月收入	5 000	服饰、娱乐等其他费用	3 000
房屋租金收入	2 000	汽车保养、油费	2 000
		儿子教育支出	1 500
月收入合计	20 000	月支出合计	7 500
月度性结余（月收入合计 - 月支出合计）	**12 500**		
张先生年终奖金	50 000	孝敬双方父母	20 000
赵女士年终奖金	10 000	旅游支出	15 000
		保险支出	5 000
年收入合计	300 000	年支出合计	130 000
年度性结余（年收入合计 - 年支出合计）	**70 000**		

家庭资产负债情况（单位：万元）

家庭资产		家庭负债	
现金及活期存款	5		
定期存款	35		
股票投资	60		
汽车现值	10		
自住房产市值	80		
投资性房产市值	50		
资产合计	240	负债合计	0
家庭财产净值（资产合计－负债合计）	**240**		

家庭理财目标

- 将现在的住房重新装修。装修、买家具费用大约需要20万元。
- 股票投资已经盈利50%，希望卖出一部分锁定收益。
- 1年后再添置一辆价值大约20万元的汽车。
- 打算让儿子出国上大学。考虑到通货膨胀因素，10年后大约需要80万元。
- 需要为夫妻退休养老早做准备。

❖ 家庭财务状况分析

张先生家庭年收入 30 万元，结余 17 万元，总资产 240 万元，属于城市富裕家庭。富裕家庭虽然消费水平较高，但是有高收入作为保障，每年都会有大量结余。

对这类家庭来说，选择合适的投资途径使家庭资产保值增值，是家庭理财的要点。

按照张先生家庭的财务现状，有两点需要特别注意。

❖ 家庭除去汽车、房产外，可以变现的资产共有 100 万元，其中股票投资占 60%。对年近 40 岁的张先生和赵女士来说，这个比例偏高，需要适当调整。

❖ 张先生家庭每年保险投入只有 5 000 元，只有一家三口的意外伤害险和重大疾病险。这样的保险搭配无法满足夫妻养老的需要。

☆ 家庭理财规划设计

张先生家庭富裕，只要能合理规划家庭财富，就能满足各种家庭需要并拥有幸福的晚年生活。

☆ 留出适当备用金

张先生家庭虽然富裕，但收入来源集中，需要准备更多资金应对家庭可能出现的意外情况。张先生可以留出相当于家庭 6 个月生活支出准备金，大约 5 万元。这 5 万元可以有 2 万元存为银行活期存款，另外 3 万元投资收益更高的货币市场基金。

☆ 卖出股票，准备装修资金

张先生可以卖出 20 万元股票，作为家庭装修的资金。这样做一方面可以满足家庭装修的需要；另一方面也可以减少股票投资在家庭资产中所占的比重，降低投资风险，满足张先生“锁定收益”的需要。

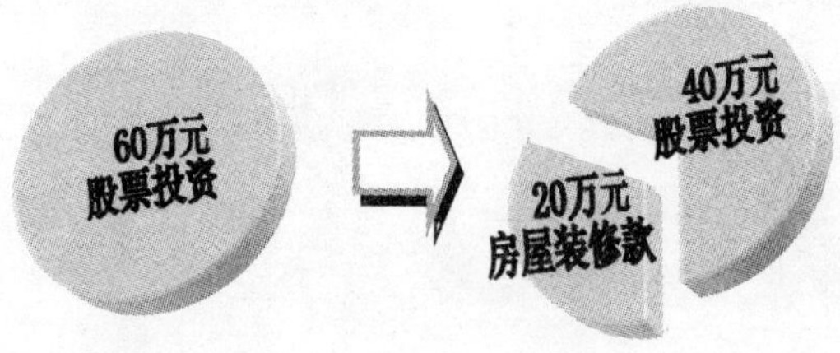

☆ 改变投资方式，准备买车资金

张先生家庭有 35 万元定期存款，建议张先生适当改变投资方式，选择国债和银行理财产品，寻求更高的投资收益。

首先，拿5万元购买银行理财产品，在承担一定风险的基础上追求较高的收益。

其次，拿10万元购买国债，在保证安全的基础上获得比存款更高的收益。

最后，剩余20万元继续存成1年定期存款，准备1年后买车。如果存款1年到期后不马上买车，可以存成7天通知存款，随时准备支付买车的款项。

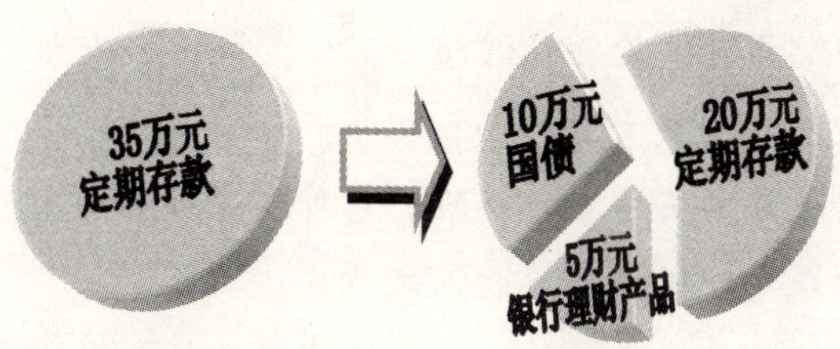

☆ 基金定投，准备子女教育金

对儿子以后出国留学需要的资金，张先生可以通过基金定投的方式筹集，每月定投5 000元够买指数型基金。因为这笔投资可以坚持10年，张先生完全可以用时间优势来抹平股指短期波动带来的风险。

假设投资年收益率为6%，这份基金定投在10年后可以有79万元资金，基本能够满足儿子出国留学的需要。

☆ 完善保险计划

除了现有保险外，建议张先生夫妻两人再各自购买一份养老保险，保证夫妻退休后的生活幸福。张先生可以把每年的保费支出控制在5万元左右，如果能坚持投保20年，假设保险的年收益率为5%，那么到20年后夫妻就可以有价值165万元的保单。

对张先生家庭资产配置调整的具体建议（单位：万元）

家庭理财项目	理财现状	目标状态
现金及活期存款	5	2
定期存款	35	20
股票投资	60	40
货币市场基金	0	3
自住房屋价值	80	100
银行理财产品	0	5
国债	0	10
指数型基金定投	0	每月定投5 000元
保险投资	每年投保5000元	每年投保50 000元

理财经验总结

对年收入30万元左右的富裕家庭来说，最重要的是构建合理的风险保障体系，保证家庭生活水平。这需要从3个方面进行准备。

第一，合理搭配各种投资资产的组合，避免证券、房地产市场大幅波动对家庭财富造成太大影响；

第二，为家庭成员购买适当的寿险、意外伤害险和重大疾病险等保险，防止意外造成家庭收入减少；

第三，筹备足够的养老金，防止退休后家庭生活质量下降。